远东国际军事法庭庭审记录·中国部分
——毒品贸易·侵占东北检方举证

Transcripts of the Proceedings
of the International Military Tribunal for the Far East:
The China related
——Opium and Narcotics Trade
& Invasion of Manchuria

主编 程兆奇

韩华 周家欣 译　龚志伟 赵玉蕙 校

上海交通大学出版社
SHANGHAI JIAO TONG UNIVERSITY PRESS

国家图书馆出版社
National Library of China Publishing House

内容提要

本书为"远东国际军事法庭庭审记录·中国部分"其中一部分。本书分为两大部分,第一部分为检方"侵占东北"举证阶段的第二次审理;第二部分为日本在中国的毒品贸易。

检方"侵占东北"举证阶段的第二次审理,之前翻译了1946年7月1日的"侵占东北"阶段庭审记录,当时法庭为了照顾中国证人的归国日程,而把接下来的"全面侵华"举证阶段提前进行,于是"侵占东北"阶段被暂时搁置,是为第一次审理。在中国证人出庭作证告一段落后的7月30日,法庭重启了"侵占东北"的庭审,一直延续到8月2日结束,这是本书翻译的第二次审理。

日本在中国的毒品贸易是东京审判1946年7月29日、7月30日、9月5日等庭审日有关日本侵华、在中国进行鸦片侵略的庭审记录,内容主要基于庭审过程中法庭采纳为证据的检方文件、检方证人证词和证言等。

图书在版编目(CIP)数据

远东国际军事法庭庭审记录.中国部分 / 东京审判研究中心编译. —上海:上海交通大学出版社,2016
ISBN 978-7-313-14847-6

Ⅰ.①远… Ⅱ.①东… Ⅲ.①远东国际军事法庭—史料 Ⅳ.①D995

中国版本图书馆CIP数据核字(2016)第080135号

远东国际军事法庭庭审记录·中国部分
—— 毒品贸易·侵占东北检方举证

主　编:程兆奇	译　者:韩　华　周家欣
出版发行:上海交通大学出版社	地　址:上海市番禺路951号
邮政编码:200030	电　话:021-64071208
出 版 人:韩建民	
印　制:上海景条印刷有限公司	经　销:全国新华书店
开　本:787 mm×960 mm　1/16	印　张:27.5
字　数:352千字	
版　次:2016年5月第1版	印　次:2016年5月第1次印刷
书　号:ISBN 978-7-313-14847-6/D	
定　价(共十二册):1200.00元	

版权所有　侵权必究
告读者:如发现本书有印装质量问题请与印刷厂质量科联系
联系电话:021-59815625 * 8028

前　言

本书的第一部分内容为检方"侵占东北"举证阶段的第二次审理。

此前翻译了 1946 年 7 月 1 日开始的"侵占东北"阶段庭审记录，当时法庭为了照顾中国证人的归国日程，把接下来的"全面侵华"举证阶段提前进行，于是"侵占东北"阶段被暂时搁置，是为第一次审理。在中国证人出庭作证告一段落后的 7 月 30 日，法庭重启了"侵占东北"的庭审，一直延续到 8 月 2 日结束，这便是本书翻译的第二次审理。

接着第一次审理内容的时间段，第二次审理以 1933 年国民政府与日本签署《塘沽停战协定》为起始点，以卢沟桥事变爆发为终结点。《塘沽停战协定》签订后，日本完成了对热河省的占领，东四省全部沦陷，中国的防线退缩到长城一线。本书所翻译的庭审内容分两部分：其一是日本进一步谋划在华北五省建立脱离国民政府的"自治政权"；其二是关外的"满洲国"之建立与日本对该地的政治、经济控制。

第一阶段的检方举证全部系书面证据，主要为日本官方的政策文件，比如三次《华北处理纲要》等。检方力图向法庭证明，日本在华北经营"自治政权"的真正目的乃是实施对该地区的侵略和控制。

第二阶段的检方举证包括书面证据和出庭证人，前者有《李顿调查团报告书》对九一八事变后中国东北情况的记述等，后者有日本社团领导人笠木良明、驻华外交官森岛守人作证九一八事变前后暨"满洲国"运营中的日方因素。检方力图向法庭证明，日本在九一八事变后把中国东北当作自己在政治、经济、军事等方面予取予求的掠夺对象。

本书的第二部分内容为日本在中国的毒品贸易。

日本利用毒品对中国实施侵略的活动由来已久。早在日俄战争期间,日本就在中国东北地区大力推行"鸦片毒化政策"。1931年九一八事变后,日本对中国的鸦片侵略变本加厉,并以"满洲国"的名义颁布了标志着伪满鸦片专卖制度正式确立的《鸦片法》,在东北地区大肆种植鸦片。《塘沽协定》签订后,日本军事、政治势力侵入华北地区,毒化范围随之扩大,毒化手段也日趋加强。

第二次世界大战后,东京审判起诉A级战犯东条英机、板垣征四郎等人的罪状之一即是对华实施毒品侵略。本书所译是东京审判1946年7月29日、7月30日、9月5日等庭审日有关日本侵华、在中国进行鸦片侵略的庭审记录,内容主要基于庭审过程中法庭采纳为证据的检方文件、检方证人证词和证言等,可归纳为如下几方面:

第一,日本侵华期间,使用鸦片与麻醉毒品作为侵略中国的武器,它们是日本征服中国计划的一部分。日本陆军、海军、宪兵、特务机关、浪人,以及受日本人控制的傀儡政府,都参与了贩卖鸦片、交易毒品的罪恶活动。

第二,在日本军队所到之处,日本的军方与民间机构大肆从事非法鸦片与毒品贩卖行为,这样的行径遍及中国各地。日本军方与民间机构将海洛因、吗啡和其他鸦片衍生品的生产引入那些之前并不流行毒品的地方。

第三,从伪满政权建立,到以后的华北、华中与华南地区,如哈尔滨、沈阳、北平、天津、济南、南京、上海、广州、厦门等城市,日本废除了中国关于鸦片和其他麻醉品的法律,建立鸦片专卖机构,控制所辖区域鸦片、麻醉品交易,开办生产鸦片、吗啡与海洛因的工厂,开设大量鸦片烟馆,交易毒品,鼓励种植罂粟与扩大种植罂粟范围,使鸦片烟馆营业、吸食鸦片、销售海洛因、鸦片烟膏等鸦片毒品活动合法化,并导致鸦片烟馆不断增加,吸食鸦片的人数增加,鸦片、海洛因消费量、销售量持续上升。

第四,在日租界,日本领事馆、领事警察从不积极采取措施阻止日本人贩卖鸦片、毒品；对中国警察、其他国家警察所抓获的从事毒品贩卖的日本人，采取消极措施拖延及不惩罚。证据证明，上海、北平、天津等地的鸦片来源，主要是日本租界。在日本人控制租界后，租界的鸦片烟馆数量、鸦片与毒品交易量、嗜毒者人数均呈明显急剧上升趋势。

第五，证据显示，日本通过在华鸦片侵略、毒化中国人，锴蚀中国人抵制侵略的毅力与意志，并从鸦片、吗啡与海洛因等麻醉品生产、交易中获取了巨额利润，为资助日本军事与经济侵略提供了巨额的收入来源，发挥了"以毒养战"作用。

本书"侵占东北"部分由周家欣翻译、龚志伟校对；"毒品贸易"部分由韩华翻译、赵玉蕙校对。在出版过程中，得到上海交通大学东京审判研究中心程兆奇教授、上海社会科学院法学研究所程维荣研究员、上海交通大学出版社郁金豹老师、姜津津编辑、金迪编辑的大力支持，在此致以真诚的感谢。

韩华　周家欣
2014 年 11 月

本册出庭发言者

法官

 威廉·弗拉德·韦伯

检察官

 大卫·尼尔森·萨顿　　亨利·A.萨盖特

 埃尔顿·M.海德尔　　向哲濬

 格蕾丝·卡诺德·卢埃林　　亚瑟·A.桑德斯基

 沃特·I.麦肯锡　　约翰·F.汉默尔

 约翰·达西　　约瑟夫·贝瑞·季南

辩护律师

 阿尔弗雷德·W.布鲁克斯　　萨缪尔·J.克莱曼

 劳伦斯·P.麦克马纳斯　　山田半藏

 乔治·A.弗内斯　　穗积重威

 威廉·洛根　　戒能通孝

 清濑一郎　　威廉·麦克科马克

 大原信一　　本·布鲁斯·布雷克尼

 迈克尔·列文　　三文字正平

 太田金次郎　　豪克斯赫斯特

 罗杰·F.科尔　　神崎正义

大卫·史密斯　　　　　　　鹈泽总明

盐原时三郎

证人

徐节俊　　　　　　　　　刘耀华

皮特·J.劳莱斯　　　　　　翟树堂

笠木良明　　　　　　　　 及川源七

森岛守人　　　　　　　　 里见甫

哈罗德·弗兰克·基尔　　　森冈皋

凡　例

（1）本书所译，为东京审判庭审记录内容中1946年7月29日至同年9月5日期间的中国部分，以日本在华的毒品贸易和1937年前日本侵略中国华北、东北的庭审记录为主。

（2）本书主要根据庭审记录日文版翻译，参照英文版校对，内容按照庭审记录顺序排列，不作变更。

（3）正文前"本册出庭发言者"名单，为译者整理而成。

（4）为方便阅读，由译者将全书分段并加各段标题。分段主要根据庭审内容，标题仅起提示作用。

（5）译文中一些历史名词如"满洲国"、"冀东防共自治委员会"等，保留原状。

（6）脚注为译者所加。

（7）原文中少量明显错误或者有疑问的地方，译文以脚注作了说明。

（8）译稿中的引文，有的地方参考或征引了已有的译文（如《李顿调查团报告书》），恕不一一指出。

目　录

一、皮特·J.劳莱斯的作证（第一次审理） 001

二、九一八事变后继续向中国内地渗透 012

三、扶植"满洲国"政权组织 041

四、全面掌控"满洲国" 089

五、森岛守人作证九一八事变 148

六、第二次、第三次审理 199

七、1937～1945年日占区暴行和毒品贸易相关证据 210

八、日本鼓励满洲、热河、朝鲜、华北毒品贸易相关证据提出 240

九、华北地区毒品贸易相关证据提出 295

十、华南地区毒品贸易相关证据提出 318

十一、华中地区毒品贸易相关证据提出 332

十二、日本在中国毒品贸易相关证据再次提出 357

索引 405

一、皮特·J. 劳莱斯的作证(第一次审理)

1946 年 7 月 29 日,星期一
日本东京都旧陆军省大楼内远东国际军事法庭

……

(徐节俊作为检方证人出庭,首先宣誓,然后作证如下。)

直接询问(由萨顿检察官讯问徐节俊证人)

萨顿检察官:如果法庭允许,我们希望提供检方文件第 2118 号,并请求标记为本案证据。

法庭副书记官:检方文件 2118 号标记为第 209 号证据。

(随后,上述文件被标以检方证据第 209 号,并被接受。)

问:你叫什么名字?

答:我的名字是徐节俊。

问:你住在哪里?

答:我现在住在上海市江西中路 473 号。

问:你面前是证据文件第 209 号。请你回答你是否在上面签了名?

答:是的。

韦伯庭长:他刚才面前没有文件,不是吗?最好再问一遍。

(然后,递给证人一份文件。)

问:你的面前是证据文件第 209 号。请你回答你是否在文件上签了名?

答：是的，我在上面签了名。

问：文件上陈述的事实是否是真实和准确的？

答：所有内容都是真实的。

萨顿检察官：我希望宣读文件，以录入法庭记录。

韦伯庭长：最好先进行提交。现在它只是被标记为验证。

萨顿检察官：我们要提交证据文件编号 926 号，并请求允许宣读录入法庭记录。

韦伯庭长：采纳。

（随后，上述文件被标以检方证据第 209 号，并被接受。）

萨顿检察官：（宣读）

我，徐节俊，中华民国的公民，目前居住在中国上海，现作出以下陈述：

我今年33岁，我是东洋开发公司的总经理。公司总部以前在云南省昆明。我自1938年开始加入这家经营纺织品的公司。我从1939年到1946年2月期间在云南，除了有时会去缅甸一段时间。

1942年5月，当我在滇缅公路旅行的时候，发生了桥梁被炸、交通阻断的事情。当时大约有300辆载满了从缅甸回来的中国难民的卡车和轿车无法渡过怒江。于是车队分散开来，从不同的其他地点渡河。我们那一队大约有70人，全部是平民。日军抓获了我们这队人，要我们坐成几排，然后从每人身上抢走手表、笔和钱。他们从我身上抢走了钢笔和2万多卢比。

日本军官把我们分成两组，每组一半人，大约30几人。一组被带到山里，我们剩余的人被要求坐在河边，围成圈坐下。一名日本军官命令将一挺机枪架在圆圈的一个缺口处，然后向我们开枪扫射。我一听到枪响就马上伏在地上，一动不动。我两边的人都被打死了,尸体压在我身上。他们的血染红了我的衣服。从中午时分一直到晚上约6点,我一动不动地被埋在这些尸体中。一些之前被日本人抓走的中国平民搬运东西从那里路过,我就加入了这些苦力。我们那一组中大约30人遇难。除了我之外,还有另外两名生存者,也加入了苦力的行列,同他们一起将木材搬运到河岸,然后晚上再干一些其他苦力活。第二天,我看见附近路边横着1000多具尸体,大部分都是平民。第二天,我又被命令去河边为军营打水。中国士兵的尸体看上去是被刺刀扎死的。平民的尸体通常是排成几排或是一群人。他们都是被机枪扫射打死的。

那天下午,我看到四名日军士兵把两名妇女抓到山里。当那些妇女回来时,一直在哭。她们告诉我说,她们被强奸了。

第三天,我想办法和一些认识附近道路的当地人一起逃走了。

我于1946年6月18日在本证词上签名和留下印鉴,特此为证。

(签名)徐节俊

萨顿检察官:辩方可以对证人进行交叉询问了。
布鲁克斯辩护律师:如果法庭允许,没有交叉询问。
(证人退席。)

(皮特·J. 劳莱斯作为检方证人出庭,首先宣誓,然后作证如下。)

直接询问(由萨顿检察官询问皮特·J. 劳莱斯证人)
问:你的全名是什么?
答:皮特·J. 劳莱斯。
问:你住在哪里?

答：中国，北平。

问：你是哪国的公民？

答：英国。

问：你在中国住多久了？

答：将近 36 年了。

问：在那段时期你住在中国的什么地方？如果有的话，担任什么官方职务？

答：我从 1912 年 10 月起，在天津的英国工部局担任警督。从 1938 年 7 月直到 1941 年的年初——当年年底被拘禁时，我在北平担任使馆区警察局长兼外交委员会秘书。

问：1930 年左右，天津的英租界有多少人口？

答：大约 45 000 到 50 000 人。

问：你的工作是否有时会对天津英租界内的鸦片烟馆进行查封？

答：是的。

问：在查封中你们会逮捕什么人？对这些人会如何处置？

答：中国人和朝鲜人。抓获后会在市政府治安法庭审问他们，接着会把他们移交给各自所属国家的相关机构，也就是在日本租界内的领事警察。

问：如果抓获了中国人，谁将审判他们？

答：如果抓获了中国人，会将他们交到天津市的中国法庭。

问：你是否也抓获过日本人？这种情况如何处理？

答：在极少的时候也会有日本人，真正的日本籍公民。如果他是日本籍，就会移交给日本的领事法庭。

问：对朝鲜人如何处置？

答：他们也被作为日本臣民对待，也移交给领事法庭。

问：关于你们从英租界内烟馆搜查缴获的鸦片和麻醉毒品，根据你的工作职权，你是否能确定它们是从哪里得到的？

答：是的。通过对抓获的人审讯，采集书面口供，他们都说："我们是在日本租界内买的。"

问：你是否向日本官员报告过你们在工作中获得的这些信息？

答：是的。所有的文件证据都向他们提供了，在将犯人移交法庭时，我们会将一份副本交给英国领事，同时还有一份副本交给日本官员。

问：当你们逮捕并随后移交这些朝鲜人和日本人时，日本有关机构是否采取了任何措施？

答：我们从未收到过官方通知，也从未出庭作证过。

问：你是否曾经抓获过多次重犯的同一名违法者？

答：是的，有好几次。

问：在1935年左右情况有什么变化吗？如果有，是什么变化？

答：是的，当时有很多朝鲜人和日本人搬入英租界。在那以前，英租界内并没有很多朝鲜人和日本人居住。

问：这些居住在英租界的朝鲜人和日本人从事什么生意？

答：朝鲜人是流动商贩。日本人一般是做小买卖。

问：在天津的英租界，1935年以后关于鸦片和麻醉毒品是什么情况？

答：麻醉毒品交易量大幅上升，这一点非常明显，因为我们不得不每天进行两到三次搜查。我可以对上一句更正一下吗？我刚才说的是每天，应该是每个晚上。

问：这种鸦片和麻醉毒品的交易是如何进行的？

答：我听不太明白这个问题。我不知道您问的是什么意思。

问：根据你们的调查，1935年在天津的英租界是什么人进行鸦片和麻醉毒品交易？

答：中国人和朝鲜人。

问：他们在哪里销售鸦片和麻醉毒品？以什么方式？

答：鸦片在较贫穷的底层街区的烟馆出售。烟馆里摆放了很多支烟枪，嗜毒者经常会去这类烟馆吸食鸦片。像吗啡和海洛因这样的毒品，大多是在码头进行交易。我解释一下，码头是所有到天津的船都要开进去的一个区域。

问：毒品以什么形式卖给买家？

答：购买毒品也就是吗啡和海洛因时，朝鲜人总是——最底层的朝鲜人通常会去码头或街边找最底层的中国人，给他们进行皮下注射毒品。

问：那些针头经过消毒吗？

答：从不消毒。

问：你们经常抓获那些违法者吗？

答：是的。

问：当你们把犯人移交日本当局后，他们会采取一些惩罚措施，以阻止这些人重新返回毒品交易吗？

麦克马纳斯辩护律师：如果庭长阁下允许，我要对这种问题的形式提出反对。另外还因为它是引导性问题，而且对本阶段也不重要。我想知道这和战争罪之间有什么关系。

韦伯庭长：我认为这个提问有些笨拙。我觉得他本来可以问犯人是否受到惩罚，惩罚的收效是什么，但事实上什么效果也没有。重要性已经被考虑了。检方称这也是一种类型的战争，或者说通过让中国人染上毒瘾，从而为战争做准备。反对无效。

答：没有。他们总是会再次返回。根据我们的经验，没有任何罪罚一致的措施。

问：你们有时会对英租界内的毒品工厂进行搜查吗？

答：是的。

问：这些工厂由什么人经营？

答：中国人和朝鲜人。

问：这些工厂的生产能力有多大？

答：最大的工厂每周可生产五六十磅吗啡或两三磅海洛因。

问：从这些工厂主人那里，你们是否查明了他们从哪里得到的鸦片？

答：是的，回答都是说从日本租界。

问：关于日本人在英租界从事鸦片和毒品交易的事情，你们是否经常向日本有关当局进行报告？

答：是的。

问：你从他们那里得到了什么回复？

答：我们得到的回答是，这些人将受到惩罚，情节严重者将被驱逐出境。

问：如果有的话，日本当局进行了什么样的惩罚呢？

答：我们无从得知。

问：你们向他们报告了在英租界内从事鸦片和毒品交易的人员后，他们是否驱逐过这些人呢？

答：他们这样做过几次，但其他人总是会再次回到英租界，继续从事毒品交易。

问：日本人何时占领了天津？

答：1937年。

问：日本人1937年占领天津后，那里的鸦片和毒品是什么情况？

答：交易明显增加，大幅地增加，但作为警察，除了抓获毒品贩子，我们还有更多工作要做来保护租界。

问：你在什么时间接管了北平使馆区警察局长的职务？

答：1938年7月。

问：当时北平的鸦片和毒品情况是怎样的？

答：根据我在北平的观察，除了使馆区外，情况非常不好。

问：在那之后，使馆区的情况怎么样？

答：有时情况非常糟糕，但我们采取了强硬措施进行控制。我想解释一下我所说的强硬措施，就是说我们努力不让他们的毒品工厂做得太过分。

问：他们是否也试图在北平的使馆区内经营毒品工厂？

答：是的。

问：这些工厂由什么人经营？

答：大部分是朝鲜人。

问：你们是否经常对这些工厂进行搜查？

答：是的。

问：如果抓获了朝鲜人，你们会如何处理？

答：将他们移交给使馆区的领事警察，同时提供有关罪行的陈述。

问：在你们移交给领事警察后，什么部门会处理这些案件？

答：日本的领事机关，领事警察机关。

问：你们是否听说过这些案件的处理？

答：这就说来话长了，因为作为外交委员会秘书和警察局长，我必须从警局角度向所有的使馆和法务部门报告使馆区发生的事情。另外，外交委员会中包括了3名使馆官员（1名英国人，1名美国人和1名日本人）和两位平民成员——共由5人构成，在外交委员会的会议上，每次都会向日本代表强调这些案件，而他总是承诺说将对这些案件进行调查，如果可能的话，将在委员会的下次会议上进行报告。但在委员会召开下一次会议时，如果还没有报告案件情况，我们就会再次询问同样的问题，对于这些问题，从来没有从日本代表口中得到任何令人满意的回答。

问：你们是否向日本当局报告了引起你们注意的具体案件？

答：是的。当我们抓获了犯人并移交给日本使馆的领事警察时，作为委员会秘书，我会起草一份发给所有使领馆的通函，这封通函也会送到委员会中日本成员的手里。

韦伯庭长：我们将休庭，直到明天 9:30。

（16:00 休庭，直至 1946 年 7 月 30 日星期二 9:30。）

1946 年 7 月 30 日，星期二
日本东京都旧陆军省大楼内远东国际军事法庭

（皮特·J. 劳莱斯作为检方证人出庭，重新坐进证人席后作证如下。）

直接询问（继续）

问：劳莱斯先生，在昨天休庭前，你叙述了你们关于在北平使馆区抓获的朝鲜人和日本人所采取的行动。你可以继续回答。

答：在我昨天的讲叙中，提到外交委员会的构成包括了 3 名来自不同使馆的成员，即 1 名英国人，1 名美国人和 1 名日本人。除了这三位成员，还有两名由使馆区纳税人选举出来的平民成员。这些成员每个月开一次会，作为秘书，我要向他们报告所有关于警务活动的事宜。在我报告的案件中，有两起案件比较引人注目。其中一件是抓获了企图在使馆区炼制吗啡的朝鲜人和中国人。我将这起案件向委员会做了汇报，并在日本代表也出席的会议上进行了陈述。逮捕这些人之后，就将他们移交给了领事警察。当在会议上提出这个案件时，日本代表说："是的，我已听说了这件事，我正在调查。我将在下次会议上进行报告。"而当下一次会议召开时，会议主席询问是否已采取了一些措施，他就会说："我们仍在调查之中。"在下次会议召开前，我们在使馆区抓获了 3 名炼制吗啡的朝鲜人。我们将这些朝鲜人连同所有相关证据都移交给了使馆区的领事警察。同时，我还以备忘录、通函和口头形式向委员会的五名成员进行了报告。但是，当在下一次会议上询问日本代表他们采取了什么行动时，他说："我们仍在调查之中。"就这样，针对第一个案件，调查差不多进行了三个月。而第二个案件是在委员会召开会议的四天前发生，几乎没有时间让他们进行太多的调查。在会议结束的三天后——两天或三天——我们又抓获了同样的三名朝鲜人，这次还是在使馆区从事毒品交易。于是，我亲自前往日本使馆，见到了那位日本成员并告诉他发生的事情。他说他将做进一步调查，这就是我得到的回答，也是每次召开委员会会议时他的回答。

问： 当日军占领北平后，城中关于鸦片销售的情况是什么样的？

答： 根据我个人的观察，吗啡和鸦片——尤其是鸦片——在城中公开进行出售。吗啡可在小胡同或东城和西城的一些小房屋内无限量地购买。在使馆区，吗啡和鸦片交易没有那么活跃，只有少量的销售。也没有制造工厂。

问： 鸦片在城中是如何运输的？

答： 由汽车或日本军车大量运输。

问： 你所描述的鸦片和毒品销售在北平持续了多长时间？

答： 根据我在警察局的了解，直到12月8日我被拘禁前一直都是这种情况。

韦伯庭长： 他在哪一年被捕？

问： 你在何时被捕或被拘押？

答： 1941年12月8日，我被捕后被拘禁在美国使馆一个月。

问： 你什么时候被释放？

答： 我于1941年1月8日从美国使馆释放。之后我又被拘押在英国使馆中直到1943年3月29日。

韦伯庭长： 我猜他的意思是1942年1月。我希望他能使用正确的日期。

问： 1943年3月29日之后你在哪里？

答：我们被送到山东省青岛市附近的一个集中营，在一个叫潍县[1]的地方。

问：你什么时候回到北平？

答：1945年10月17日。

问：从1945年10月17日之后你一直居住在北平吗？

答：是的。

萨顿检察官：辩方可以对证人进行交叉询问了。

韦伯庭长：清濑博士。

清濑辩护律师：没有交叉询问，庭长阁下。

（证人退席。）

---

[1] 潍县集中营，在今山东潍坊，为当时日本设立的外侨集中营。——译者注。

二、九一八事变后继续向中国内地渗透

1946年7月30日，星期二
日本东京都旧陆军省大楼内远东国际军事法庭

……

（9：00继续开庭。）

……

萨顿检察官：截止到刚才的证人，6月12日从中国被传唤到这里来的证人们都已经作证完毕，由此，既定顺序之外的作证已经结束。之后我们会按照既定顺序来传唤证人。

接下来检方的审理工作由海德尔先生来接手。

韦伯庭长：今天在法官议事室，有人提出再次传唤贝茨博士的问题。萨顿先生，您曾经想把贝茨先生在南京安全区里写的一些东西提交给法庭，而根据辩方的说法，贝茨教授与中国政府有所串谋，但是那些文件还没有被贝茨看过。贝茨博士还会在东京停留两个礼拜吗？

萨顿检察官：据我了解，贝茨博士在今天早上已经启程返回南京了。

韦伯庭长：好的。海德尔检察官。

海德尔检察官：若法庭允许，我想继续审理侵略"满洲"的案件。先要特别提一件事：我想请法庭注意7月10日庭审记录的第2284页。

接下来作为检方，我要向法庭提交的是第1871B号文件，其中的第5部分里第19页至20页，是第192号法庭证据的节录。第192号法庭证据是中国的官方文书。

韦伯庭长：根据惯例，予以接受。

（随之，上述文件被接受为第210号法庭证据。）

弗内斯辩护律师：尊敬的法庭在座各位，我想请问检方，这个文件是否是为本法庭审理而准备的？抑或仅仅是中国政府存档的一份档案？

海德尔检察官：这份文件不是为本法庭的审理而准备制作的，它是中华民国政府的官方文件。

弗内斯辩护律师：我查看过在法庭书记员处存档的证明书，发现证明书给这份文件标的日期是1946年3月25日。从这个日期可以看出，文件应该是应检方的要求而准备的。我不敢确定，因为不能确认证明书究竟表达的是什么。再仔细看一下这份证明书，我发现我原先的判断是错误的，因为据证明书上说，这是一份靠盟军最高司令官通过军事手段缴获得来的文件。"E. E. 丹利"的签名确认："自发送过来以后，这份文件就一直都处于我的保管之下。"据我了解，丹利就是本法庭检方的文件保管负责人。我认为，显而易见，这份文件就是由某一检方国家为了在法庭上使用而准备的，那么证明书该写清它出于某一检方国家。基于这点，我反对采用这份文件。

韦伯庭长：你刚才说"某一检方国家"？

弗内斯辩护律师：是的，庭长。

韦伯庭长：你说的是检方所属的国家？

弗内斯辩护律师：是的。

韦伯庭长：你指的是美国？中国？日本？

弗内斯辩护律师：庭长阁下，我指的是中国。从文件时间来看，这份文件明显是做过准备的，绝不是在档案里翻寻到的这么简单，因此——

韦伯庭长：你说的是第210号文件吗？这份文件被认为是《日本年

鉴》的节录,该文件毫无疑义。现在我们手头就有两本,因为这是1937年的《日本年鉴》的节录。

弗内斯辩护律师:我想庭长大概是拿错文件了。就我的理解,检方参考的文件是第1871B号,而那是第1871号文件的节录。

韦伯庭长:我只说我手里的这份文件。如果有别的文件,也请拿过来。

海德尔检察官:提交给法庭的只有第1871B号检方文件。

法庭书记官:我弄错了,我把第1771号文件当成第210号证据交给法庭了,现在马上改正,将检方的第1871B号文件标以第210号法庭证据。

弗内斯辩护律师:庭长阁下,能否允许我看一下证明书呢?

韦伯庭长:弗内斯少校,这不是不可以,但要先让法官看一下副本文件,这样他们也会了解你在谈论什么了。

在副本的封面上是没有证明书的。

弗内斯辩护律师:庭长阁下,第1871号文件是最基础的文件,但我却不知道它的编号。海德尔检察官,您是否可以告诉我呢?

海德尔检察官:基础文件的编号为第192号法庭证据。在原本上贴着一份证明书。

弗内斯辩护律师:哪份文件上有中国检察官刘子健的签名?

韦伯庭长:你还是最好能读一下,我们还没有这份文件的副本呢。

弗内斯辩护律师:证明书上的日期是1946年3月25日,文件上写着:

国际检察局驻日盟军最高司令部。证明书。刘子健,身为驻日盟军最高司令部下属国际检察局的工作人员,兹作证如下:
我得到一份篇幅为123页的附件,其内容描述如次:
题为《日方在华战争犯罪事实概要》的手抄副本;

1931年9月18日至1937年8月,中华民国外交部起草,及中华民国外交部印章;

日期_____;

1946年3月25日(即开头所标之日期)。

奉重庆中华民国政府之命,行使本职而获得此份文件。

签字人:刘子健,国际检察局中国检察官助手

接下来的一份证明书,表明了丹利先生国际检察局档案部主任,同时表明该文件归他所管——即"对国际检察局档案部从敌方郡里缴获来的原始文件或副本拥有所有权、看护权、支配权"。证明书进一步表明,该文件由刘子健先生呈递给国际检察局档案部——"该文件系盟军最高司令官麾下军队所缴获或得到,它们自抵达档案部之后,便再也没有离开过我的监管"。

韦伯庭长:海德尔检察官,对于这些证明书,你有什么话要说的吗?

海德尔检察官:这份文件的原本由刘子健先生从中华民国外交部那里所得,本来并非出于检方的要求。他要一份副本,中国外交部就给他了,仅此而已。证明书的第一部分就证明了这个过程;而证明书的第二部分也表明,丹利先生是从刘先生那里得到这份文件的,并一直由自己保管。

韦伯庭长:证明书提到了缴获文件吗?

海德尔检察官:监管文档的丹利先生所开具的证明书明确提到了缴获文件。若法庭允许,我想申明一点,《远东国际军事法庭宪章》第13条C(1)款规定:"任何文件,凡经本法庭认为系由任何政府所属之任何官吏、部门、机构或军事人员签字或发布者,不问其保密等级如何,对其出处或签署亦不必有所证明。"

韦伯庭长:海德尔检察官,您真是洞若观火啊。

如果证明书成立,那么这份文件将会以缴获文件载入记录。

海德尔检察官：尊敬的庭长，这样好吗？这份文件是以丹利先生保管的形式，不能算作缴获文件。除了鉴别真伪的证明书，法庭应该接受这份文件。

韦伯庭长：弗内斯少校，我们已对这份文件及里边的内容做了充分的鉴别，无论它的作证价值如何，我们都必须接受这份文件。

弗内斯辩护律师：我想向法庭指出，虽然有本法庭《宪章》的规定，但是法庭也不一定就要拘泥于此。因为法庭拥有自行裁量的权力。另外，我觉得法庭只有在接受的时候，才能判断出文件是不是具有证明价值。我不明白在有第一份证明书的情况下，这份文件怎么会有价值。换句话说，如果这份文件是在1946年准备的，也就是在决定对战争嫌疑犯进行起诉之后成文的，那么就应该三思了，因为这种文件的证明力远远小于直接从中国政府处获取的官方文件。

韦伯庭长：关于任何文件或证据是否有证明价值这个问题，要在审查全部证据后才能下结论。特例几乎是不存在的，我不能说这份文件就是特例。

自然，当我们在考虑诸如此类的文件或证据时，也会充分考虑辩方的主张。

弗内斯辩护律师：我还想指出一点，第二份证明书的内容存在明显错误，我觉得应该去除。另外，第一份证明书并非出自中国政府，只是来自中国的检察官。

弗内斯辩护律师：尊敬的庭长，这份文件——

韦伯庭长：好了，弗内斯少校，我还真不知道你已对文件提出反对了。

弗内斯辩护律师：是的，我反对法庭接受这份文件。

韦伯庭长：反对无效。请海德尔检察官宣读文件内容。

海德尔检察官：如果可以，我将当庭宣读提交上来的文件的部分内容。

（宣读）

日本教唆在河北省东部建立傀儡政权

1933年以后，日本就迫不及待地要把河北、察哈尔以及华北其他省纳入其支配范围。对于行政院驻北平政务整理委员会委员长黄郛和军事委员会北平分会代理委员长何应钦两位苦心经营的妥协政策，日本绝没有就此满足。他们肆意策划阴谋，要将中国国民政府的政治势力从冀、察等地驱逐出去。日本方面还利用每次机会，寻找各种理由设置难题针对中国政府。事实上，他们还逼黄郛和何将军辞职。

在这个阶段，日本的军队以及外务省公然表示，华北的政治机构不能满足日本方面的希望，他们反复唆使华北当局宣布自治，但地方当局忠贞爱国，总是巧妙地化解日本人所设下的阴谋，正因为如此，日本方面非常焦虑，以致开始使用卑劣的手段。1935年10月20日，出身河北省东部香河县的叛乱者武某收买了地方上的流氓地痞，借口请求自治煽动暴动。河北省当局冷静处理此事，没过几天就镇压了被唆使的暴动。日本方面达不成目的，愈加焦虑，并开始感到担忧。随后半胁迫半收买了当时的行政督察专员殷汝耕，1935年11月15日让殷打电报给中央政府要求自治，又于1935年11月24日组织成立了"战区自治促进会"，25日设立"冀东防共自治委员会"，宣布脱离国民政府独立。由于这个傀儡政权的存在，战区的22个县被日本人不法、粗暴地夺取了。由此，地区内一切军事、政治资源都落入日本的支配之下。此外，上述战区的资源、工业、海关、盐税等也全部落入日本人之手。不仅如此，以上地区还成了日方鸦片运输、走私，以及强盗土匪的根据地。国民政府曾多次与其交涉日方撤离的方案，但均未果。

作为检方,接下来我想请法庭接纳为证据的是第1777号国际检察局文件。这是1937年出版的《日本年鉴》第211页的一部分,我要提交其中的两段。

法庭书记官:第1777号国际检察局文件被接受为第211号法庭证据。

韦伯庭长:根据惯例,予以接受。鲍曼先生,在我受理之前,请不要报编号。

(随之,上述文件被接受为第211号法庭证据。)

海德尔检察官:(宣读)

1935年11月底,以停战地带作为势力中心,建立了名为"冀东防共自治委员会"的独立政权,委员长系该地滦榆区行政督察专员殷汝耕。12月底,上述委员会更名"冀东防共自治政府",殷汝耕被任命为主席。

国民政府派陆军上将何应钦前往北方,他与宋哲元、韩复榘两员大将共同协商,设立冀察政务委员会作为华北的行政管理机关,宋哲元将军被任命为主席,1935年12月18日就任。这个委员会虽然处于国民政府的监管之下,但是为了保持和日本以及"满洲国"的友好关系,属于有权利和两国谈判的新政治机构。这一政治机构的权力范围包括河北省、察哈尔省,至于山东、绥远以及山西省,则分别由韩复榘和阎锡山管辖。

接下来,检方要提交第724B号文件作为证据。这是1936年5月7日植田谦吉大使致当时的外务大臣有田的第409号电报。我们将整份电报内容提交。

韦伯庭长:根据惯例,予以接受。

法庭书记官:检方的第724B号文件被法庭接受为第212号证据。

(随之,上述文件被接受为第212号法庭证据。)

海德尔检察官：（宣读）

根据军队方面的绝密情报，内蒙古工作取得了显著进展，上月21日至26日，德王与李守信、卓特巴扎布、吴鹤龄、特务机关长田中隆吉一同，在西乌珠穆沁与蒙政会、锡林郭勒盟、察哈尔盟、乌兰察布盟、土默特旗、察右四旗、阿拉善、伊克昭盟、青海以及外蒙的各代表汇合，举行所谓的"建国"会议，共同商议确定的主要事项如下：

（1）统一内外蒙古（除属于"满洲国"的四盟之外）建立蒙古国。
（2）实行君主制国体（目前暂时实行委员制，并持续一段时间）。
（3）建立蒙古国会。
（4）实行军事专政。
（5）与"满洲国"签订互助协议。
（6）确定云王为主席，索王和沙王为副主席，德王为军事政权总统。

跳至下一段。

另外，军事政权从本月1日起向德化转移，在日本顾问的指导下开始处理政务。非正式军事报告关于这些事情的记录副本将会被发送给文化部的宫崎，而他本人也将在本月中旬抵达东京。至于前面所说整个事情的副本文件，由于日本军方的反对，故将不会被发送出去，因为日本军方和中央存在着某种关系。

根据田中参谋告知我的非正式消息，预计在本月末左右与"满洲国"签订相互援助协议，如果外务省方面希望，本馆可以派一两名馆员与一名外务省人员一同乘飞机前往。静待回复。

同时应考虑本次协定的国际影响。正如我所知，军队的工作也在秘之又秘地进行。目前关于此次"建国"会议，在华北地区，4月22日的《华北日报》刊登了极其简要的报道；上海方面，在4月30日的《上海时事》上也刊登了含混其词的报道，除此之外，似乎并无报纸刊登有关会议内容的确切报道。望军队能在年末左右缔结协定，推进蒙古独立。这些我都希望你能牢牢记下。

现在由卢埃林女士继续进行检方的审理。

韦伯庭长：请卢埃林女士发言。

卢埃林检察官：尊敬的庭长，接下来，检方想提交第1971E号文件。这是今天早上提交的第192号法庭证据的一部分。检方提交这份文件，想要证明日本的飞机违反《塘沽停战协定》的第2条规定，即日本在非武装地带以外的区域进行飞行活动。

韦伯庭长：根据惯例，予以接受。

法庭书记官：第1871E号检方文件被法庭接受为第213号证据。

（随之，上述文件被接受为第213号法庭证据。）

卢埃林检察官：我要提出的部分有五节，请法庭允许我当庭宣读。

（宣读）

自1935年夏起，日本军用飞机多次飞临北平、天津上空，并在周边地区着陆。1935年8月3日，中华民国外交部接到上述报告，就向日本大使馆第一次提出抗议，要求日方停止飞行。日方回答说，此问题需要向东京的外务省反映。在此番初次交涉之后，日本飞机的非法飞行不仅没有减少，恰恰相反，其覆盖的地域反而不断扩大，甚至涉及其他多个地方，如山西、绥远、陕西等内陆地区。

中华民国外交部再次提出抗议，要求日方立即停止飞行。抗议实质上想表明，日本飞机的非法飞行非常容易招致误解，这一行为不仅无视了中国法律，也是对中国主权的践踏。当时中国还未解决华北问题，鉴于现状，中方一次次忍耐。如今华北局势稳定，中日之间的外交关系也应该迅速地恢复正常。中方在上述要求的基础上，提出日本如果不想为中日关系的修复制造障碍的话，就应该采取有效措施停止非法行为。然而，结果日本政府就日本飞机飞入北平、天津上空的事件回答说，这是基于《塘沽停战协定》第2条的合法行为。中华民国外交部反驳道，该协定第2条是用来限制撤兵期间的监视行为的，日方如此说明，显然是在滥用协定。另外，关于该条款的适用地域也有明确的规定（可参下附《塘沽停战协定》的内容）。所以，中方不能容忍日方滥用上述条款，并再次要求日本政府立即停止这些行为。但即使中国提出这样的理由，违法飞行却仍然继续。中华民国外交部根据相关政策继续同日本政府谈判，要求他们停止飞行。日本政府无法再用以上借口搪塞，只好另找理由。后来，日本政府回应表示，只要顺利解决华北中日间的航空联络问题，也就自然能解决这个问题。

中华民国外交部即刻对其进行反驳，华北的中日航空联络问题与非法飞行性质完全不同，很明显这些问题没有任何关联，不应该混为一谈。中方再次要求日方停止飞行。此外，中华民国政府向中国驻日本大使馆发出命令，让其向日本外务省提出抗议。广田外相却回答说，飞行是基于《塘沽停战协定》的日方解释而进行的。虽然中方努力采取相关措施，但是之后日本飞机的非法飞行地域继续扩大，甚至深入山东、甘肃、宁夏三省。有时日本飞机还飞至江苏省，但是只经过高空，并不能确定目的地。至于北平、天津、青岛和济南的情况就不同了，日本飞机不仅多次飞临上述地区，甚至搭载乘客和邮包，并强行使用中国的机场。

根据政府负责人的统计数据，1937年4月至6月期间，日本进行了764次非法飞行，这还只是有记录的部分。不计算口头抗议，光书面抗议，中华民国就对日本提出过13次。

1935年11月之后,日本政府就对中国政府提出的抗议完全不予答复了。

（附塘沽停战协定的原文）

弗内斯辩护律师：我不知道是不是又会被驳回,所以我并不想提出异议,但是我对检方有一个请求：能不能清楚地说明一下,这个文件是何时、在何种情况下准备的。检方不需要现在马上说明,可以在适当的时候,比如说明天早上,或者其他方便的时候。

韦伯庭长：卢埃林夫人,我建议你在明天向大家告知一下,也可以让我了解到事实的真相。

卢埃林检察官：好的,我也很乐意这样去做。

作为检方,接下来要提交的是第1791号文件,这纯粹是作为参考提出的。

韦伯庭长：根据惯例,予以接受。

（随后,上述文件被接受为第214号法庭证据。）

卢埃林检察官：这是1936年3月12日,苏维埃社会主义共和国联盟和蒙古人民共和国缔结的互助议定书。我们提交这份议定书旨在证明,苏维埃共和国联盟和蒙古人民共和国通过协商,以防止日本对亚洲大陆的侵略,并采取防卫措施。

弗内斯辩护律师：我能否问你一个问题——提交上来的文件是为了证明日本侵略了中国、蒙古,还是俄国？

卢埃林检察官：所提交的文件基本说明了针对日本西向侵略所采取的防卫措施。

弗内斯辩护律师：现在的审理阶段是侵略中国的问题,从刚才的叙述来看,文件不是证明对中国的侵略,因而我对其关联性提出反对。协议签署是为了保护中国,在这点上我不能理解。

卢埃林检察官：日本军队一步步深入亚洲大陆西部,先占领了满洲,继而占领察哈尔、绥远、热河三省。议定书的签订则表明,苏维埃政府和蒙古人民共和国这两国间达成的共识,就是为了防止日军步步西进。

弗内斯辩护律师:作为辩方,我认为这份文件与现在审理的侵略满洲的部分没有丝毫关联,所以我反对现在提出的这份文件。我不知道与今后的事项有没有关联性,但是我认为现在暂时没有关联。

韦伯庭长:检方主张有关联性,这个关联性目前在辩护团方面或者法庭看来并不明确。既然检方主张,我们就暂时视为有关联性。若是日后知道这之间没有关联性,不用说我们会予以撤销,但是现在我要驳回异议。

卢埃林检察官,请发言。

卢埃林检察官:我能对法庭说——

韦伯庭长:你可以当庭宣读。

卢埃林检察官:这是一份关于苏维埃社会主义共和国联盟与蒙古人民共和国的相互援助议定书。

(宣读)

苏维埃社会主义共和国联盟与蒙古人民共和国两国政府依靠自1921年以降两国间坚定的友谊,同时在苏联红军的帮助下,蒙古人民共和国从侵略苏联领土的相关白卫军派遣队手里收复了领土。

并且,为了进一步促进远东和平,促进两国的友好关系,1934年11月27日,苏维埃社会主义共和国联盟政府和蒙古人民共和国政府签订了君子互助协议,规定为了避免和防止武力攻击的威胁,两国应当采取一切手段互相援助,在第三国对苏维埃社会主义共和国或者蒙古人民共和国发动攻击时,应当相互援助。现两国决定以本协定书的形式批准上述君子协定,并以此为目的签订本协定。

第一条，第三国有可能对苏维埃社会主义共和国联盟或者蒙古人民共和国的领土发起攻击时，苏维埃社会主义共和国和蒙古人民共和国有义务针对局势直接进行协商，采取一切必要手段保卫两国领土。

第二条，当协定国受到任何武力攻击时，苏维埃社会主义共和国联盟和蒙古人民共和国有义务相互给予包含武力在内一切可能的援助。

第三条，苏维埃社会主义共和国联盟政府和蒙古人民共和国政府都明确，为了履行第一条或者第二条规定，并基于相互的理解，在双方认为没有必要时，一方军队应立即从上述领土撤退，如同1925年苏维埃军从蒙古人民共和国领土撤退一样。

第四条，本议定书一式两份，分别为俄语和蒙古语。两份文件具有同等效力。本协定书签订时即告生效，效力为十年。

签订于乌兰巴托市
于1936年3月12日

韦伯庭长：休庭15分钟。

（10:50分休庭，直至11:55重新开庭。）

……

法庭执行官：现在远东国际军事法庭继续审理。

韦伯庭长：海德尔先生。

海德尔检察官：检方现在要提交第1634B号国际检察局文件，是一份急电。这份文件是1936年1月21日由被告、也就是时任外务大臣的广田弘毅发给日本驻华大使有吉的，题目为"陆军方面对华北问题的处理纲要"。

韦伯庭长：根据惯例，予以接受。

法庭书记官：检方第1634B号文件被接受为第215号法庭证据。

（随之，上述文件被接受为第215号法庭证据。）

海德尔检察官：检方想要用这份文件证明：1936年1月日本政府企图在华北建立自治政府。华北，指的是绥远、山西、山东、察哈尔、河北五省。

接下来，我要提交的是第1634C号国际检察局文件，文件内容为内阁总理大臣、外务大臣、大藏大臣、陆军大臣、海军大臣等五大臣于1936年8月7日决定的国策基准。

韦伯庭长：根据惯例，予以接受。

法庭书记官：检方第1634C号文件被接受为第216号法庭证据。

（随之，上述文件被接受为第216号法庭证据。）

韦伯庭长：每次提交文件的时候，你为什么不读一下文件内容呢？

海德尔检察官：如果法庭觉得合适，我可以宣读。

韦伯庭长：你为什么要区分读和不读的文件呢？有时候你读，有的时候不读，其中有什么原因吗？

海德尔检察官：如果法庭认为审理进行时方便读一下的话，我可以读。

韦伯庭长：如果不读，是不是暗示文件并不重要呢？

海德尔检察官：我想说那份文件与审理有很重要的联系。根据法庭的要求，我回过头来重新读一下第1643B号文件的部分内容。

韦伯庭长：你能不能针对为什么有些文件读一部分、有些文件不读的问题，做个简短的回答呢？

海德尔检察官：我是为了加快审理的速度，而法庭自行去看文件也很方便。

韦伯庭长：我认为你指的不是审理速度，这不是理由，否则你就不会读任何文件。

海德尔检察官： 积少成多，就会使法庭审理过慢，如果法庭需要，我可以读些摘要。

韦伯庭长： 这根本与法庭的偏好无关，也无关你的偏好。请告诉我你真实的原因。

海德尔检察官： 至今为止提交的文件中，有部分内容重复，或者属于背景资料，为了加快审理的速度，我只是将文件提交上来，请各位法官在适当的时候读一下，我想这样审理能更快速一些。

韦伯庭长： 那么请你读一下你认为重要的东西。

海德尔检察官： 接下来，我读一下国际检察局第1634B号文件的摘要，也就是第215号法庭证据。

（宣读）

我们已经通过电报告诉了你关于陆军方面起草的"华北处理纲要"的事宜，我们将附上所有纲要的文本内容给你。

副本发送至北平

等等。

对中国驻屯军司令官的指示。"华北处理纲要"1936年1月21日。方针：

处理华北问题的关键在于，协助华北完成以华北民众为中心的自治，使其能够安居乐业，并且调整华北地区与日、"满"两国的关系，增进相互间的友好互利。为此，希望能够支持和指导新的政治机构，并予以辅佐，强化扩充其机能。

纲要计划：

（1）从领土而言，目标的自治区域为华北五省，即上述提到五省，但是不用着急扩大地域，相反的，按照第2项之后的纲要，我们只需紧紧钉牢，让冀、察两省以及平、津两市率先逐步完成自治，其他三省自行推进与之合流。我们对于冀察政务委员会的指导和建议,目前由宋哲元进行,要允许民众的自治运动公正妥当地进行,逐渐实现真正意义上的人民自治,确立华北五省自治的基础。

对于冀东自治政府,在冀察政务委员会的自治机能尚未完全具备的情况下,要支持它的独立性,但当冀察自治的建立使我们能够基本得到信任了,那么冀东自治政府要早日加入冀察政务委员会。

跳至第3项纲要的第2段:

特别在指导时,如果把冀察培养成一个"满洲国"一样的独立国家,或者让其成为"满洲国"的延伸,那么像这样的政策是无法实施的,因为会遭到其他国家的误会。除了在政务委员会和第二十九军内需要少数的日本顾问人员外,其他部门人员应该严格控制在较少的人数之内。此外,其他公共事业、产业开发等所必要的人力物力,除万不得已的情况之外,尽可能在日本内地解决。

跳至第4项纲要:

(4)对内蒙工作依旧应该继续基于原来的宗旨,在此基础上,由于强化冀察政务委员会的自治,以及扩大山西、绥远两省自治的工作有可能被阻碍,目前需要采取相关措施加以防止,对蒙古势力的南进酌情加以限制。为此,对内蒙工作,要将其范围大体限定在长城线以北,并且防止波及东部绥远和蒙古四旗的地域。

(5)处理华北事宜是中国驻屯军司令官的任务,原则上他直接以冀察、冀东当局作为对象实施,而且无论如何,军队是以内部指导为主。

对于经济投资，军队不能主动，而应该侧面指导。但是在现在的情况下，为了指导冀察政务委员会，在北平设置了一个临时性机构，它由中国驻屯军司令官负责（考虑到自治政府产生的困难，同时管理顾问人员）。

台湾军以及其他在中国华北地区的各类机构组织都要合作协助以上工作的开展，除此之外，每一支在中国的军队都要与此次行动保持同一步调，特别是大使馆的武官以及驻南京武官，要及时理解针对南京政权的华北自治的必要性，同时还要强行要求南京政府承认六项自治权限，遏制南京政府妨碍自治的行动。

（6）本处理纲要在实施时，上述各机构可以酌情与外务、海军的各派出官员秘密进行联络。

接下来我要宣读第 1634C 号国际检察局文件，也就是被法庭接受的第 216 号证据的某些摘要内容，其题名"1936 年 8 月 7 日决定的国策基准"，由首相、外务、大藏、陆军、海军五大臣会议决定。

（宣读）

帝国鉴于内外的形势，认为帝国当前应该确立的根本国策在于外交和国防相互配合，一方面确保帝国在东亚大陆的地位，另一方面向南方的海洋发展，基准的大纲如下：

跳至"国策"的第 2 项：

为谋求国家安泰，拥护国家发展，以确保帝国在名义上和实质上都成为东亚安定势力的地位，应充实必需的国防军备。

（3）我们大陆政策的基本方针是：希求"满洲国"的健全发展，日"满"国防的强化巩固，以此消除北方苏联的威胁，同时防范英国和美国,具体实现日、"满"、"华"三国的密切合作,以促进我国的经济发展。在执行这些政策时,应注意保持与各国的友好关系。

我想在这里指出的是,当时的内阁总理大臣是广田弘毅、海军大臣是永野修身,这两位都作为本法庭的被告出庭。

接下来,我们将提交第1634D号国际检察局的文件。其内容是第二次华北处理纲要,是1936年8月11日由各个大臣所决定的。

韦伯庭长: 根据惯例,予以接受。

法庭书记官: 第1634D号文件被接受为第217号法庭证据。

(随之,上述文件被接受为第217号法庭证据。)

海德尔检察官: 关于这份文件,我想宣读两个地方。

(宣读)

我们对华北地区采取的行政政策其主要目的——

布鲁克斯辩护律师: 尊敬的庭长,我研究了外务省档案各种文件的摘要,虽然说它们全部都是摘要,但是单凭摘要,很难把握整个计划或者思想。从这些摘要中再抽出段落来宣读,结果会导致完全扭曲整个计划或者思想,所以我主张反对。在我看来,文件应该被驳回,如果要读这些摘要的话,请在这里宣读全文,这样被告们也有机会知道文件的内容,因为之前他们也没有机会了解文件内容,否则,根本无法理解文件究竟在讲什么。

韦伯庭长: 布鲁克斯辩护律师,我认为检方把自己认为实际需要的、有效的部分挑出来宣读,同时我们也期望他们所宣读的内容有实际作用,在这里光读有效的部分难道还不合适吗?如果让其通篇宣读的话,审理会无限制的被拖长,所以除了读一部分之外,别无他法。

布鲁克斯辩护律师: 作为辩护律师,我认为如果针对被告的证据文件没有被当庭宣读，那么被告也就没机会听到被提交上来文件里的内容，这还可以叫证据吗？

正如我所理解的法庭规定，任何当庭宣读的文件被认定是起诉被告的，那么必须要拿出来，但是如果提交出来的是整份证据，而当庭宣读的却是部分内容，那么就导致了被告无法听到剩余的内容，从而导致该被告和他的辩护律师无法对其内容进行辩护。另外，万一被告没有听到实际内容，但说了"这不是事实"，那么便会引起我们的注意，从而会出现错误的想法，这也导致许多案情跟着出错。

韦伯庭长：不消说，全部的文件概要已经交到你们手里了，你们应该知道被宣读的和未被宣读的文件。如果未宣读的部分有必要宣读，辩方可以在事后作为证据向法庭提出。这样一来，辩方并没有蒙受什么损失，而且就这一点来看，根据检方的常识判断也并无不妥。我这是出于本法庭的利益出发考虑的。我希望重要的东西留有记录，但是又不希望延长审理。

布鲁克斯辩护律师：我想向法庭提一个请求。能不能请法庭决定，只将写入庭审记录的东西作为对被告的证据。

韦伯庭长：这个问题在德国也讨论过。在德国，法庭的见解在审判过程中似乎发生过分歧。记录中没有提到的部分证据，我并不敢全部排除。因为被排除的部分也有可能非常重要。

布鲁克斯辩护律师：我们想花点时间就此问题向法庭做出充分的解释。我想说的是，辩护律师和被告在准备案件的过程中是非常困难的，因为必须去回顾了解每份文件的内容，即使只有一两段文字也要去看，如果一本书是证据，那么至少有一千多页甚至是几千页——而现在，连没有听到的文件也要求我们去阅读、去解释、去和被告商讨，负担太重。

韦伯庭长：对于这个问题，还有哪几位辩护律师支持你的看法？

布鲁克斯辩护律师：我想进一步指出的是，证据的数量非常多，加上其中记载的内容，这些对辩方来说更是很大的负担。我既不想攻击、也不想否定检察官们如此行为的公正性，只是对于检方并不重要的证据，可能对于辩护律师来说非常重要。

洛根辩护律师： 我们辩护律师已经屡次表示了我们对于证据的这个态度。作为其中最具体的事例，我想就是刚刚介绍的检方的第1634C号文件，即第216号法庭证据。适才检察官方面只读了这个文件的三节，从这三节内容听起来，怎么说都带给我们军事侵略的印象。文件的第一节和第三节被他们去除了，如果读了这两节，我们就会得到完全不同的印象。因此身为辩护律师，我要求在宣读节录时，请一并宣读其他部分，倘若如此，则可以呈现出主旨，我们也可以发现检方没有宣读的部分或者成为反对证据的内容。就我们辩护律师的立场而言，不仅文件、宣誓证词、自白书和其他文件都应该适用。我们想提出的问题是，检方在这里宣读某个文件的时候请通读全文，这样被告也就知道自己遭受控诉的事情了。如果不这么做，被告无法充分理解到底在说什么内容，以及它们之间有何关联。上述观点便是我们对这个问题的看法。

韦伯庭长： 法庭会考虑这一点。为此我们休庭至1:30。

（11:45开始休庭。）

（13:00继续开庭。）

法庭执行官： 远东国际军事法庭现在继续审理。

韦伯庭长： 关于休息之前悬而未决的问题，我在这里宣布结果：

检方可以根据自己的需要节录并宣读文件的部分内容。同时，鉴于节录作为一个整体都属于法庭的证据，所以如果辩方觉得在稍后他们的庭审环节里合用，也可以拿来作为自己的证据。由于节录的全文已经交给辩方，所以对于辩方来说并不构成不利因素。即便是询问本法庭所代表的各国人民，在此情况下也执行同样的方法。民事法庭的执行方法也同样适用我们这里。法庭驳回反对。

洛根辩护律师：若法庭允许，作为辩方，我想请法庭再解释一下——和适才法庭的决定无关，而是另一些我们认为重要的东西。作为辩护律师，我想请问：如果作为证据的文件或者材料在提交给法庭时，检方只宣读了文件内容中的部分摘要，我们是否可以考虑，只把当庭宣读的内容作为庭审记录的部分证据呢？

韦伯庭长：证据全部是庭审记录的一部分，所以在证据文件中，作为证据被提交的书证全部都包含其中。

洛根辩护律师：我明白，这是我们美国法庭的程序。不过，本法庭的情况比较特殊，根据本《远东国际军事法庭宪章》，交给被告的文件和证据必须是以被告的母语写的。

韦伯庭长：交到你手上的所有文件和证据都经过了逐字逐句的翻译，即便《宪章》的规定也不过如此，法庭已经做得够好的了。

洛根辩护律师：能否允许我向法庭提出之前纽伦堡审判的相关规则？我认为纽伦堡的做法在这里也适用。

韦伯庭长：纽伦堡法庭规定，即便不作为证据的文件也要提供给辩方。我们和他们不一样。

洛根辩护律师：我的看法与此稍有出入。在法庭上提出被作为证据的文件，若只宣读节录，则被告无法知道文件未被宣读的内容究竟是什么。

韦伯庭长：每份文件的整体内容都放在总秘书处的办公室里，你可以去那里细细检阅。现在你提出的要求，不啻让我们背离我们的规则。我们可以保留这项权利——但这在管辖权里找得到根据吗？这个问题已经讨论得够充分的了。

洛根辩护律师：尊敬的庭长，我不记得这件事情在这个法庭上讨论过。我一直争论的是：文件或者证据只有被宣读，才开始成为庭审记录的一部分。根据本法庭的手续规定第6(b)条，检方要提出整个文件的副本。

韦伯庭长：你把庭审记录和法庭上所宣读的东西搞混了，这是完全不同的两回事。

洛根辩护律师：尊敬的庭长阁下，这正是我想向您申诉的。根据法庭设定的例外条例，也就是第6(b)条的规定，如果我们没有拿到英语证据的日语翻译版本，或者没有提交日语证据的英语翻译，我们辩方要主张的是，不能把所有证据文件都作为法庭审判记录，而只能把检方宣读的内容作为记录，这就是纽伦堡法庭的例子，庭审记录只记录法庭上宣读的部分。

韦伯庭长：如果我没有弄错的话，刚刚讲到的规则在纽伦堡法庭上也不适用了，他们那儿做了修改。

洛根辩护律师：但是，为了我们所代理被告的利益，作为辩护律师我有一个请求，因为被告肯定不知道这些放在总秘书处里的文件的具体内容，所以他们应该——

韦伯庭长：你刚刚说，只有在本法庭上说的才算证据，这和今天下午本法庭宣读的宣言不一致。

清濑一郎博士——

清濑辩护律师：提到这个问题，有一些使我们疑惑的地方，这里想请法庭明确一下。第6(b)条的规定，任何由辩方和检方呈递给法庭的证据副本或证据摘要都要由法庭妥善编号。因此，我们应该请法庭告诉我们，这则规定是不是在应用，或者只有当庭宣读的部分才被记录入庭审记录？

布鲁克斯辩护律师：尊敬的庭长——

韦伯庭长：请让我回答完清濑一郎博士的疑问，你再发言。

我的回答应该和刚才给洛根先生的回答一样。清濑一郎先生没有在听吧？

布鲁克斯辩护律师：尊敬的庭长阁下，我相信我对法庭规则提出的要求被人误解了，而正是有人在刻意地掩饰这层误解，不光我的辩护律师助手们,我相信甚至还有法官席上的某些先生们。

韦伯庭长:只有我一个人就此发过言,所以你指的肯定是我了。

布鲁克斯辩护律师:我同意法庭所说的,向法庭提交的证据物件全部都是公开的,我想对于辩方来说,辩方提交的东西同样都向普通民众公开。但是从我的立场来看,这并不是两不误的。我想说的是,法庭并不是只将检方或者辩方认为重要的证据包含在庭审记录中,通读全部提交的文件,可以使各位被告做出应对并给出回答。重要的问题全部在这里提出,本法庭的庭审记录所记载的都是最重要的东西,它们是世界上普通民众要了解的基本事实,通过它们可以了解法庭是在什么证据的基础之上做出判决的,所以这些必须全部包含在庭审记录中。法庭所讨论的相关文件都应该体现在记录里。我所说的记录便是指诉讼的庭审记录,我认为将重要的证据全部记载在庭审记录中,至关重要。

韦伯庭长:并不是说离开你所提的这个要求,本法庭对日本人的审判就变得不公正了。你提议法庭对这些日本被告所采取的做法,即便在我们审判本国国民的法庭上也不曾使用过。所以你必须接受法庭的决定,我们不想听到你再说什么了。

布鲁克斯辩护律师:我现在才知道,我只能听从法庭的理由。

韦伯庭长:海德尔先生。

海德尔检察官:蒙法庭允许,根据刚才法庭的决定,请允许我在这里当庭宣读第1634D号国际检察局文件,现在被法庭接受为第217号法庭证据。

韦伯庭长:你从哪里开始读?

海德尔检察官:宣读第1634D号国际检察局的文件,即第217号法庭证据。

韦伯庭长:请开始。

海德尔检察官:(宣读)

（Ⅰ）处理华北问题的主要目的，是协助华北完成以华北民众为中心的分治政治，将该地区建设成牢固的反共亲日、"满"的地带，获得必要的国防资源，扩充交通设施，一来防备苏联的侵略，二来作为实现日、"满"、"华"三国合作互助的基础。

（Ⅱ）为了达成以上目的，我们应该对此地区的政权力量加以指导，同时让南京政府意识到华北的特殊性，那么他们就不会采取牵制华北分治的措施，转而赋予华北政权特殊的、综合的分治权限。

政策纲要

Ⅰ．分治的内容

分治的内容基于前述的方针，对于华北政权的财政、工业、交通等各项工作，要行使实质权限，达到华北民众安居乐业、日"满""中"三国合作互助的目的。关于政治上和经济上的各项措施，不要受到南京政权和其他反日工作的影响。尤其需要注意的是，行动要严格避免外界认为帝国的目的是否认该地区的中国领土权，或者使其脱离南京政府成为独立国家，或者让其成为"满洲国"的延伸。

Ⅱ．分治的地区

分治的地区终极目标是华北五省。

跳至第Ⅲ项：

Ⅲ．对于冀察地区政权力量的指导

对这两省政权指导都是公平以及相互一致的。要确保政府体制得到进一步的改进，改善政府的人事变动，同时剔除中国军阀式的财政、经济和军事行政系统，这样做才可以使整个冀察地区更加和谐，让生活在这片土地上的老百姓更加亲日。

跳至下一项：

Ⅳ．冀东自治政府的指导

对于冀东自治政府的指导，要给他们些建议，以此对其内政进行改革，使其成为冀察政权的模板。

跳至第Ⅵ项：

Ⅵ．华北经济开发以民间资本的自由进出为宗旨，确保我方利益的自由顺畅，以日华人的一致经济利益为基础，形成日中不可分的事态，目的是使华北在和平时期和战争时期都保持亲日的态度。特别是，国防上必要的军需资源（铁、煤、盐）等的开发和与其关联的交通电力等设施，总而言之，凭借这些特殊资本尽快规划实现经济开发。

弗内斯辩护律师：辩方律师想提请法庭注意，刚才宣读的证据文件中有一个重要的翻译错误。在第1节第6行有"防备苏联的侵略"一词，而按照辩方日本同事给我的建议，应该翻译成"抵御来自苏联的可能的侵略"。

韦伯庭长：弗内斯少校，我明白你的意思，如若不改正这个错误，它就会被记录到庭审记录里了。

弗内斯辩护律师：正是。

韦伯庭长：有道理。但为了确定它究竟是不是翻译错了，希望你首先和语言部沟通一下。

弗内斯辩护律师：很遗憾我并没有和语言部沟通，现在是否可以向语言监督官提出？

韦伯庭长：若没有正当理由，打断本法庭的审讯是非常严重的行为。如果你开始就和语言部沟通的话，就不会出这样的岔子了。

弗内斯辩护律师：庭长阁下，请允许我说一句。如果翻译真的有错误，而且这个错误又真的很重要的话，那么就必须提请法庭注意，而不管在什么时候。

韦伯庭长：弗内斯少校，你应该首先和语言部沟通的。

弗内斯辩护律师：能否请您给我们一些时间，明天再讨论这个问题？

韦伯庭长：可以。

海德尔检察官：接下来，检方要提交第1634F号国际检察局文件，也就是第9b项。

韦伯庭长：根据惯例，予以接受。

海德尔检察官：尊敬的庭长阁下，如果可以，我想在法庭上只宣读其中两段短的节录。

韦伯庭长：哪两项？

法庭书记官：检方的第1634F号文件现在被标以第218号法庭证据。

（随之，上述文件被接受为第218号法庭证据。）

海德尔检察官：这是各个部门大臣商议后的决策，即1937年2月20日所制定的"第三次华北处理纲要"，其内容为——

布鲁克斯辩护律师：尊敬的庭长，是不是哪里搞错了？作为辩方，我拿到的文件只有摘要最底部的两行。其他内容根本没有打印出来。

韦伯庭长：布鲁克斯先生，如果你有话对海德尔先生说，是不是能够在不妨碍审理的情况下纠正错误？如果被不必要地妨碍，宣读就无法继续了。

布鲁克斯辩护律师：但是，我们作为辩护律师，想做的只是为被告辩护，如果没有发给我们完整的文件，就无法进行完整的辩护。

海德尔检察官：根据记录，已经发给过辩方了。

韦伯庭长：我在法庭上不一一列举了，但是可以看出一种苗头，哪怕是碰到什么处理不掉的小问题都要诉诸法庭。

海德尔检察官：这份文件一共三页。第一页上有一个较小的篇幅，其他的在后两页上。文件是"第三次华北处理纲要的方针"。

（宣读）

主要观点

（Ⅰ）处理华北的关键在于，将该地区建设成牢固的反共亲日、"满"的地带，获得国防资源，扩充交通设施，一来防备苏联的侵略，二来作为实现日、"满"、"华"三国合作互助的基础。

（Ⅱ）为了达成以上目的，目前首先要着力实行以华北民众为对象的经济工作。在进行上述工作时，除了对华北政权进行秘密指导之外，要让南京政府意识到华北政权的特殊性，进一步使其配合实施日、"满"、"华"的合作互助政策。

纲要

（Ⅰ）处理华北的态度。我们对华北采取的措施，往往会让其他国家觉得我们在侵略中国，因此要避免这样的误会发生。我们必须妥善处理华北人民问题。

跳至第（Ⅴ）项。

（Ⅴ）有关经济开发的方针。华北经济开发欢迎以民间资本进行相关的投资，为确保我方利益的自由顺畅，以日、华人的一致经济利益为基础，形成日、华互不可分的局面，目的是使华北在和平时期和战争时期都保持亲日的态度。特别是国防上必要的军需资源（铁、煤、盐）等的开发和与其关联的交通电力等设施。总而言之，凭借这些特殊资本尽快规划实施经济开发。

海德尔检察官：接下来我要提交第 1634G 号国际检察局文件，文件内容是"华北指导方案"，1937 年 4 月 16 日由外务、大藏、陆军、海军四位大臣决定。

韦伯庭长：根据惯例，予以接受。

法庭书记官：检方第 1634G 号文件被接受为第 219 号法庭证据。

（随后，上述文件被接受为第 219 号法庭证据。）

海德尔检察官：请允许我只读摘要的两处地方。

（宣读）

华北指导方案（由外务、大藏、陆军、海军四位大臣决定），1937 年 4 月 16 日。

总体方针

（1）领导华北的关键在于，将该地区建设成防共亲日、"满"的坚实地带，获得国防资源，扩充交通设施，一来防备苏联红军的威胁，二来作为实现日、"满"、"华"三国合作互助的基础。

（2）为了达成以上目的，目前首先要着力实行以华北民众为对象的经济工作。在开展上述工作时，除指导华北政权之外，还要通过政策措施，引导南京国民政府承认华北地位的特殊性，进一步使其配合实施日、"满"、"华"的合作互助政策。

重要纲要

（1）指导华北的态度。不得不承认，以往我们对于地理位置特殊的华北所实行的政策，经常让中国和列强怀疑，帝国有意扩张停战地区、推进"满洲国"国境甚至策划华北独立。所以今后我国对于华北地区的政策，一方面必须严格预防可能引起不必要误会的行为；另一方面，要单独实行文化和经济政策以维持华北民众的安居乐业，这一点相当重要，如此才能达到我们所期许的目的。

跳至第5段。

　　（5）经济开发的总方针。华北经济开发以民间资本的自由进出为宗旨，确保我方利益的自由顺畅，以日、华人的一致经济利益为基础，形成日中不可分的局面，目的是使华北在和平时期和战争时期都保持亲日的态度。特别是，国防上必要的军需资源（铁、煤、盐）等的开发和与其关联的交通电力等设施，总而言之，凭借这些特殊资本尽快规划实现经济开发。

接下来由麦肯锡先生主持检察工作。

三、扶植"满洲国"政权组织

韦伯庭长：麦肯锡先生。

麦肯锡检察官：上一次我出庭进行检察工作，法庭曾要求我提供一些地图。当时我手头有《李顿调查团报告书》所附的影印地图，在征得辩护律师们的同意后，我挑选了9幅自认为最重要的地图，在它们被法庭接受为证据之前，就装订好分发给法庭。我也曾问过辩护律师们，他们需要几份副本。鉴于影印纸有限，而且辩护律师也告诉我，5份副本足够了，况且又不是每个辩护律师都有这个需要。但当我把副本给他们后，对方又要求一窥全豹，他们让我把剩下的同满洲事件无关的5幅地图也一并提供给他们。现在，我已将其装订好，把《李顿调查团报告书》所附的全部14幅地图作为证据呈递给法庭。

韦伯庭长：根据惯例，予以接受。

清濑辩护律师：没有一位日籍辩护律师拿到过地图。提交证据我并无异议，但是若法庭允许明日开庭再讨论此事，或许更为明智。

法庭书记官：这些地图被接受为第220号法庭证据。

（随后，上述地图被接受为第220号法庭证据。）

麦肯锡检察官：我在原件之后附上了辩护律师开具的两份收据，上面依次证明了辩方曾收到5份副本，第一次有9幅地图，第二次有5幅。希望法庭能了解这一点。

韦伯庭长：麦肯锡先生，请你务必设法给清濑博士一套地图。

清濑辩护律师：尊敬的庭长阁下，我并没有妨碍审讯的意思，但在这套地图在被法庭认定为证据之前，我们应该要有时间先浏览一下。

我们希望您能告知检方。

语言监督官：因此请检方出示一下别的什么证据。

韦伯庭长：这非常妨碍审判，也十分耗费时间。之后请清濑一郎博士看一看地图，有什么地方不对的话，届时可以提出申诉。

清濑辩护律师：庭长阁下，我现在拿到的地图，二十几位辩护律师都没有看过。正如你看到的，我认为这不符合审理顺序。

韦伯庭长：继续审理。之前提到的德国法庭的审判，他们的书证副本只有两份。我的意思是辩方也只能拿到两份，而不是人手一份。

麦肯锡检察官：身为检察官，我们要进一步研究日本对满洲的侵略，我想再次提交《李顿调查团报告书》。请允许我宣读《李顿调查团报告书》的第六章，并概括一下其中一部分。这是《李顿调查团报告书》的第88页，关于建设新"国家"各阶段的问题。其中，第一段反映了被日本占领后的奉天是怎样一幅混乱画面。请允许我从第89页第2段开始宣读。

（宣读）

目前急要之事，即为组织市政府，与恢复该城之市民日常生活，此举由日人担任颇为敏捷，土肥原大佐任沈阳市长，三日之内民政即恢复常态，并因该省主席臧式毅氏之助，数百警察与大半监狱看守人员，概行招回，公共事业之效用，亦回复原状，土肥原氏任职一月，设有紧急委员会，内多日人，以资赞助。迄是年9月20日，市政府之治权，移交于有相当资格之中国团体，以赵欣伯氏为市长（赵系律师，在日本求学十一年，为东京帝国大学之法律博士）。

其次问题，即为改组三省之省行政，此举辽宁较其他两省为难，因沈阳为该省行政之中心，重要人物多已逃避，且一时有中国之省行政继续在锦州进行，故经三月后改组始完成。

中将臧式毅为当时之辽宁省政府主席，于9月20日首先与之接洽,请其组织脱离中国中央政府而独立之省政府,事为臧氏所拒,致受逮捕,迄 11 月 15 日释放。

臧式毅将军拒绝赞助建设独立之政府后,另与其他有力之官吏袁金铠氏接洽。袁为前任省长、东北政务委员会副会长,日本军事当局邀袁及其他中国居民八人,组成所谓"维持治安委员会"。该会宣布于 9 月 24 日成立,日本报纸遂宣称该会为独立派运动之第一步,但袁金铠氏于 10 月 5 日公然否认有此种用意,据云"该会设立于旧行政组织瓦解后,借以维持地方治安秩序,并协助救济难民,恢复金融市场,及处理其他事件,专为预防过分之损害,然无意于组织省政府或宣布独立也"。

10 月 19 日该委员会设立财政局,派日本顾问数人协助中国职员。财政局长在实行该局决议以前,须先取得军事机关之同意,在县之收税公署,受日本宪兵队或他项机关之监督,有时须将账簿逐日呈请宪兵队稽查。凡支给警察、司法、教育等项之公用款项,须得其允许,有汇寄税款于锦州"敌党"者,须即报告于日本当局,同时组织财政整理委员会以改组课税制度为主要任务。日人代表与中国同业公会之代表准予参加讨论课税事宜,依据 1932 年 5 月 30 日所编、由在长春"外交公署"交于本调查团之《满洲国独立史》所载因该会讨论之结果,遂于 1931 年 11 月 16 日,废除税捐六种,税率减半者四种,该归地方政府者八种,并禁止一切无法律根据之征税。

跳至这页的倒数第 3 段。

10 月 21 日,该会之名称为"辽宁省自治公署"。此事曾经取得日本军事当局之同意,并派有日本顾问多人,该局长欲发命令,事先须取得日本军事当局之许可。

最后辽宁省自治公署组织一新东北交通委员会,该会逐渐管辖各方铁路,不特以辽宁省为限,即吉林、黑龙江者亦包括在内。该会于11月1日与辽宁自治公署分离。

11月7日,辽宁省自治公署改为临时辽宁省政府,发表宣言与前东北政府及南京中央政府脱离关系,且要求辽宁省地方政府须遵守其所发布之命令,并宣称自今后将行使政府职权,于11月10日公开举行成立典礼。

同时与辽宁省自治公署改为临时辽宁政府而开幕者,有以于冲汉为主席之最高顾问部,于氏曾任维持治安委员会副主席,该部之目的,据于氏宣称,在维持秩序、取消恶税、减轻税率,及改良生产、贸易之组织,借以改善行政。该部并指导及监督政府,与辅助地方自治之发展,适合于地方民众之习惯及现代之需要。该部内设各司,分掌总务调查与指导监督等事,并设一自治训练所,其重要职员几全为日本人。

11月20日,该省之名改为奉天,即为1928年以前该省未与民国政府统治时之旧名,且于12月15日以被禁新释之臧式毅氏,接替袁金铠为奉天省长。

设立省政府于吉林省为事较宜。10月23日第二师团长多门中将与中将熙洽会晤,时张作相将军不在,由其代理该省行政长官,因邀之担任该省政府主席,会晤之后,熙洽将军召集各机关及法团于9月25日开会,有日本军官参加,对于建设新省政府之意思,并无反对表示,遂于9月30日宣布成立,吉林之新省政府组织法,旋即宣布,委员制之政府即行废止,并添日本职员数人,总务处长为一日人,各县亦有行政上之改组与人员之更换,四十三县中,有十五县经改组后,撤去中国官员,有十县之官员宣誓忠于将军熙洽,仍行留任,其他诸县,仍为效忠于旧政府之军事领袖所把持,或对于争斗各方超然不加干涉。

特区行政长官中将张景惠，系一亲日派，未带领军队，而有旧势力能指挥吉林与黑龙江多数军队及特区之护路军，9月27日由其在哈尔滨公署召集会议讨论该特区紧急委员会之组织。该委员会以张景惠将军为主席，其余人员中，有王瑞华将军及丁超将军。张氏嗣于1932年正月，成为反吉林军领袖抵抗熙洽将军。11月5日，反吉林军在张作相将军指挥之下，设立新吉林省政府于哈尔滨。张景惠将军于是年正月一日，被任为黑龙江省省长，1月7日即以职权宣布该省独立。1月19日丁超将军占据特区行政长官公署，监禁张将军于其私宅，迫日本军队向北进攻，于2月5日占领哈尔滨，攻击丁超将军后，始恢复其自由。自是而后，日本在特区之势力，益见强盛。

在黑龙江省，因有张海鹏将军与马占山将军之冲突，情形较为复杂，此层已述于上章。11月19日日人占领齐齐哈尔后，一照例式之自治会随之成立，号称代表民意，邀特区张景惠将军兼充黑龙江省长官，唯因时哈尔滨附近情势未定，且与马占山将军尚未订立确定之协定，犹未妥协，故延至1932年1月初始行就职。比际马占山将军之态度意识仍无明显之表示。马氏与丁超氏合作，迨丁氏于2月退败后，始与日本协议，取张景惠之黑龙江长官之职而代之，继与他省长官合作参加"新国家"之建立，1月25日在齐齐哈尔设立自治指导部，而与其他二省同样之省政府亦逐渐成立焉。

热河省向来持超然态度，迄未参加满洲之政变，此省本内蒙古之一部，有中国居民300万，其中素以游牧为生之蒙古部落号称百万人，如在奉天西部之蒙古诸旗，仍相联络在奉天与热河之蒙古人，皆联为"盟"。其最有力者为锡林盟，该盟参与独立运动，其他蒙古人如在黑龙江西部之巴加区（译音）或称呼伦贝尔者，亦尝试脱离中国而独立。蒙古人不易与中国人同化，颇自骄大，常不忘成吉思汗之伟绩，忆中国被蒙古战士之克服，愤中国之统治，而尤怨中国人民之移植渐侵占其领土。热河之昭乌达盟及卓索图盟,与现受制于委员会之奉天诸旗互相联络,热河省主席汤玉麟将军闻自9月29日起,对于该省,负担全责,并与其在满洲之同僚互通声气。3月9日举行"满洲国"之成立典礼时,热河亦包括于新"国家"之中,实则该省政府未取确定之步骤,关于该省最近之情事见前章末段。

各省所设地方自治行政机关,如上所述者,随后联合而自成为一独立"国家",欲明了此事所以成功之情形,与夫中国人赞成其事之证据分量之多寡,须先审查中国社会生活之特殊状况。该项特别状况,有时成为一种力量,有时成为一种弱点。公共义务为中国人所认识者,为对于家族,对于某地或某人,较之对于国家为优,已如第一章所述。爱国主义如西方人所了解者,仅方在萌芽,举凡公会、社团、旗盟及军队,莫不习于追随某人领袖。故若能以劝导或胁制方法,一取得助某领袖之拥护,则在该领袖势力下全区之徒众,自亦一致拥护无疑。由是以观,可见中国之特点,被巧于利用以阻止各处省政府,且仍借此多数之人工具,以完成其最后一局焉。

造成独立之主要机具,厥为自治指导部,其总事务所设在沈阳。据本调查团得之可靠证言,该部为日人所组织,虽有一中国人为领袖,但其中职员多为日人,其功用在为关东军总司令部第四部之机关,以扶助独立运动为主要目的,奉天省之各县,分设地方自治执行委员会,受中央部之指导与监督,各县遇有必要情形,中央部即从多数并富有经验之职员中派出稽查员、指导员,及演讲员等,其中多为日本人,日编辑发行报纸一种,以供利用。

此项中央部所发训令之性质,于1月7日所颁之布告中显然可以见之。布告称东北急待发展,须有大规模之公众运动以建设新独立国于满洲及蒙古,并叙述其在奉天省各县之工作。又略示进展并活动与他县,及他省之计划,且复诉请东北人民推翻张学良将军,加入自治会,协助廉洁政治之建设,改良人民之生活,而终结之词为"统一东北之组织,拥护新国家,拥护独立"。此项布告计分散5万份。

1月间,自治指导部之部长于冲汉即已与省长臧式毅计划建设新"国",拟于2月10日成立。2月29日哈尔滨之暴变,及马占山将军与丁超冲突时,态度之不明显,似实为当时暂停进行他种步骤之原因。

迨丁超败退后,张景惠中将与马将军接洽,达成2月14日之协议,以马将军为黑龙江省省长,2月16日、17日在沈阳开会,以布置新国家之建立。3名省长、特别区之行政长官,及担任一切重要预备工作之赵欣伯博士,均亲自出席。

5人会议中,决定设立新"国家",东北行政院暂握最高政权,以统辖诸省长及特别区,且立即进行建立新"国家"之一切预备工作。会议之第二日,有二蒙古王子到会,一系代表黑龙江西部之巴加区即呼伦贝尔,其一为支旺(音译)王子,属于锡林盟代表诸旗,此人为诸旗所最信仰之领袖。

吉林、黑龙江、热河之省长及代表蒙古诸地、支旺王子与林鲜王子于该院第一次决议为:新"国家"采取共和制,尊重组成新"国"各省之自治权,予行政长官以执政之名号,及发表独立宣言,由四省省长、特别区行政长官、代表诸旗之支旺王子与代表黑龙江省呼伦贝尔区之以福王子(音译)署名。是夜,关东厅总司令设备公宴,以庆贺"新国家之领袖",祝其成功,且表示于必要时必为协助。

独立宣言发表于2月18日,叙及人民之热望永久和平,并请彼所称之民选各省长负责,以应此项希望。此项宣言并称述建立新国家之必要,并认东北行政院即本此目的而组织,现既已与国民党及南京政府脱离关系,允许人民享有善良政府之利益,并会将宣言内容通电于满洲各地。于是马将军与熙省长遂分返其个人之省垣，但派定代表，往与臧式毅长官、张景惠长官及赵欣伯市长接洽，以进行计划中之详细工作，嗣于2月19日复由诸人开会，决定建立共和国，于宪法中确定分权之原则，邀废帝宣统为行政长官，此后又决议首都应设在长春，定政府之号为"大同"，国旗之形色，亦并经决定。2月25日，遂将此种种决议，通知诸省。

（包括热河）及呼伦贝尔、锡林、昭乌达、及卓索图诸盟之蒙古行政公署，上文所称诸盟设立于热河，诸盟不能对于该省政府主席有反抗其意志之行为，已如前述。

宣布独立与通告新国家之计划后自治指导部，首先领导民众示威运动，以为援助并进行组织"新国成立促进会"训令奉天各县之地方，自治执行委员会尽力设法，以增进与促进独立之运动，其结果，则此种新"促进"会如雨后春笋，循自治执行委员会而发生。

2月20日以后，此种新立之"促进会"积极活动预备标语，印刷口号，发型书本小册，编辑"东北文化月刊"并分配红纸对联且曰邮局分送传单于各重要人物请其赞助宣传，在沈阳则此种红纸对联既由会分散以粘贴于门柱。

同时自治执行委员会，则在各县当地绅士，及商会、农会、实业会与教育会之主席，及其重要分子，以民众代表会议，此外复组织民众大会，及游行大会，在各县城之大街要道游行，在各地人民及民众之机会，通过许多之决议，号称有数千人之参加，由于人民共同或特种团体之意思，此项决议，当然呈送于沈阳之自治指挥部。

自促进会与自治执行委员会，活动于奉天各县之后，于是复在沈阳组织一全省大会，借以表示民众之意系欲建立国家，于是在2月28日，因即开一会议，参加和为该省各县官吏及各阶级各团体之代表为数约600人，此项会议，当并发一宣言，谓推到从前压迫人民之旧军阀而开一新纪元，实足为奉天之1 600万人民庆幸，就奉天而论所谓民众运动者,随即以此结局。

至于在吉林省之赞成新国之运动,亦系有组织、有指挥,当2月16日沈阳会议之际,熙洽曾发出通电于彼所转之各县官吏,令其署名人民公意所趋之政策,俾新"国家"有所遵循,并令各县官吏协力指导其县中各同业公会及各会社,各地响应通电,群起做独立运动,2月20日吉林省政府遂设立国家创建委员会,以指导各种组织,进行其独立运动,2月24日,人民协会在长春召集民众大会,据称到会者约有4 000人彼等要求促进新"国家"之建立,其他各县,及哈尔滨亦召集同样之集会,2月25日开全省民众大会于吉林城,据称到场者约万人,并发表正式宣言,其内容则与2月28日在沈阳所通过者相同。

在黑龙江省内,沈阳自治指导部负担重要部分之工作,1月7日张景惠将军就黑龙江省省长职后,宣告该省独立。

指导部对于黑龙江省促进运动之进行曾予协助,特派遣指导员四人,由沈阳赴齐齐哈尔,其中2人为日人,彼等既到该处2日之后,时2月22日,即在省府接待室内,召集会议,公团代表出席者颇众,称为全黑龙江会议,以议定筹备建设国家之方法,并决议于2月24日,召开民众大会。

……

法庭副执行官:现在继续审理。

麦肯锡检察官:尊敬的法庭各位,我继续宣读证据。

(宣读)

参加民众大会有数千人,标语旗帜满布齐齐哈尔,以志纪念。日军炮队鸣礼炮101响,日本飞机盘旋空中,散布宣传纸片。大会随即发表宣言,赞成共和政体,行责任内阁制,以总统为国家元首,所有政权集中于中央政府，取消省政府，以县及市为地方政府之单位。

2月底时，奉天、吉林、黑龙江及特别区中省县发表宣言之一阶段，即已过去。蒙古诸旗，因知新"国"行将划出蒙古特别自治区域并保障蒙古人民之权利，对于新"国"，亦表示归服。回教徒则早于2月15日在沈阳集会，表示归依。少数未经同化之旗人，因悉清废帝或将出任行政长官，亦泰半拥护新"国"。

各县、各省正式表示拥护新"国"计划之后，自治指导部即发起召集全满洲会议，于2月29日在沈阳开会，各省及奉天省各县以及蒙古各地，均有官方代表出席。此外尚有团体代表，如吉林及特别区之朝鲜人与满蒙青年同盟会各分会等，均有代表到会，总计出席者在700人以上。

会场上有若干之演说，全体通过宣言及决议各一。前者指摘旧政府，后者欢迎新"国家"，复通过第二议决，推举废帝宣统，即今以其私名亨利溥仪君称者为新"国"之临时总统。

东北行政院随即召集紧急会议，举推代表6人，前赴旅顺，邀请废帝。盖废帝自去年11月离津后即住居该地。溥仪初则拒绝，3月4日，复有29人之代表团往邀，得其同意，但允任职一年为限，行政院遂推举该院院长张景惠中将，及其他就任组织迎驾委员会，于3月6日赴旅顺，当赐觐见。3月6日废帝应彼等之请求，而离旅顺，赴汤岗子，8日起，受贺为"满洲国"执政。

3月9日就职典礼举行于新都长春，溥仪以执政名义发出宣言，声称新国政策基于"道德仁慈与博爱"。同月10日任命政府重要官员，如内阁阁员、立法院监察院院长、参议府、警卫军军长及其他高级官员，并于3月12日通电列强，报告"满洲国"之成立，该通电之用意在于通告列强组织"满洲国"之基本目的，及其外交政策之主义，并请列强承认新国。

执政未来以前，多数法规即早已有赵欣伯博士先期预为制定，以待采用颁布，3月9日于政府组织法施行时，此种现成法规亦同时施行。以前适用之法律，凡不与新法律或新国之基本政策相抵触者，亦于同日以特别命令暂准采用。

此项关于建立"满洲国"过程之记载，乃由来自各方之报告集合而成。

自9月18日至"满洲国"政府成立为止，日本军事当局关于民政方面之行动，其最显著者，如银行之监管、公用事业之行政、铁路之管理，均足以表现其自采取军事行动以来，其目的不仅为暂时之军事占据。当局不允许此类企业再开，迨至准许其复业时，则必须聘请日人为顾问、专家、秘书等官职，且大半持有行政权。

至于铁路方面，日本当局于军事占据开始时起所采之行动，欲在有利于日人利益状况之下，确切解决中日间久相争持之铁路问题，该项问题业经在第三章内述及。日方曾以敏捷手段，为下列之行动：

长城以北，中国所有之铁路及其存于满洲各银行之银钱，均予以扣留。

在铁路各部分中，设置日本专门顾问。

自9月18日东北交通委员会停止工作时起，至成立"满洲国"交通部之日为止，对于铁路上之行政，日本当局负完全责任。

关于沈阳及安东之公共电力之供给，日本采取与上述情形相类似的处分，该项处分超过保护其侨民生命财产所需要之程度，自9月18日起至建立"满洲国"止，日本当局对于中国政府之电话电报及无线电之行政及管理，加以变更，使与日本在满洲之电话电报事业，为密切的调和。

1931年9月18日以后，在日本军事当局之行动中，不论在军事或民政方面，政治味道特别浓厚，日方逐步以武力占据东三省，使齐齐哈尔、锦州、哈尔滨,及最后满洲境内一切重要城市,脱离中国之统治,并于每次占据之后,即将该地民事行政机关改组,故独立运动于1931年9月以前,在满洲从未听得。所以能有此项运动者,仅由于日本军队之在场,甚为明显。

与第四章所述之日本新政治运动有密切关系之现任,或已退职之日本文武官吏,曾考量、组织且实行此项运动,认为是一种解决9月18日事变后满洲局面之方法。

该官吏等利用某种华人之名义及举动,并利用不满从前政府之少数居民,企图达到上述目的。

日本参谋本部,自始或至少在短时间内,明白了此项自治运动是可以利用的。故该部对于独立运动之组织分子予以援助及指导。调查团依各方所得一切证据,确信助成"满洲国"成立之原动力,虽有若干种,但其中两种,即一为日本军队之在场,一为日本文武官吏之活动,两者两合,发生之效力最大,依我等之判断,若无此两者,新国家不能成立。

基此理由,现在政体,不能认为由真正的以及自然的独立运动所产生。

接下来请允许我读一下第111页的结论,读一下本委员会的结论。

以上所述为我等在满洲旅行期间本地居民所报告之意见,细心研究各方所获之证据,无论公私谈话或书信、文件,吾人得一结论,即一般中国人对"满洲国"政府均不赞助,此所谓"满洲国"政府者,在当地中国人心目中直是日人之工具而已。

我想借此机会读一下荒木贞夫的宣誓证词,它一度被标为第1007号、2257号文件,同时该宣誓证词已被接受为第187Ⅰ号法庭证据,而它还没有被宣读过。

麦克马纳斯辩护律师：尊敬的庭长阁下，有了这些背景，我就能很容易地明白提交并当庭宣读的宣誓证词。关于被告的陈述，我的第一次反对曾遭到庭长阁下驳回，但此番我再次提出反对，并在其中添加了另一项事实，恳请您三思。

麦肯锡检察官：我认为这些事情在之前就已经讨论过了，法庭也接受了这份证据。

韦伯庭长：如果这是一个寻常法庭，法庭应该接受辩方的反对，必须召唤听过供述的人出庭。不过本法庭的规则有所不同，这一点法庭早已做出裁决。法庭接受这份文件为证据，不管它有何种证据效力。

洛根辩护律师：尊敬的庭长阁下，本法庭是否可以指定这样的规定，即法庭上的被告之一在宣誓证词里告知我们一些共同谋议的情况，那么法庭除了指控交代事实的这名被告外，还可以指控涉及此阴谋的其他被告？

韦伯庭长：通常情况下，这份证据只能用来针对做出供述的那名被告。对此我没有疑义。在调查全部被告之前，我不打算宣布法庭的裁决。我不知道，对于荒木贞夫针对所有被告的这份宣誓证词，他们会接受多少？但至少针对荒木本人，我们一定会听取这份证据。至于究竟是否牵涉到其他被告，则有待决定。

清濑辩护律师：庭长，休息之前我曾援引第6(b)条的规定，即要求提供证据副本，上面必须逐字逐字地引述。我想或许是翻译者那里出了问题，不过庭长阁下，您曾说，"清濑博士听到我回复洛根律师的答案之后，一定也能够明白"——但现在我还是请您再解释一下这个问题。

我的第一个问题：提交给法庭的某份文件，在被当庭出示之前，是否需要事前标出其中的某些内容，有无这样的规定？该问题事关被当庭宣读的《李顿调查团报告书》的一些节录，从庭长阁下答复洛根律师的话里，我却找不到答案，是以重提此问。我们提交上来的各种文件、报告,是否必须标出准备引用的那部分内容?

韦伯庭长: 我这样告诉你或许比较准确:今晚或明早,当你拿到副本后,不妨好好读一读,然后再读一读法庭条例,特别是6(b)的规定。

麦肯锡检察官: 现在,我是否可以当庭宣读第187Ⅰ号证据文件?

荒木贞夫审讯摘要

审讯荒木贞夫(第58号文件),2月21日,第1~2页。

(宣读)

　　为了组织行政委员会从而帮助满洲建立独立"国家",内阁总理大臣于1932年(昭和七年)2月、3月召集内阁会议。关东军向我提出建立新政府以管控满洲的要求,我再将此建议传达给总理大臣。关东军的报告书中陈述道,明智之举是拥立溥仪为"满洲国"元首。这个要求出自关东军司令官本庄繁。如果我要逃脱责任,当时我是有权拒绝或者驳回这一要求的。如果当时我这么做,自己身上便毫无责任,因为我若拒绝本庄将军的建议,势必会用一个更好的方案取而代之。现在我依旧相信,1931年12月个人关于缓和满洲局势的建议与关东军的要求没有抵牾。彼时,我认为关东军的要求可以让利益攸关的各方都满意,从而解决满洲问题。于是在内阁会议上,我就采纳了关东军的建议,主张立溥仪为"满洲国"统治者。

　　3月30日以前,关东军便已经设立了行政委员会。各种行政长官统治着普通人民,四省由一位行政长官统治。这些行政长官大部分都曾任本地区行政长官。这是1931年(昭和六年)的后半年至1932年3月的事情。各地方的行政长官向关东军提出各自的计划,后者也予以了批准。关东军司令有专断之权,只要事后向东京方面报告即可。我曾同意他,如果能和平解决满洲事变,那么关于一些细小的问题便没有必要提出特别要求,仅此而已。

如何为"满洲国"建立起一个行政机能完善的政府,满洲人既没有经验,也没有相关知识,为了帮助他们,我们派去了各种日本官员。这是经过内阁会议讨论的。相关各省提出了各种各样的问题,比如高桥是清就曾提出过财政上的一些问题。

我想传讯证人笠木良明。他是一名日本人,不会讲英语,因此,我希望先提交他的宣誓证词,即第1854号国际检察局文件。

韦伯庭长:现在就要提交宣誓证词吗?

(检方证人笠木良明被传唤,首先正式宣誓,然后作证如下。)

直接询问(由麦肯锡检察官询问笠木良明证人)

问:请告知你的名字。

答:我叫笠木良明。

问:你核对过给你的日语文件了吗?文件上的署名是你的吗?

答:是的。

问:文件上的内容是否准确无误?

答:是的。

问:那么请看一下英语的文件,文件上的署名是你的吗?

答:是的。

韦伯庭长:他看得懂英语吗?

麦肯锡检察官:他看不懂。我想提出第1854号国际检察局文件,它是用日语写的,同时附有英语翻译。

韦伯庭长:予以接受。

法庭书记官:第1854号国际检察局文件现在被法庭接受为第221号证据。

(随之,上述文件被接受为第221号法庭证据。)

麦肯锡检察官:这是法庭判决之前做成的宣誓证词,其中还附有这份宣誓证词的译者的宣誓词。它们不是副本。

英语翻译中有两处错误我需要指出一下。一处是"大连",每一处都应该翻译成 D-a-i-r-e-n。另一处是最后倒数第 3 段第 3 节,写的是"内务大臣",正确的应该为"内阁总理大臣"。关于这些错误,在我向法庭提出的副本里已得到修正,而在我向辩方提出的副本里尚没有被修改。

我,笠木良明,宣誓并作证如下:

我于 1892 年出生在栃木县足尾町,小学、中学毕业后,我进入帝国大学,1919 年我从帝国大学毕业。

毕业后不久,我进入满洲制铁所,被分配到位于丸之内大楼内的金融调查部分部工作。1919 年至 1924 年我都在该部门任职,我的部门上司是大川周明博士和长尾部长。

大川博士在 1923 年左右组织了行地社,并担任指导,我也是其中一员。因为我不能认同它的部分主张,于是在 1928 年就退出了该团体。1929 年我离开东京时,这个团体依然存在。

行地社奉行国家主义,主要研究如何改善日本同亚洲诸国间的友好关系,如何改革日本政府,目的是向会员灌输日本应该作为东亚指导者的主张,行地社主张每个会员要为发扬日本天皇的荣光而倾尽全力。

大川博士在团体内发表过几次关于上述主张的演说,至少有一次说到日本应该帮助印度独立。

最不遗余力支持大川的人中,有鹿子木员信教授。

由于我希望晋升,请求离开东京,于是被调到南满洲铁道株式会社工作,前往"满洲国"的大连。满铁是满洲制铁所的主要股东之一。但是在大连,我的工作主要都与满铁的人事有关,即全满铁的雇佣、福利保健、退休金等事务。

在 1930 年 5 月,我组织满铁职员创立雄峰会并担任会长,其中 30～40 名的日本人全部都参加了,只有一人例外,他就是日本人法律家中野琥逸,当时他在大连和奉天都有事务所。

1931 年 9 月 18 日即满洲事变爆发后不久,中野琥逸从关东军政治部收到指示,协助自治指导部的工作。这个指导部于 9 月下旬组织成立,主要负责启蒙、整令、指示各种团体游说辽宁省独立的活动,之后策动满洲和热河全省宣布从中国独立。这个团体的主要目的是帮助指导发展独立运动。团体的首领是中国的于冲汉,其他还有几个中国人,但是成员的九成,以及最有地位的人都是日本人。

10 月中旬左右,中野琥逸到大连找我,劝说我和他一起去奉天自治政府指导局工作。我和我们团体的全员商谈,其中 20 人愿意前往奉天协助这项工作。我抵达奉天时,组织的整体架构已经完成,我被任命为奉天本部的联络主任。最初,我们管辖热河或是奉天省的 13 或者 14 个县,我负责其中的 8 个县。我们在各县有 2～3 人的代表,其中大部分是日本人。我和他们保持联络,指导他们的工作。我向县长和政府官员们大致介绍了其他县的情况,向他们说明,如果他们能为了人民的利益建立安定的、有组织的政府,国家远远比现在富强。然后我又劝导他们,为了实施这些措施,他们需要脱离中国政府谋求独立。最初,我们对于采取何种形式独立并没有计划,到了后来,上头决定设立一个统治者或者皇帝,并设立几个州。

我从满铁辞职时,工作上需要钱,特别需要给在自治指导部工作的人们租房子住,于是我向公司经营的贷款协会借了 500 元。1931 年 11 月,我从满铁拿到了 2 万元。这笔钱是根据我在满铁工作时的功劳所得的,我用其中部分还清了借款。

自治指导部有如下几个主要科室或者部门

1. 顾问　有日华两国的顾问

2. 总务　全部由日本人组成

3. 指导

4. 监察

5. 联络

6. 宣传

7. 训练及教育

8. 财政

委员约有 120 名，其中有 20 名是雄峰会的成员，其余都是满洲青年联盟的成员。会员中约有 15 名中国人或者"满洲"人。

根据我的看法，运作这个团体的经费由关东军支给。也就是说我们是密切协助关东军的，所有的政治政策及活动都必须得到军队的同意。板垣征四郎大佐主管这一部门。石原莞尔大佐主管战术及策略，土肥原贤二大佐主管奉天的特务机关。不管哪里的中国人对我们的计划都表示欢迎，这大多数是从土肥原贤二大佐的部门里传来的消息。1932 年 1 月初，自治指导部发表声明，表示东北诸省的满洲及蒙古建立新独立"国家"，大国民运动需要立即兴起。另外，对于各省人民，恳请其推翻张学良元帅，加入自治指导部，协助建立新政府，改善人民生活状态。

1932 年 2 月 18 日东北诸省，即奉天、黑龙江、吉林，以及承德发表独立宣言，宣布脱离国民党和南京政府，建立新政府。自治指导部在各省独立运动中发挥了重要作用，结果导致了"满洲国"这一新国家建立，昭和七年（1932 年）3 月 9 日溥仪成为摄政王。之后不久自治指导部被废除，我为了协助设立资政局，和坂田修一一起去了长春。资政局是新政府的一部分，设置在国务总理的指导下，负责新政府的文化、宗旨和教育的发展。

三四个月之后，该局被废除，政府通过协和会，在"满洲国"民众中发展国家主义精神。

离开长春之后，我回到大连，待了大概一年左右，关东军似乎不喜欢我的行动，我被赶出大连，回到东京。随后，我建立印刷厂，发行《大亚细亚》杂志。直到 1945 年 5 月为止，我一直从事该工作，目前没有职业。

笠木良明（印），同时获得官方的证明书。
韦伯庭长：请开始交叉询问。
大原辩护律师：我是大川周明的辩护律师大原信一。

交叉询问（由大原辩护律师询问笠木良明证人）

问：你称自己在日语的证词上签字了，其内容都是准确的吗？
答：都准确的。
问：全部读过了吗？
答：读过了。
问：不觉得有很多地方错了吗？
答：不觉得。
问：你说过你参加了行地社吧？
答：是的。
问：你说大川周明组织行地社是 1923 年的事情。是否应该在 1925 年？你是不是搞错了？
答：这是很久之前的事情了，这些地方记不太清楚，也不能确定是否是 1925 年。
问：根据这个证词，你说你不能认同他的部分主张，于是离开了大川。
答：是的。
问：是关于所谓的北海道出售官林的事情意见不一致吗？
答：没有这样的事情。

问：关于行地社的思想，你说到行地社的目的是将日本应该作为东亚的指导者的思想灌输给会员。

答：是的。

问：东亚指导者，意思是说要帮助东亚的各弱小民族，不是说日本要成为东亚盟主，对吧？

答："指导"这个词该怎么理解，我不知道。但是我们并没有成为盟主的自负思想。

问：你是否知道，这不是你一个人的想法，行地社也没有成为东亚盟主、征服东亚、支配东亚的意思？

答：这个是当然的。

问：你说到，1930年5月，你组织满铁职员创立雄峰会这一团体，是这样的吗？

答：还称不上一个团体，我的朋友圈子，利用我转任的机会，以增进友谊为宗旨的、自然形成的三四十人的集会。

问：只是单纯的社交团体吗？

答：与其说是社交，不如说是增进友情的朋友集会。

问：这么说的话，这个集会当然不是政治团体。

答：完全没有政治意味。

问：也没有一定主张和纲领？

答：没有制订过中心思想和团体纲领。

问：你在满洲事变爆发后，你似乎还和自治指导部有联系，是这样的吗？

答：有联系。

韦伯庭长：休庭至明天9时30分。

（16:00休庭，至1946年7月31日9:30开庭。）

1946年7月31日，星期三
日本东京陆军省大楼内远东国际军事法庭

……

（法庭于 9:30 重新开始审理。）

……

法庭执行官：远东国际军事法庭现在重新开庭。

韦伯庭长：辩护律师方面有什么需要申诉的吗？

列文辩护律师：庭长，我需要申诉。

韦伯庭长：列文先生。

列文辩护律师：庭长阁下，您能回忆起昨天您询问萨顿检察官，贝茨博士是否离开东京的事情吗？我代表各被告以及日美籍各辩护律师，要求法庭在明确告知证人不再需要他的配合之前，禁止其离开东京。

韦伯庭长：很显然，当贝茨博士在法庭的时候，我们询问过他了。当他提交完自己的所有证言之后，便可以起身离开东京。

列文辩护律师：如果这样的话，当我们需要向他询问新的案情时，那个时候他已不在东京了。

韦伯庭长：如果为了公平审判，有必要把证人再次传唤到东京的话，法庭当然会将其召回。

再者，之前有人提醒过我，证人虽然身处中国，却可以让他邮寄证言，也可以请那里的工作人员代为询问。在座的所有人都可以。

列文辩护律师：关于贝茨博士，特别是他在证言中引用了一本书，这本书没有作为证据提出过，而现在却要用了，但他本人已经离开东京。因此，我想提醒法庭，以后从美国或者其他地方来的证人，他们一旦离开，再把他们再召回来是不太可能的。

韦伯庭长：关于贝茨博士回到中国的事，我想说辩方不会受到损害。因为法庭会照顾你们的立场。不仅仅在贝茨博士一事上，其他也同样如此。

弗内斯辩护律师——

弗内斯辩护律师：昨天，我对第217号检方证据的翻译提出疑问，检方和法庭语言监督官们举行了会议，其结果，大家对第六行的"苏联可能的侵略"一处改为"来自苏联的可能的侵略"达成一致意见。

另外第192号检方证据，其文本由中国外交部发行，题目为"1931年9月至1937年8月日方在华战争犯罪事实概要"。我想请问检方，文本是何时提交的，又是何时制作的？该文本作为一个整体记入证据物件，但在本法庭中却以摘要形式提出作为证据，正因为如此，现在我再次请求提供刚才要求的信息。

韦伯庭长：请卢埃林女士回答你的问题。

卢埃林检察官：今天早晨我已经设法获取了辩方需要的信息，我想今天稍后可以拿到手。

韦伯庭长：弗内斯辩护律师，稍后你就能得到要的信息了。

弗内斯辩护律师：多谢。

韦伯庭长（对大原辩护律师说）：请继续交叉询问。

（笠木良明作为检方证人被传唤出庭，继续作证如下。）

交叉询问（由大原辩护律师询问笠木良明证人）

问：证人与自治指导部有联系的时候，该组织已经建立了，是这样的吗？

答：是的。

韦伯庭长：证人已经在法庭上陈述过的问题，就请不要再问了。

问：该组织是谁建立的呢？

答：我猜测，于冲汉先生也曾参与建立自治指导部。

问："自治指导部"这个名字是谁起的？

答：这我就不知道了。

问：这个指导部建立的主要目的，是否是维持治安、维护稳定？

答：自治指导部建立于大乱初定之际，所以我倾向于认为，在该组织的创建人心中，和平和稳定是最重要的东西。

问：满洲人和日本人赞同这个说法吗？或者，更确切地说，他们赞成自治指导部的方针吗？

答：由于那里有许多日本人，所以他们自然同意。

问：那满洲人有什么理由赞成这一方针呢？

答：这个我倒没听说过。

问：有这样一种说法：满洲事变爆发之后，社会动荡，他们想维护人民最基本的生活水准。你对这种说法有所耳闻吗？

答：没有。

问：我相信住在满铁附属地的日本居民也是赞成自治指导部的这种理念的，那理由何在？

答：总之当时局势混乱，和平与秩序便是当务之急。

问：你在宣誓证词里曾提到，自治指导部向各县派出二三名指导员，那么他们都做了些什么？

答：在"满洲帝国"建立之前，他们的职责是顾问。不过，他们在遵守规则的前提下，也承担了维持和平与秩序的职责。

问：你提到他们的职责是顾问，能进一步告诉我们，他们确切的活动吗？

答：要求他们对"满洲帝国"的总体筹建提供建议，并起草宪法。他们也向县政府提供咨询。

问：你说到，该职位大多由日本人担任，握有实权的位子上全都是日本人，那么从来就没有满洲人、朝鲜人或者其他人吗？

答：当然，在指导部工作的，包含了日本人、韩国人和其他。指导部最初计划，不问种族，不问出身，但问能力招纳青年才俊，将他们组成一个集体，在一起共事。但可惜由于当时社会背景的混乱，所以不能召集许多领导者，只能由大多数的日本人来担任领导一职。

问：在这些人中，有很多是从满洲青年联盟过来的，是这样吗？

答：是这样的。

韦伯庭长：请不要再询问诸如此类的问题了。不要再让笠木重复回答了。

大原辩护律师：这是宣誓证词上写的，所以我才发问。

问：满洲青年联盟是怎样一个团体呢？是政治团体吗？还是有主张和纲领的团体？

答：满洲青年联盟好像很久以前就存在了，但我不太清楚该团体具体的内部细节。

问：你知道它是主要由满铁职员组成的团体，而不是政治团体吗？

答：这并不是满铁职员的团体。是在满洲的一群日本人的集会，我想可能是这一群人中满铁的人比较多吧。

问：总之，你认为它不是政治团体吧。

答：我是这样认为的。

问：你说到担任指导员工作的大概有150人，这150人中有行地社、神武会的人吗？

麦肯锡检察官：尊敬的庭长，宣誓证词里的数据是100～120人，不是150人。

答：这120个人并不都担任指导员，120是在总部的工作人员数。在我的记忆中，这其中有两三个人仅仅是受业于大川先生的。

问：只是受业的话，还不算行地社、神武会的会员吗？

答：这一点，我确实不太清楚。

问：你在宣誓证词中说到，这个自治指导部怂恿满洲的独立，又营造支持独立的舆论，那么该组织的建立是出于这样的目的吗？

答：关于这一点，我想稍微谈一下我的看法。依我看，独立运动是与溥仪先生的来到联系在一起的。溥仪先生富有贵族气质，非常了不起。而满洲又是他祖先的故乡。我相信，也正因这个原因，溥仪先生受到了很多满洲人的尊重和敬仰。我还听说，民间有很多人把童年时代尚身为宣统皇帝的溥仪的画像和照片摆放在家里。鉴于上述原因，以溥仪为核心筹建独立国家，我想也是自然而然的事情。当然，独立建国也离不开来自日本方面的意见和期许。要说这些青年使用暴力手段以实现独立，我是不信的。

虽然我说的不多，但可以描述出彼时的情况。

问：多数满洲人都赞成此事，所以各地自然都掀起了这些运动，你知道这个情况吗？

答：我是从指导部总部那里听说的。

问：在满洲人中间，是否普遍担心中国的内战波及满洲？

答：当然是。当时的气氛十分消沉。

问：这么说，自治指导部所做的工作，便是参与了各地区各种活动，来帮助满洲人的生活？

答：当然，民众生活是个非常重要问题，因此在工作中必须考虑的。

问：如此说来，你的宣誓证词里是在表明，指导部执行的宣传是为了烘托倾向于独立的气氛，而不是来帮助独立的行动。因为独立出于民众的自发，是这样吗？

答：刚才我已经说到，因溥仪先生崇高的人格，同时以他个人为中心，所以渐渐形成独立的事态。

问：诸如此类的独立运动，在中国发生的并不多，你知道吗？

答：我以为民众有很多这样的意向。

问：证人说到，这之后不久，自治指导部开始与市政局联系，那么证人你在市政局做什么工作呢？

答：事实上，在当时市政局还不是一个确切的组织，它在什么都没有准备齐全的情况下就被废除了。同时我接收到一份官方的文件要我做市政局的负责人,但是我谢绝了,并推荐了一名满洲人作为继任者。

问:看上去你似乎在自治指导部做了各种工作,那么其目的是不是使满洲成为日本的傀儡国呢?

答:我们认识的青年人中,没有人怀有这种丑恶思想。没有人的工作目的是为了把别人的人格当作自己的道具。

问:那么这些在自治指导部的青年怀揣着怎么样的思想?要将"满洲国"建设怎样的"国家"的呢?

答:当然是希望建成五族和谐的理想"国家"。

麦肯锡检察官:尊敬的在座各位,我反对这种形式的发问,因为这些问题完全偏离出主题。

韦伯庭长:我认为辩护律师是在尝试问出这些青年是为了日本工作还是为了满洲人民工作。所以还是有作用的。

麦肯锡检察官:我反对的要点,是关于要确立怎样的政府这一点。

问:请回答刚才的问题。

答:要建立五族和谐的"国家"。

问:我知道了。对于日本人来说很好理解,但是对于外国人来说非常难以理解。就像刚刚庭长所说的,其实我想弄清楚,他们究竟是为了日本而工作,还是为了"满洲国"而工作?关于此问题,你能解释一下吗?

答:我们是日本人,当然也为日本考虑,但是我们认识的青年们中,有相当多的人怀着鞠躬尽瘁死而后已的觉悟奔赴满洲的各县、各乡。

问:我是否可以这样理解刚刚证人所说的"五族和谐"一词:它其实指的是创造一个满洲各族人民平等共处、互不侵犯、和平生活的伟大的理想"国家"?

答:当然。指导部写的宣言上也提到要互相尊敬,互相友爱。

韦伯庭长:我觉得交叉询问的问题似乎在老调重弹。

问:按照你的宣誓证词,你在之后退出了指导部并回到大连,之后你又不得不从大连的住所离开。你写到你被强制赶出大连,这是怎么回事?

答:可能是我的表达存在问题。我并没有收到让我离开的命令,只是遭到了一些误解,觉得周围人对我的做法和行为有些看法。自己思忖了一番,决定自行离开大连。

问:大川周明和你好像非常亲密。关于如何建立"满洲国"的问题,大川和你的意见相同吗?还是距之甚远?

答:自从退出行地社,几乎没有见到过大川先生,因此也没有交流过有关此事的意见,所以很难回答这个问题。

(太田辩护律师走上发言台。)

韦伯庭长:我要求辩护律师对已经问过的问题,请不要再重复询问了。

太田辩护律师:我是被告土肥原贤二的辩护律师,太田金次郎。得到法庭的允许,我将进行简单的交叉询问。

交叉询问(由太田辩护律师询问笠木良明证人)

问:土肥原贤二不是奉天的特务机关长,也没有控制哈尔滨以及其他全满洲的特务机关,是这样吗?

答:我不是特别了解军队的组织,但是我认为土肥原先生是奉天特务机关的首长。

问:我问的是,是不是只是奉天的,而和其他的没有关系,是这样的吗?

答:我认为是的。

问:土肥原贤二对于满洲官民的态度和方针如何,你知道吗?

答:关于这点,我不太清楚。

问:但是你在那边待了很长一段时间,在你的宣誓证词里也说到了,你从土肥原贤二那里听到了各种情报,那么当时土肥原对于满洲官民的态度,你是不是多少应该知道一些?

答: 我和土肥原贤二先生只有一面之缘。我在宣誓证词里只想表达,我所说的那些收集到的信息都是指我从特务机关那里得到的,只不过这些机关都由土肥原贤二负责而已。

韦伯庭长: 列文。

列文辩护律师: 交叉询问就此结束。

(证人退席。)

麦肯锡检察官: 尊敬的庭长阁下,接下来由达西检察官继续起诉。

达西检察官: 接下来我要提交第1415B号国际检察局文件,这是一份内阁会议的记录,是特别针对满蒙"建国"的外交问题的协商会议。

韦伯庭长: 根据惯例,予以接受。

法庭书记官: 第1415B号国际检察局文件,现在被接受为第222号法庭证据。

(随后,上述文件被接受为第222号法庭证据。)

达西检察官: 尊敬的庭长,我将宣读两三段摘要。首先是第1页的第1章。

(宣读)

(1)关于新"国家",帝国目前还没有得到国际公法上的承认,要努力在可能的范围内以适当的方法予以各种援助,引导其逐渐具备独立"国家"的实质条件,促使获得国际承认的时机早日成熟。

(2)关于新"国家"和帝国以及第三国的关系,要使新"国家"在尊重既有条约的前提下,声明恪守门户开放、机会均等原则,以此避免列国势力的介入。

(3)新"国家"的关税和盐税征收机关接管,与上述有关的国际关系错综复杂,特别是大连海关在帝国的统治地区内。承认接管,对于我方之于列国立场会带来明显的不利,要充分考虑这一点,采取一定措施,在对外关系方面尽可能不要造成影响。

(4) 我方要尽可能采用非正式的方法和新"国家"缔结实质关系(原则上以私法契约形式,如有例外,可以采取帝国派出官员与新"国家"官员或者其地方缔结协定的形式),努力实现帝国权益的扩充,达到事实上的既成状态。

(5) 关于掌握军事实权,使联盟理事会确认兵匪讨伐权,以及在保护帝国臣民的前提下,努力达到既成状态。

(6) 关于掌握外交和内政实权,最初尽量少雇佣日本人作为官吏或者顾问,然后逐步充实。

(7) 一旦政府做出了上述决定之后,应立即向帝国派出官员通报其内容,使上述官员能领导好这个新的"国家"。

跳至第2页的末端,开始宣读第一案的内容。

第一案:满洲海关可以维持现在的组织形式,但新的"国家"要保证外债的安全,以及"满洲国"海关的收入,同时还包括大连地区。而这些决定部署都要与总税务司商议。

鉴于南京方面和新"国家"的关系,这则方案执行起来极其困难,但是如果与上述机构的谈判进展顺利,则我们将获得大连的剩余关税,约相当于整个满洲剩余关税的一半。此外,关于中国海关制度保全问题,我们在对外关系上还会占据有利地位。

第二案:接管大连以外的满洲诸海关,但是外债担保部分的关税收入,出于对外国方面担保权的尊重,要汇给总税务司或存入银行。

在关东州租借地边界设立海关的方案,导致了大连经由货物二重课税的问题,严重打击了大连港和满铁,但是由于其他诸般关系的不妥,必须废除。上述大连以外的满洲诸海关的外债担保部分没有汇给总税务司或者存入银行,尽管大连海关的剩余关税应该归属新"国家",但是汇给了总税务司。基于事实,采取各种相抵的方法,取得实质受益。

另外,在接管海关时,现在海关的外国员工凡希望留任者,要加以权衡,使其与南京政府完全断绝关系之后才准予录用(对于这部分人要考虑其退职金等)。如果南京方面对抗新"国家"海关的接管,解雇在中国海关总部中工作的日本员工(约 200 名),那么我们也考虑采取罢免新"国家"中的外国员工,转由上述日本员工接替其职位的方案。

跳至第 5 页,从"关于新国家采用日本人的问题"开始宣读。

关于新"国家"采用日本人管理的问题,要坚持满蒙新"国家"的成立是基于东北 3 000 万中国民众的意愿的前提,使列国深感新"国家"成立的背后不是由日本策动的,这样才能为这个国家以后的发展带来好处。

新"国家"成立之初,如担任要职或是顾问的日本人较多,则外国方面可能会说新"国家"是日本的保护国。理论上,我们当然可以予以否认,但实际操作中,则主要去施加反方面的影响。

至于让日本能控制住新的"国家",则主要通过军队的力量进行统治,以后逐渐充实新"国家"机关内部日本人数量和形式上的资格甚至权限,此为新"国家"将来对外关系的上策。

因此,首先,在新"国家"组织机构里担任要职的日本官员数量要严加控制,避免妨碍新"国家"的运营。日本人要垄断新"国家"的政府要职,可以在暗中采取相关措施(雇佣合适的、日本以外的外国人担任新"国家"官员和顾问,也是一种方案)。

帝国官员如果想成为新"国家"的官员,只有辞去官职之后才能予以任用。

布鲁克斯辩护律师：尊敬的庭长，我想发言。

韦伯庭长：请。

布鲁克斯辩护律师：我想知道一下这份文件的日期，文件是何时写成的？我认为原始文件里应该没有上述说到的事情内容。特别要请法庭予以考虑的是，这些政策最后有没有实行？是不是仅仅只是讨论，最终并没有付诸行动？

我认为必须搞清楚这些问题。特别是时间的要素非常重要，我想知道它的日期。

达西检察官：第1415A号文件已经特意提交给辩护律师方了，上面清楚地写着日期，即1932年3月1日。单在这一点上，这份文件的意思就说得通了，没有必要介绍其他的文件。但是刚刚未把这份文件作为证据提交给法庭，是因为不想法庭做没有必要的重复记录。

韦伯庭长：这份文件是从何处得到的呢？它并没有附上证明书，告诉我们它是从哪里而来的，这可以缩短我们审判的时间。

达西检察官：原文件是编有日期的，真实性证明书写着出自日本外务省。

韦伯庭长：即便文件内的命令没有发挥实施，但通过阅读证据材料也就能了解日本政府的真实意图。我想表达的是，决策即使没有执行，但也有此目的。

布鲁克斯辩护律师：但是我想要求检方提交第1415A号文件作为证据。实际上我也是这么期待的，因为时间要素非常重要。另外，这个计划是出自何人之手，又是出自何人之脑，我觉得我们应该知道。这样就能确定究竟哪些被告和这些决策有关系。不能因为是日本人策划的，就觉得其他的日本人都负有责任。因为这些被告被追究的是个人罪责，基于这个原因，这份证据应该被提交上来。

韦伯庭长：我觉得应该受理这份文件。因为它的内容和目的都非常明确。

达西检察官：接下来我要提交第1415C号国际检察局文件作为证据，是关于"满洲国"的内阁会议记录。

列文辩护律师：请告诉我们这份文件的日期。

达西检察官：文件封面上显示的是1932年4月11日。

韦伯庭长：根据惯例，予以接受。

法庭副书记官：检方提交的第1415C号文件现被法庭接受为第223号证据。

（随后，上述文件被接受为第223号法庭证据。）

达西检察官：我打算从文件的第1页的中间段落开始宣读。

韦伯庭长：达西检察官，先等所有法官都拿到证据的副本再开始吧。

达西检察官：好的。

（宣读）

第一，为建立新"国家"的财经政策以坚国本；为加强国家信心；为合理管控两国的工业，以构筑自给自足的日"满"经济体，必须拥立手握大权的首脑。为实现上述目的，在考虑新"国家"的要求、新"国家"缔造帝国的使命以及其他各种情况之后，决定酌情实行以下两种方案：

（1）新"国家"应当聘用日方权威顾问，使其成为金融、经济、政治问题的最高指导者。

（2）任命能干的日本人担任新"国家"的枢密院、中央银行以及其他机构的领导。

第二，鉴于帝国和新"国家"的国防、经济上的需要，日方要把握新"国家"的铁路及其他交通机构的管理实权。具体方案另付

"满洲国"铁路港湾河川的处理方法。

接下来我要提交第 1415E 号国际检察局文件,其内容也是 1932 年 5 月 3 日关于"满洲国"的内阁会议的记录。

韦伯庭长:根据惯例,予以接受。

法庭书记官:第 1415E 号国际检察局文件,现在被本法庭接受为第 224 号证据。

(随后,上述文件被接受为第 224 号法庭证据。)

达西检察官:我想从该文件第 1 页的起始处宣读。

韦伯庭长:达西先生,请等待副本分发到所有法官手里。

达西检察官:(宣读)

关于吉敦延长铁路线建设的方针纲要。(1932 年 5 月 3 日内阁会议决定)

暨天图铁路处理方针。

线路:将采用从敦化途经局子街至朝鲜南阳的路线,另外一条线路从朝阳川分叉,途经龙井村至朝鲜上三峰。

天图铁路处理及建设形式的计划。

为了上述线路的建设,以公道的价格向"满洲国"收购现在的天图铁路。以上所需要的资金向南满洲铁道株式会社融资,大藏省预金部东拓及其他债务由满铁承担。至于"满洲国",收购费用做满铁的资金。

天图铁路的改建及新线建设工程由满铁承包。以上改建费和建设费由"满洲国"向满铁贷款。

跳至第 4 段。

经营方式：铁路两线都由"满洲国"委托南满洲铁道株式会社经营。

跳至第2页的第6段。

终端设施的经营及连接线路：朝鲜境内的接续铁路（图们线、清会线及雄基罗津线）和终端设施都由南满洲铁道株式会社经营。

达西检察官：接下来我要提交第1415F号国际检察局文件。

韦伯庭长：我们先休息15分钟。

（法庭于10:45起休庭，至11:05开庭。）

法庭执行官：远东国际军事法庭继续审理。

韦伯庭长：达西检察官，请发言。

达西检察官：休庭前我正想提交第1415F号国际检察局文件。

韦伯庭长：这是什么文件，你还没有说明。

达西检察官：是关于在"满洲国"发展航空的内阁会议记录。

韦伯庭长：根据惯例，予以接受。

法庭书记官：第1415F号国际检察局文件被接受为第225号法庭证据。

（随后，上述文件被接受为第225号法庭证据。）

达西检察官：法庭书记官，文件是否已经分发？我打算从最开始的一页开始宣读。

法庭书记官：可以了。

达西检察官：（宣读）

帝国政府意识到获得满蒙航空权的紧迫性，在1930年11月

18日的内阁会议上,决定就此事与中国当局展开交涉。基于此决定,我们与张学良政权多次交涉建立日"满"合资航空公司的事宜,但最终并未实现。这种情况一直延续到翌年9月满洲事变。满洲事变之后,帝国政府在翌年11月11日的内阁会议上决定,以联络军队的名义临时建立日本航空运输有限公司,在大连、奉天、长春之间,以及新京、平壤、奉天之间开始定期飞行。以军事交流为借口,为了获得满蒙航空权、同时也为了使关东军下属各部队的相互联络准确可靠。为了落实上述决定,我们以军事飞行的名义满足当时的需求,但是随着"满洲"的建立,现在周围的形势已经有利于我方,现在关键要把上述军事飞行作为常设企业机关继续维持,赋予其长效性。而且,在帮助帝国完成欧亚联络航线、开发产业、获得中国总部的航空权等帝国航空政策的考虑下,不留遗憾地贯彻满蒙的航空经营。同时,鉴于满蒙的特殊地位和情势,满足国防需求是目前最大方针。因此,上述企业机关完全有必要在帝国政府的全面指导监督下进行经营。另一方面,鉴于对满、对外等关系,采取日"满"合资公司注册为"满洲国"法人、由我方把握其实质的指导和监督权的做法,较为适当。本航空企业鉴于其固有的使命,将来要进一步扩张,但是必须设法使这一过程变得容易且迅速。目前暂且以"满洲国"政府和南满铁道株式会社的补助金开展经营活动,采取以下措施:

组织计划:建设"满洲"的航空企业,以满足帝国国防需求为根本宗旨,同时有助于帝国航空事业的进步和"满洲国"的发展。

这次向间岛派出一部分朝鲜军队,我认为目的在于保护日本侨民。间岛既已属于"满洲国"领土,我相信,关东军引导"满洲国"对间岛实施全面的行政指导将有利于对满政策的一贯性。但是鉴于朝鲜总督府与该问题的历史关系,以及该地域的特殊性,军队非常尊重其意见,准备给予特殊处理。

根据前不久阁议上决定的处理方针,在"满洲国"全域实施的政策,在目前情况下,只要事关与"满洲国"的交涉,都主要由关东军统筹实施,这点我相信你应该没有什么异议。但是鉴于近来在满各官厅及其他诸派遣机关的行动,如果现在不彻底贯彻,有可能陷入不协调的窘境。对此,我想征求你的意见。

关参323以及334号的回复:我同意你对于"满洲国"的政策协调的意见,及你军对于间岛政策主要内容,但是也要考虑到当地实情和历史因素。并且,希望你军和其他各机关互相沟通,互相协助。另外,关于统帅关系,总长会给你指示。

之后是有关此机构的详细介绍。

接下来我要提交第607号国际检察局文件,这是关东军司令官写给陆军大臣的文件。

韦伯庭长：根据惯例,予以接受。

法庭书记官：第607号国际检察局文件现在被接受为第226号法庭证据。

（随后,上述文件被接受为第226号法庭证据。）

达西检察官：我将宣读这份文件,即"关东军司令发送给我陆军省大臣的信息",标注的日期为1932年4月3日。

列文辩护律师：庭长阁下。

韦伯庭长：列文先生,请讲。

列文辩护律师：似乎这份文件的内容还牵涉323号以及334号电报的内容。我觉得就这些电报内容而言——既然有323号电报,那么就请检方在方便的情况下提交334号电报。

韦伯庭长：检方提交这个文件吗？还是让辩方提交？

达西检察官：作为检方,我们也很希望得到这份电报,但是目前为止还没有得到。

接下来我要提交第 613 号国际检察局的证据文件，它是关东军参谋给陆军次官的电报。

韦伯庭长：根据惯例，予以接受。

法庭书记官：第 613 号国际检察局文件被接受为第 227 号法庭证据。

（随之，上述文件被接受为第 227 号法庭证据。）

达西检察官：接下来，由我宣读文件的内容。

（宣读）

鉴于"满洲国"的现状，目前，接管包括大连海关在内的各个海关，不仅理所当然，而且迫在眉睫。我们认为，贯彻支持"满洲国"的大方针，采纳以下"满洲国"的意见，并默认其实施，给予一贯的、强有力的支持，也极为紧要。

另外，此事在"满洲国"实施之前要保持绝对保密，也请关东军长官、总领事代表森岛、大连关长福本充分了解。

意见：

（1）维持治安十分困难，致使"满洲国"财政遇到了重大难题。"建国"当初预计财政年度收入为 6 400 万元，上述金额包括 1 900 万元关税的收入和 1 000 万元的鸦片垄断经营的收入，如果不赶快处理这两者，提高年度财政收入的话，9 300 万的年度财政预算支出将陷入无可奈何的窘境。在此情况下，我们严格遵守保障关员身份和待遇、收取除外债担保之外税收的方针，接管全满洲海关，包括大连海关。大连海关税收占全满洲税收（2 400 万海关两）的一半，超过满洲应该负担的外债担保部分（约 500 万两），预计将达到 700 万两。如果我们放弃这个海关，即使取得其他所有海关的收入，"满洲国"也很难达到 700 万两的年财政收入。因此即便排除万难，也要将大连海关纳入囊中。如果在这一过程中，南京政府对之前在五省联合会上协定的第一案做出让步,我方准备表示同意。

（2）接管大连海关的方法,是唆使其关员投靠"满洲国"。此时,如果中方派出新的关员另行征税,并进而封锁全满海关,我们将向瓦房店等征税以示威胁,并使中国在大连的努力化为泡影。同时做好预先安排,届时将一举任命包括大连海关在内的全"满洲国"海关关员,以抗衡中方的行为。

（3）我们希望在此情况下,日本政府保持友好的态度,默认"满洲国"在大连处理关税事务,作为之前抗议的成果,不妨碍"满洲国"管理事务。而且即使日本政府采取默认的态度,日本和"满洲国"在国际上也不会陷入不利地位,其理由如下：

"满洲国"在几次让步后接受的第一份新规章草案保留了梅兹先生所谓的"海关廉政"。有传言说,虽然梅兹先生对此并没有异议,但是南京故意提出反对,妨碍妥协。"满洲国"这次的决议已是迫不得已的最后手段,责任完全在对方。

日本如果不予以援助,满洲将无暇顾虑对大连的打击,而开始对瓦房店征税。日本则将不得不放弃大连海关暂行协议,从自卫的角度上默认"满洲国"在大连的行为。现在,日本从实质上承认援助"满洲国",日本也应该从实质上把大连海关作为"满洲国"的海关。而且,如果关员宣誓向"满洲国"效忠,日本默认满洲的行为是否违反海关协定,也值得怀疑。

舆论认为,日本在实质承认援助满洲、帮助冻结满洲财政上,自然绝对离不开大连关税收。

满洲的财政情况不容许等到国联从远东离开,不仅如此,采取自然的财政紧急措施也没有必要顾虑国联,与其这样,不如在国联停留时断然实行,发挥"满洲国"的独立性,表明日本及"满洲国"在满洲问题上的断然态度。

（4）简而言之，尽管大连海关和其他海关隶属于满洲，但是大连海关恰巧处于关东州，因此满洲认为中国继续征税属于违法行为。如果日本现在正式承认"满洲国"，并向"满洲国"转交大连海关，那么就不存在问题；但是如果由于种种原因延迟了承认，那么必须给予"满洲国"大力支持。

（注意保密）

韦伯庭长：文件中写着刚刚的电报是1932年6月4日发出并接收到的。达西检察官，为了在庭审记录中留下一笔，日期十分必须。

达西检察官：接下来，我将提交第645号国际检察局文件，其内容是"陆军达成给关东军司令官的电报"，日期是1932年6月10日。

韦伯庭长：根据惯例，予以接受。

麦克马纳斯辩护律师：尊敬的庭长，对于刚才的那份文件，我有一个问题：其中第一节开头的第一部分内容，是不是也包含在原始文件里呢？

韦伯庭长：给关东军司令官这句话，到底有什么问题？麦克马纳斯先生，这些问题实在太过琐碎，我们没有多余的时间讨论这些问题。

麦克马纳斯辩护律师：我是代表被告荒木贞夫的辩护律师。当时荒木被告身任陆军大臣，文件中提到的内容有一定的重要性，如果原文件里没有提交到，那么这些内容只不过是检方的推测。同时，还必须确认到底这个文书是由谁呈交的。基于这点，我对此文件向法庭提出反对——它的内容都没有得到证实。

韦伯庭长：你代理的被告当时是关东军的参谋长吗？

你想要弄明白这份文件的来源，但这无助于你的辩护。

法庭书记官：第645号检方文件现在被接受为第228号法庭证据。

（随后，上述文件被接受为第228号法庭证据。）

达西检察官：（宣读）

有关正式承认"满洲国"的意见，特别在指导"满洲国"方面，我们体谅贵方的苦衷，但是关于正式承认的时间，在内外诸方面都有着极其微妙的关系。目前我们要确定并耐心等待时机，以便承认"满洲国"。

关于在满机构的统一，要考虑"满洲国"成立的事态，及其衍生出的内外诸般情况，特别是对苏关系等。同时瞄准"满洲国"工业的发展，以此顺应迅速确立"满洲国"安定及国防上的需求，以满洲产业开发为目标，试图确立一个以军队为中心的统一机关。不是在"满洲国"之上再设立一个统治机关，而是将来在运作过程中衍生出一个机关。贵方要努力说服"满洲国"的要员消除相关误解。

关于满铁附属地的行政权问题及关东州问题，目前还没有到讨论商议的时机。万一此意图泄露出去，特别泄露给外国，则将对"满洲国"指导产生非常不利的影响。因此虽然属于内部研究，但是要谨慎对待。

接下来由麦肯锡检察官继续。

麦肯锡检察官：这将是我站在法庭上最后一次提到《李顿调查团报告书》。

我想从第97页最下方的第2节开始宣读。

（宣读）

第二部分——当前"满洲国"政府的状况

"满洲国"依照基本法与公民权利保证法实施统治管理。基本法规定了政府机关的基本组织，该法于大同元年（1932年）3月9日，以第一号命令公布。

执政者即国家之元首，有一切行政之权，及否定立法院决议之权，执政由参议府辅佐之，以备关于重要事件之咨询。

第 98 页最上边,这一段的最后一句:

行政权集中在国务总理及执政手中。
立法部,立法权属于立法院。

随后继续写道:

然而现在,立法院还没有组建。

最后一段:

因为立法院还没有组建完毕,国务总理之地位实甚重要。
监察部,监察院监察公务员之行为,并审核政府机关之收支簿计。
"满洲国"分成五个省份以及两个特别行政区。
调查团虽屡次索观所谓属于"满洲国"疆土之地图,但迄未获得。仅曾接得一函,内述该"国"之地界如下:"新国"南以长城为界,蒙古旗盟包括呼伦贝尔与锡林、昭乌达、卓索图各盟旗。
各省之长官为省长,但因欲集中行政权于中央政府,故省长对于军队与财政,均无权处理。

跳至第 99 页,前三段:

在"满洲国政府"中,日本官员在重要的职位担任要职。各部均有日本顾问,国务总理及各部总长虽均为华人,但在"新国"组织中实际上操有最大权利之各部总务职厅,其厅长则均为日人,其初命名为顾问,但最近职位之最重要者,已被实授为政府官员,一如华人。仅计中央政府方，而不计地方政府、军政部军队，以及政府经营事业中之日人，日人之为"满洲国"官员者，为数已近200。

日本人控制事实上等于国务总理衙门之总务厅、法制局、谘议局，及各部各省之总务厅，各县区之自治指导委员会，以及奉天吉林及黑龙江省之警察厅。日本顾问参议及秘书，各局大率有之。

日本人在铁路局及中央银行为数亦众。检察院方面，总务局主任、监督局主任，及审计局主任之职位，均为日本人所据，立法院秘书长，亦为日人，最后凡执政府中最重要官员，如内务处长，及执政近卫军司令等，亦为日本人充当。

在最后一段接下去的内容，是关于政府的：

自治指导会，曾为造成"新国家"之主要机关，其政策由代替该会之谘议局继续实行之。

接下来是新政府的计划，涉及课税、教育、司法警察、军队和银行、货币等法律、公共事业和有关盐务行政、邮务行政的详细报告。

最后我想读一下105页至106页的总结内容。

我们既已详述"满洲国政府"之组织、计划，及其表示与中国分立之行为，那么我们对其工作及其特质之结论要做一下陈述。

此"政府"之计划中，列有若干开明之政策，其实行改革不仅适宜于满洲，亦适宜于中国之其他部分。而在事实上，此种改革已多见于中国政府计划之中，此"政府"之代表与本调查团会晤曾宣称，彼等有日本人之辅助，足能于相当时间内恢复治安与秩序，并能使之永远如此。倘若能建立廉洁有力之政府，担保捕灭盗匪，减少军费借以减轻赋税，改革钱币制度，改良交通并实行人民政治代表制,则人民方面肯定拥护彼等。

"满洲国"在此短期间虽得自由实施其计划,并对于其已施步骤,虽已予了很大的关注,然仍无象征足以证明该"政府"在事实上能实施甚多改革。试举一例言之,彼业经颁布之预算及钱币改革计划,其实施之前途似有严重之阻碍,自1932年之不安定及扰乱情形之下,彻底改革计划、安定情况及经济繁荣绝难实现。

至于该"政府"行政机关,其各部名义上之领袖虽系居住满洲之中国人,但其重要之政府行政权责仍操诸日本官吏及日人顾问之手。该"政府"之政治及行政组织不仅予此项官吏及顾问以贡献专家意见之权,亦且予以实行管理及指挥行政之机会。此辈固不受东京政府之训令,其政府亦非与日本政府或关东军司令部之政策符合,但遇重要问题发生时,该官吏及顾问等,其中有于新组织成立之初期可以自主行动者,均渐受胁迫,遵照日本当局之意旨行事。此当局者因其军队占领满洲土地,而"满洲国政府"又依赖该军队维持其对内、对外之权威,同时"满洲国"管辖下的铁路委托南满洲铁道株式会社代行管理,最后又以日本领事驻在重要城市以通声气,是以无论遇何时机,彼日本当局者均有运用其绝大力量之方法。"满洲国政府"与日本当局间之联络,自最近派遣专使后,更觉密切,此专使虽未经政府正式授权,但已驻在满洲都城,以关东租借地总督之名义管辖南满铁道株式会社,同时兼行外交代表、首席领事及驻军总司令之职权。

"满洲国"与日本之关系,前此颇不易解说,但据调查所得之较近消息,日本政府有不久即将此项关系加以确定之意向。今年(1932年)8月27日,日本代表曾致函调查团说:"武藤专使已于8月20日离东京赴满洲。武藤抵满后即将开始谈判,以便缔结日本与满洲间之基本友谊条约,日本政府认此项条约之缔结为对'满洲国'之正式承认。"

现在，请允许我有选择性地宣读一下曾提交给法庭的第 59 号检方证据。它已经作为基础文件被提交过了。这个文件涉及国联大会对于日本在满洲行为的批判。

以下内容摘自 1933 年 2 月 24 日国联大会的报告。

（宣读）

报告

大会按照盟约第 15 条第 3 项所为之种种努力，期使依据该条第 9 项所提交大会讨论之争议得有解决者，既不幸失败，兹依照同条第 4 项之规定，通过以下之报告书以载明是项争议之事实，及认为公允适当之建议。

第一部分　远东之事变——国联调查团报告书首八章之采用——本报告书之计划

中日争议之根本原因，甚为复杂，行政院所派遣就地研究之调查团曾称："本项争端中所包含之各种问题，并不如恒常所说之简单。此案极为复杂，惟有对于一切事实之内容及其历史背景有深切之知识者，始能对于此案表示确切之意见。"

调查团报告书前八章，对于中日争议之历史背景，及有关满洲之重要事实，均有公正而详细之叙述。该报告书已另行刊印，于此若再节要或重述，自为事实所不可能，且亦未免多事。大会于研究中日两国政府所送致之意见书后，即采用调查团报告书前八章之意见，作为本报告之一部分。

但为使调查团报告书之陈述完备起见，则将关于本争议各方面，行政院及大会所采取之种种办法以及调查团报告书内所未曾叙载之某某事实，如 1932 年初上海战事之起源，特为叙述，自属必要。关于此等事件，大会则采用各国领事调查团送至大会之报告（此项报告已另行刊印），以作本报告书之一部分。又自 1932 年

9月初以来,满洲各事件之详情,亦有叙述之必要,因调查团之报告书,故未能叙述至彼时以后也。

本争议发展之简单历史的叙述,将载于本报告书之第二部。阅览该第二部时,并须同时参阅调查团报告书中之事件记述。

第三部分系叙述本争议之主要特征及大会根据主要事实所下之结论。

第四部分则载明大会对于本争议所认为公允而适当的建议。

第二部分　中日争议在国联方面之进展

1. 争议发展之概述

自此案提交国联后行政院及大会屡次之决议,均视本案在远东情势之变迁而定。

当中日争议发生之初,中国政府根据盟约第2章,将其提请国联处理时,事变之范围不过仅及于沈阳及东三省若干之其他地点而已。行政院时并屡获日本保证,谓日本在满洲并无领土野心,只需日侨生命财产得有安全之保护,则日本即可将军队撤退至南满区域以内。此即系1932年9月30日决议及10月24日决议草案之旨趣,而该10月24日决议草案,除日本外,原经行政院会员国一致之同意,故行政院复能由日本代表团获得保证。

在日本拒绝上项草案后,因日本复坚持须将引致中日不睦之各根本问题设法解决,遂使行政院方面于无碍9月30日决议案各承诺之事实的范围内,更行提出办法,以期使两国之各问题得有最后之根本解决。1932年12月10日,行政院依据日本之提议,决议组织一"五人调查团",使赴当地调查,并将"任何影响国际关系而有扰乱中日两国和平或和平所维系之谅解之处之情形",具报于行政院。

在12月与3月之间,远东形势甚行恶化。日本军队完全占据南满,并开始侵占北满。而满洲以外,则中日正式军队剧烈之冲突，复又已在上海开始，且进行未已。同时因满洲日军占据各区域内行政机关之改组，遂致造成一种否认中国统治权之"独立国"，即所谓"满洲国"。嗣后中国申请行政院，除按照盟约第 11 条外，并依据第 10 条及第 15 条处理此项争议。1932 年 2 月 19 日，因中国依照第 15 条第 9 项规定请求之结束，行政院当时将此项争议提交大会。

调查团报告书，为详细审查争议之事实所必须，故从 1 月起，在未接到调查团报告书以前，行政院及以后大会之主要任务，在尽其力之所及，以停止敌对行为，并制止情势之更行扩大，同时保持当事国之权利及盟约之原则，俾不受任何"既成事实"之不良影响。大会 3 月 11 日之决议案，明白表示联合会对于此项争议之态度，声言在未遵照盟约解决一年，联合会会员国对于一切以违反联合会盟约或巴黎公约之手段所缔造之局势、条约、协定，均应不予承认。

上海敌对行为告终，但在东三省日本军队或"满洲国"政府军队，则继续与非正式之中国军队作战。1932 年 9 月，于调查团报告书在北平签字后之数日，因日本政府承认"满洲国"政府，情势上复又有根本之变更。

调查团报告书之送达日内瓦，不能在 9 月底以前——即不能在盟约第 15 条所规定的大会应行制成报告之六个月期限届满前到达日内瓦。故大会经当事国之同意，于 7 月 1 日决定暂缓必须之期限，但了解此种暂缓期限，不得视为先例。调查团因此遂能于当地完成报告书，当事国遂能致送对于报告书之意见书，而行政院与大会遂能审查所有如此获得之材料。

此种材料之审查及与当事国意见之交换，自 1932 年 11 月中旬起，直至 1933 年 2 月初，继续不断。经行政院讨论以后，大会根据调查团报告书所载之材料及结论，依照第 15 条第 3 项，以与当事国谈判之方法设法解决此项争议，但无效果，以故大会依照该条第 4

项,通过此次之报告书。

刚刚的结论虽然简短且具指导性,但是《李顿调查团报告书》,也就是第57号法庭证据,其内容两次提到了国联的决议,分别是9月30日和12月10日,都在1931年。因此,材料中也包含了第2节到第9节的内容,我在此就省略了。第7、8节是有关上海的,恐怕摩尔少校曾提到过。

从第9页上的第10节开始宣读:

  国联大会之讨论——1932年3月11日之决议案——关于依据《国联盟约》第15条拟具报告书期限之决定
  同时大会方据悉在日内瓦研讨该项争议。1932年3月11日,经详细讨论之后,当通过下列之议决案。

该国联决议在第2节里曾被提到,并且在出版的报告书中也有。这份文书作为第56号检方证据也已经被提交给法庭了。我重提这个事情,请记录入庭审记录。

我特别想请法庭注意,同时让大家读一下这份决议中的两个章节,第9页的第4节。

第9页第4节:

  认为上述支配联合会会员国际关系及和平解决争议之原则与《巴黎公约》[1]完全相符,而该公约实为世界和平之一砥柱。其第2条曾规定"缔约各国互允各国间设有争端,不论如何性质,因何发端,只可用和平方法解决之"。

---

[1] 即1928年8月27日在巴黎缔结的《凯洛格-白里安公约》。——校者注

我在此想提醒法庭注意的是，这里提到的《巴黎公约》，曾作为第 32 号检方证据向法庭提交过了。接下来我想读的是第 3 节第 1 行和第 4 节。

委员会

决定设立十九会员之委员会：即以大会主席为该委员会之主席，连同当事国以外之行政院会员，及用秘密投票选出之其他会员国代表组织之。

之后说到了委员会应该以解决今后的纷争为任务而努力。

第 11 节"满洲国"的组织和日本承认"满洲国"的问题，这在《李顿调查团报告书》里已经说明过了。

我们接着看第 12 节。

韦伯庭长： 休息到 13：30。

（12：00 开始休息，直到 13：30 重新开始审理。）

四、全面掌控"满洲国"

（13∶30开庭。）

法庭执行官：远东国际军事法庭现在开庭。

科尔辩护律师：我是代表被告武藤章的美国辩护律师科尔。我想谈一谈今天早上麦肯锡检察官朗读的《李顿调查团报告书》摘要。《李顿调查团报告书》摘要第106页倒数第5行，出现了"武藤"将军的名字，我并不是要作证，只是想提醒一下大家，此处的"武藤"并不是指被告武藤章，而是指武藤信义。

韦伯庭长：你要相信法庭已经了解了这个区别。请麦肯锡检察官发言。

麦肯锡检察官：继续今天早上的审判，我从第11页的第12节开始宣读。

（宣读）

  调查团报告书于1932年9月4日在北平签字，并于10月1日分别送达两当事国及其他国联成员国。日本政府曾要求至少六星期之期限，以便将该政府对于报告书之意见书草送行政院，行政院因于9月24日决定，至迟于11月21日开始对于报告书之讨论。

  9月24日，行政院主席（爱尔兰自由邦之代表凡勒拉君）曾表示遗憾——国联特别委员会于10月1日公开会议时，亦为同意之表示——以为国联调查团报告书公布之前，日方不仅承认所谓"满洲国"政府，且与之签订条约，其所取之步骤，不得不认为于此项争议之解决有碍。凡勒拉君又谓：在过去一年间，行政院以团体之资格，及组成行政院之各国政府，对于此项严重争议之是非曲直，谨慎未轻发一字之批判。因已组织调查团，对于此项争议之各方面，予以研究。而在调查团制成报告书，及国联讨论该项报告书以前，此整个之问题，仍只能认为留待判决之案件。

1932年11月21日至28日，行政院开会讨论调查团报告书，及两当事国之意见书。李顿爵士于答复主席之询问时，曾以调查团名义声称该团对于报告不愿有所增加。

关于报告书中所载之建议，行政院认为在中日代表之声明中，不能觅得两当事国有任何协调之可能，足使其有益于讨论之进行，及贡献意见或建议于大会。

在此情形之下，行政院只可将调查报告书、两当事国之意见书，及会议记录转交大会而已。

13. 大会讨论调查团报告书——试行协商解决办法

大会于1932年12月6日召开，经大体之讨论后，即于12月9日通过下列决议案：

大会现接到依据1931年12月10日行政院通过之决议案所组织调查团之报告书，及两当事国之意见书，与1932年11月21日至28日行政院会议记录；并鉴于1932年12月6日至9日大会之讨论，还请根据1932年3月11日大会议决案所指派之特别委员会：

（1）研究调查团报告书，及两当事国之意见书，以暨在大会中以任何形式所提出发表之意见及提议。

（2）草拟提案，以图解决依照1932年2月19日行政院议决案所提交大会之争议。

（3）在可能的极早时间内，将上述提案提交大会。

十九国特别委员会拟就决议草案二件及说明书一件，以大概指明该委员会所认为可依以继续努力图谋解决此项争议之根据。

接下来说到了两个决议案,由于没有什么关系,我就省略了。我们跳至第 13 页,第 2 列第 1 段中最大号字体的部分。

12 月 15 日曾将此两决议草案及说明书送达双方,并经中日代表提出修正。本委员会委员长及秘书长,奉命与双方进行谈话。12 月 20 日,委员会决定延会,并规定最迟必须在 1933 年 1 月 16 日再行集会,使得谈话得以继续进行。

14. 日本在长城内山海关之军事行动

1933 年 1 月初发生山海关严重事变。该关位于长城之终点,据北平、辽宁之中心,在军事上非常重要,适为自满洲进犯现所称河北省之冲道,而从河北省则又为进入日本认为"满洲国"一部分之热河省之捷径。据日方消息,张学良将军彼时正将大批军队自河北省北部运入热河。据中国方面消息,则谓日本军队对于热河意欲开始大规模之军事行动。

据 1932 年 12 月 29 日之日方报告,在前数日间中国军队之向热河集中,已昭然若揭。日本代表并于 1933 年 1 月 4 日声称,驻北平日本当局曾力劝张学良停止军事行动无效,因在此紧张不安状态之中,于 1 月 1 日至 2 日夜间发生山海关事件。

日本关东军军队越过长城,攻击榆城,旋于 1 月 3 日占领之。

中国政府称,此役华方良民被杀戮者不下数千。中国政府以日本非法利用 1901 年条约上之特权,当于 1 月 11 日向该约签字各国送至抗议,并声明因中国防御的军队实施其正当权利以抵抗侵略的日军而发生之情势,中国政府不负任何责任。

15. 协商调解之失败

十九国委员会于 1933 年 1 月 16 日复行集会,知悉关于决议草案及附加理由说明书,虽仍与当事国代表继续谈判,而除 12 月间中日两代表团所提之修正案外,迄未接到新提案。但据日本代表团称,尚有新提案正在与本国政府接洽中,可于48小时内提出。

1月18日,委员会接到此项提案,得悉其内容与委员会12月15日送交两当事国者,有数要点根本不同。但以日本代表团于提出日政府之新提案时,曾特别郑重申述,谓日本政府对于指派之解决争议之机关,应仅能包括国联会员国一节,极为重视。是救国委员会以为日本政府倘对于议决草案仅反对此节,尚不难与当事国磋商解决,是以委员会乃要求补充说明,而尤特别注意,是否此项困难解除后,日本政府即预备接受12月15日之决议草案第一号。委员会以为与中国代表团继续谈判以前,须俟日本对于此点之答复,因中国代表团之提案并不如日本提案之于决议草案持根本之异议也。

1月21日,委员会知悉,依据日本代表对委员会主席及秘书长之所陈述,则即使草案内删除邀请非会员国参加调解之规定,日本政府亦不准备接受议决草案第一号。

日本代表团于为上云之陈述时,并曾以本国政府名义提出新提案。

委员会经将此项提案,连同中国代表团对于12月15日草案原文之修正案一并审查后,遂不得不知悉,实绝不能制成一双方可以接受之草案。且中国代表团及委员会自身均认邀请美、俄两国参加调解为重要,如果委员会须照日本提案之意义,同事修改决议草案第一号中之其他规定,则殊难因日本一国之请求,即删除邀请各该国之规定。

委员会又知,即使将理由说明书改为主席之宣言,但是可自由提出保留,日本政府亦不能接受12月15日委员会所定之原文,而必以新提案。对于原文,要求委员会所不能接受之重要修正。

因此情形,十九国委员会认为于按照其所受委托,努力以准备双方同意的解决争议之办法后,似竟未能向大会提出合于此种意义之提案。

是以委员会为实行1932年3月21日决议案第3节第5项所受托之职责期间，已按照盟约第15条第4项拟具现在之报告书草案。

于决定开始拟具此项报告书草案时，委员会并未忘却声明，调解失败之后，惟大会有适用第15条第4项规定之权，是以委员会仍可接受双方所更拟提出之任何其他提案。

2月8日，日本代表曾将对于12月15日原文之另一修正案提交委员会。2月9日，委员会考虑此项修正案后，认为可再将有关该案者询问日代表，尤以日本政府是否能接受调查团报告书第9章之第7项原则——即关于在满洲地方于中国主权及行政完整之范围内，建立高度之自治权——作为拟议的调解之基础之一，并于同日将此项问题备函送交日本代表团。

2月14日，日本政府答复，则称确信维持与承认"满洲国"之独立，为远东和平之唯一保障，而此全体问题，将终由中日两国依此基础解决。委员会于答复此函时，深表惋惜，只得认2月8日之日本提案为绝未给予可资接受之调解基础，并称在大会末次会期以前，委员会自仍愿对于日政府任何另拟之提案，加以审查；但深信日本代表团，当确知加重现有之情势，定必使此后调解之努力，既不失败，亦必更增困难。

委员会当即于同日通过本报告书草案。

我想宣读一下第三部分的开头部分。

第三部分　此纷争之主要特性

由上述检讨者以观，可见行政院或大会继续试觅中日争议之解决方法，已逾16个月，并已根据盟约各条及其他国际公约通过多数决议案。凡已经陈述的此项数遍历史背景之复杂,与此后即将述及的日本在中国境内行使广大权利之满洲特殊情形,以及在满洲数处中日当局间事实上现有关系之错综与困难,均证明国联之长期尽力与协商及调查确为必要。然行政院及大会,因当事国之声明及当事国参加通过之议决案,所促起之改善局势之希望,则已失败,而局势反趋于更恶劣。在国联委员国之一之满洲及其他地方军事行动,如彼调查团所称为"变相的战争者",至今犹日进不已。

大会将此项争议之特要各点,详加考虑后,便得如下之结论,并知悉下列各项事实:

(1)提交国联大会之中日争议,发生于满洲。中国以及列强始终皆认满洲为中国之一部,其主权属于中国。日本政府于其对调查团报告书之意见书内,辩驳在范围极小之南满铁路区域内,中国前给俄国、后转让于日本之权利,与中国主权冲突之说,谓:"其实此项权利系由中国主权而来。"

中国始给俄国,后给日本之权利,均起源于中国之主权。依照1905年之《北京条约》,"中国皇室政府同意于俄国按照《朴茨茅斯条约》,对于日本之一切让予"。1915年,日本展其在满洲权利之要求,系向中国政府提出。其后同年5月25日关于南满及内蒙东部之条约,亦系由日本与中华民国政府所缔结。1922年2月2日华盛顿会议,日本代表团声明日本放弃南满及内蒙东部之某项优先特权,并云:"日本之所以决定放弃者,系基于一种公平温和之精神,始终注意中国之主权,以及机会均等之原则。"华盛顿会议所缔结之《九国公约》适用于满洲,与适用于中国其他各部无二。即在此冲突之初期,日本对于满洲为中国之一部之说,亦从未持异议。

(2)就以往之经验而言,从前支配满洲之当局,对于中国其他各部之事务,至少在华北方面,要具有甚巨之势力;在军事上、政治上,处于有利之地位,又无疑义。若强将东省与中国他部割开,将造成一严重之未收回领土问题,而危及到和平。

（3）国联大会提出上述之事实,非不注意及满洲过去之自治历史。

再看一下第17页开头两段文章的结束部分。

在"满洲国"屡次战争及独立期间,其仍为中国之一部分。且自1928年以来,张学良已承认国民政府之权利矣。

（4）1931年9月以前之25年来,中国与"满洲国"之政治经济关系日增密切,同时日本在"满洲国"之利益亦继续发展。

现在跳至第五节。

（5）在1931年9月18日以前,中日双方之在"满洲国",原各有相互之合法的不平理由,概由日本系利用有疑问之权利,而中国则阻碍无疑问之权利之行使。在九一八事件发生以前之最近期内,中日两方曾竭力以外交谈判之通常方法与和平手段解决两方悬案。此项手段并未用罄,但中日间在"满洲国"紧张之情势日见增加,且日方意见,主张于必要时,以武力解决一切悬案。

下面宣读第八节。

（8）国联盟约对于解决争议之规定,其目的系在制定足使国家与国家间不免决裂之紧张局势。国联调查团认为中日间之一切问题均可用公断程序解决。但正因中日间问题之汇集的增加,使两国间关系更形紧张。其因此自觉受损之国家，于外交谈判只是过分延长，自不得不唤起国联对于此项局势之注意。

《国联盟约》第 12 条，曾含有以和平方式解决争议之正式的义务。

（9）1931 年 9 月 18、19 日夜间，当地日本军官，或许自信其行动出于自卫。此种可能不必断定其为必无。但日军是夜在沈阳以及东省他处之军事行动，国联大会不能认为自卫手段。即日本嗣后在此项争议进行中所采取的之全部军事行动，亦不能认为自卫手段。且一国之采取自卫手段，并不免除其遵守《盟约》第 12 条之义务。

（10）自"九一八"以来，日军当局之行政及军事之活动，均特带有政治之意味。日方在"满洲国"继续前进之军事的占领，使"满洲国"一切重要城镇，均脱离中国当局之支配，并于每次占领之后，行政机关，必经一度之改组。若干日本之文武官吏，筹组施行满洲之独立运动，借谋解决"九一八"后满洲之状况，因即利用某某中国人之名义及行动，以素来不满于中国当局之某某少数分子与地方团体，以期达到此项目的。此种运动，接受日本参谋部之援助与指导，其所以能实行者，端赖日军之存在，不能认为自动及真实之独立运动。前段所述运动所产生之"满洲国"政府，其重要政治及行政权，均操诸日本官吏及日籍顾问之手中。彼辈所据地位，足使其实在地指挥及支配东省行政。在东省占人口大多数之中国人，大抵均不拥护此种政府，并视为日人之工具。又有应予注意者：即"满洲国"于调查团完成报告书后，尚未经行政院及大会讨论以前，得日本之承认，尚未得其他任何一国之承认。《国联盟约》签约国特别认为此项承认，与 1932 年 3 月 11 日议决案之精神不合。

引起九一八事变之情形，是具有若干特殊之色彩。随后因日本军事动作之进展，"满洲国政府"之产生，及日本对该政府之承认,情势更增严重。此案固绝非此国对于彼国不先利用国联盟约所定调节之机会而遽行宣战之事件,亦绝非此一邻国以武力侵犯彼一邻国边界之一简单案件。就上述情形而言,"满洲国"固具有许多特点,非世界其他各地所能确切比拟也。然日本军队未经宣战,将中国领土之一大部分强行占领,且使其与中国分离,宣布独立,则又为不争之事实。

国联行政院,于其1931年9月30日决议案中,提及日方声明,谓日本军队已经开始撤退,日本当以日本人民生命财产之安全得有确切之保证为前提,仍继续将其军队从速撤退至铁路区域以内,并希望从速完全实行此项旨愿。又行政院于其1931年12月10日决议案中,重申9月30日之决议,提及当事两方,承诺采取必要办法,防止情势之再行扩大,并避免任何行动致在令发生战争及丧失性命之事。

关于此案应请注意者,即按照《盟约》第10条,国联会员国尊重所有国联会会员国之领土完整及现有政治上之独立。

又按照《盟约》第12条,国联会员国同意,凡会员国间遇有争议,足以引起决裂者,愿将其提交公断,或依法律解决或变由行政院调查。

在九一八事变以前,原来之紧张状态,其责任固在于当事两方。但自九一八事变后,所有情势的发展,中国不负任何责任。

建议

这部分是大会提出的建议,旨在根据情势做出合适的解决方案。

第一节

大会之建议,系注意本案件异常特殊之情形,并以下列各项原则、条件及观念为基础:

（a）本争议之解决办法，须遵守《国联盟约》、《非战公约》及华盛顿《九国公约》之规定。

现在跳至报告书的第19页。

大会曾申述意见，以为上述支配国联会员国际关系及以和平方法解决争议之原则，实与《巴黎公约》完全相符。大会于尚未采取最后步骤以解决此项交其处理之争议时，曾宣告上述原则及规定，负有一种必须遵守之性质。并声明凡用违反《国联盟约》或《巴黎公约》之手段所缔造之任何局势、条约或协定，国联会员均应不予承认。

最后大会并郑重申说，此次中日争议，如由任何一方用武力压迫，觅取解决，实与《盟约》精神相违背。并回忆1931年9月30日及12月10日经当时双方同意之行政院所通过之决议。

为使中日两国间得以尊重上述各国际之承诺为基础，树立一种能垂诸久远之谅解起见，解决此项争议之办法须遵照《李顿调查团报告书》中所定之十项原则。

大会认为对于本争议要创造公正的背景去解决。

跳至第21页的第2节。

本节所载各项规定，系构成大会根据《盟约》第15条第4项所作之建议。

大会既确定解决本争议应予适用之原则、条件及观念，建议如下：

（1）兹因"满洲国"主权既系属诸中国。

A. 鉴于日军进驻南满铁路区域以外，及其在铁路区域以外之动作，既与解决本争议应予适用之合法原则不相符合，而在极早期间成立一种与各该原则互相吻合之局势，在所必要。

大会建议，此项军队应予撤退。而鉴于本案件之特殊情况，此后建议谈判之第一目的，应为布置上述之撤兵，并决定其方法步骤及期限。

B.鉴于满洲之地方的特殊情形，及日本在该处所有之特殊权利、利益，以及第三国之权力利益。

大会建议，于适宜期间内，在满洲建立一种隶属于中国主权下，并与中国行政完整不相违背之组织。此项组织，应具有甚大范围之自治，应与当地情形相适应，同时并应注意多方面所订之各种现行有效条约，日本之特殊权力利益，第三国之权力利益，以及一般的第1节(C)项所述之各项原则及条件。至于中国中央政府与该地方当局权限之划定及其彼此间的关系，则应由中国政府以宣言方式行之。该项宣言，应具有一种国际承诺之效力。

兹因在上述1(A)、1(B)两建议内所处置个问题之外，《李顿调查团报告书》在上述第一节(C)项所定解决本争议之原则及条件中，尚提及某某其他各问题，而各该问题均系与远东和平所系之中日良好谅解有关。

大会建议，当事国双方应即以各该原则与条件为基础，将各该问题解决之。

兹因实行上述建议之谈判，既应由一适当机关进行。

大会建议，当事国双方应以照后开方法，开始谈判。

当事国双方，并应向秘书长通知，就关于其本国方面而言，是否以对方接受为唯一之条件，接受大会之建议。

当事国双方进行谈判时，应由大会按照以下方法所组织之委员会予以辅助。

麦肯锡检察官： 报告书接着写了该委员会的设立及其权限。一直到第22页的第三节。

（宣读）

鉴于本案件特殊之情形，故所做之建议，并非仅事回复1931年9月以前之原状，亦非维持及承认满洲现在之制度，盖维持并承认满洲现在之制度，与现存国际义务之基本原则，及远东和平所系之中日良好谅解，均属不相符合。

国联会员国之通过本报告书，意即在避免足以妨碍或延宕本报告书建议之实行之任何行动，而以对于满洲现行制度一事为尤甚。无论在法律上或事实上，各国均将继续不承认该项制度。各国对于满洲之时局，意在避免采取任何单独行动，且系欲继续在各会员国及与本事件有关系之非会员国间，采取一致行动。关于《九国公约》之签字国联会员国，应回忆依照该条约之规定：无论何时，遇有某种情形发生时，缔约国中之任何一国认为牵涉本条约规定之适用问题，而该项适用宜付诸讨论者，有关系之缔约各国应完全坦白、互相通知。

为极力便利在远东成立一种与本报告书建议相符合之局势起见，兹训令秘书长，将本报告书各即分送一份于《非战公约》或《九国公约》签字国之并非国联会员之各国，并向各该国声明，大会希望各该国赞同报告书之见解，并于必要时，与国联会员国采取一致之行动与态度。

接下来我作为检方，想宣读一下第65号证据，这是一份关于日本退出国际联盟的通告，已经向法庭以证据的形式提交过了。此文件可以证明，日本退出国联的原因是不满《李顿调查团报告书》，并反对《李顿调查团报告书》所采取的行动。可以告知被告的辩护律师，它原本是第237号国际检察局文件。我宣读一下最后两节,从第 1 页的下方开始。

(宣读)

<blockquote>

1933 年 3 月 27 日,日本政府关于退出国联的注意事项

……然而根据过去的 17 个月的国联审议,很明显,多数联盟国家都没有把握东亚现实情况,又或者没有给予客观公正的考虑,不仅如此,关于国联章程和其他条约及国际法原则的适用,特别是解释,帝国和联盟国时常在重大问题上意见相左。今年 2 月 24 日临时国联大会上通过的报告书,对帝国在确保东亚和平之外没有丝毫不轨意图的精神视而不见,同时在事实认定和以其为基础的论断上也陷入了严重错误,特别是臆断了九一八事件当时以及之后的日军行动并非出于自卫权,忽视了事变之前的紧张常态和事变后的事态恶化责任都在中国,这将引发东亚政局新的争端。另一方面,无视"满洲国"成立的真相,否认承认"满洲国"的日本帝国的立场,更将破坏东洋和平安定的基础。今年 2 月 25 日帝国政府陈述书中已有所详述,建议中所设的条件对于确保东亚的康宁没有丝毫贡献。

总而言之,多数国联成员国在处理日中事件时,不外乎将不能适用的方式看得比确保现实和平重要,将拥护空想的理论看的比彻底铲除将来的祸根重要。在其他方面,如前所述,联盟国家和帝国在章程和其他条约的解释方面也存在重大分歧,加上关于帝国政府维持和平的政策,特别是确立东亚和平的根本方针,也和联盟的意见完全不同。因此,帝国政府认为与国联无法进一步合作,根据《国联章程》第 1 条第 3 项,决定退出国联,特此通告。

</blockquote>

接下来请萨盖特检察官先生继续。

韦伯庭长: 萨盖特检察官。

萨盖特检察官：尊敬的庭长，现在开始提交编号为187号E和H的法庭认证文件，其内容是被告荒木贞夫的讯问调查书，这是2月13日和3月8日的部分。此刻，我打算以第1008号国际检察局文件摘录的形式，作为证据提交给法庭。

韦伯庭长：根据惯例，予以接受。

法庭书记官：第1008号检方文件被接受为第229号法庭证据。

（然后，上述文件被接受为第229号法庭证据。）

麦克马纳斯辩护律师：法庭承认这个文件只是针对被告荒木贞夫一个人，还是针对所有的被告呢？

韦伯庭长：本法庭对于这个问题还不能决定。在听完所有证据之前，都不能决定。

弗内斯辩护律师：那么我作为被告重光葵的辩护律师，向法庭对这个文件表示反对。

韦伯庭长：本法庭认为，受理除荒木以外的各被告对于在法庭上提交这份文件的反对意见。

麦克马纳斯辩护律师：尊敬的庭长，被告荒木也反对受理这份文件，今天早上我也提出过了，在这里重新提出一下。

韦伯庭长：麦克马纳斯先生的反对是由于其他理由，已被驳回。

洛根辩护律师：每一份被告个人的审讯记录都与全体被告有关，这一点请庭长决定一下，否则我们不得不假设一个被告说的内容与所有被告都有关系，从而进行辩护的准备。反之，如果法庭规定了个人询问不针对其他的被告，那么是否就可以去除所有的工作量了呢。

韦伯庭长：现在我不能马上决定，但是我准备向我的同事提出这个问题。

萨盖特检察官：（宣读）

问：阁下和外务大臣一样，承认满洲是"独立国家"吗？

答：是。当时（"满洲国"的）政府正在整顿秩序，在政府整顿好秩序的时候承认它们的"独立"是最好的方法，因此我考虑最好允许它们"独立"。

答："满洲国"政府既然已经声明"独立"，我认为他们这么做是最好不过的了。三巨头会议（外相、海相、陆相）上讨论到应当承认满洲为"独立国家"时，我暗示既然满洲已经作为"独立国家"，那么我国应该交换大使。

问：外相、海相、陆相在承认满洲的问题上达成一致意见后，谁向内阁提出的呢？

答：外相。

问：在上述会议上充分开展了讨论吗？

答：讨论针对的是承认满洲的时机——究竟是立即承认，还是日后承认。

问：是谁暗示应该立即承认满洲为"独立国家"的？

答：关东军司令部向我们提出了立即承认的要求。

问：他到阁下这里来了吗？

答：应该是的。对外相也是如此。

问：但是阁下在9月15日同意承认满洲"独立"的内阁决议了吗？

答：是的。

问：所有人都出席内阁会议了吗？

答：是的。

问：全场一致通过了吗？

答：是的。

问：是阁下指定在9月15日正式承认满洲的吗？

答：是的。是8月通过的。

问：内阁在上述阁议中，讨论了日本在满洲通商及经济投资问题上给予的优惠措施了吗？

答：我们应该讨论了在通商、经济以及企业问题上，日本给予的优惠权。

问：阁下在上述内阁阁议中，讨论过日满间应缔结条约的款项，或者其内容了吗？

答：即使我们讨论了条约的内容，现在我也记不得具体了。

问：阁下承认日后日满间缔结的条约的内容吗？

答：是的。

问：这都发生在会上吗？

答：是的。

问：阁下能想起来缔结条约的时间吗？是在阁议之后很短的时间内吗？

答：大概是9月15日，我不能过于肯定。

问：日满间条约的款项或者内容，和8月内阁阁议上所通过的是一样的吗？

答：是的。

问：同时，那次内阁会议通过满洲"独立"的决定了吗？

答：是的。

问：你记得是谁起草此条约的款项的吗？

答：我认为是外务省起草的。

问：你提供了什么建议吗？

答：我有没有给建议，现在不记得了。条约是外相、海相、陆相讨论之后起草的。

问：是在内阁阁议上起草的吗？

答：不记得了，大概是之后。

问：也就是说8月的内阁阁议上没有起草，是在内阁通过条约的内容之后起草的吗？

答：是的。

问：条约草案与8月阁议会上通过的没有丝毫不同吗？

答：没有不同，是一样的。

问：这份条约和之后日满缔结的条约是同一个条约吗？

答：是的。日本承认了"满洲国"的"独立"。

问：将军阁下对"满洲国""独立"的计划负有责任吗？

答：日本政府承认"满洲国""独立"，我作为内阁成员之一对于此事是有责任的。文件的日期是1932年9月15日。

萨盖特检察官：接下来，我想将国际检察局的第621号文件作为证据提交，这是关东军参谋长写给陆军次官一封信，内容关于"满洲国"指导纲要。

韦伯庭长：根据惯例，予以接受。

法庭书记官：第621号检方文件被接受为第230号法庭证据。

（然后，上述文件被接受为第230号法庭证据。）

萨盖特检察官：（宣读）

1932年11月3日　关参满第三八一号

发往：陆军次官柳川平助

来自：关东军参谋长小矶国昭

主题：送交"满洲国"指导纲要

之前由我军研究起草的问题已经有了解决方案，另附件交送。

"满洲国"指导纲要

本方案中，参谋本部第二部认同关东军在方案中的意见，当时在"满洲"、"中国"的水田第二部长也列席了此会议。

1. 方针

（1）使"满洲国"顺应我国的国策，支持发展，使其作为"独立国家",呈现日"满"共荣和谐的景象。

(2)将来使"满洲国"标榜君主立宪国家的政体,但事实上实行专制。国民的立法府通过官选参与。

(3)努力逐渐推进并改善"满洲国"诸部门的设施。

2. 要点

(1)目前的政治在日本关东军司令官的内部指导下,以日系官吏为核心运作。但是,施政在表面上要兼顾两系的官员,其实质则由日系官吏掌握。

(2)基于帝国为了执行国策对"满洲国"所颁布的训令,若果设立政治机关,必须由关东军司令官兼任其长官。

(3)为了使日系官吏完全并在实质上处于关东军司令官的掌握之下,关东军司令永久保有现有的人事权,并严肃、恰当地行使。为了有利于日系官吏的活动,中央和各省必须确立以总务厅为中心的宗旨,并派任能干的人士任职。日系满洲官吏团要潜入化解中国人特有的政治阴谋,要注意指导实施帝国大局国策有失妥当之处。

(4)"满洲国"建国的指导精神主要是以民族和谐主义为基础,安居致富,修身齐家的实践道德。

文教部门应以上述方针为基础,特别是注重勤劳教育,并振兴中等程度以下的事业教育。

(5)经济方面,真正以共存共荣为原则,使各民族各得其所,"满洲国"的经济组织在尊重以往的良好习惯。此外,现在经济正逐渐走向资本主义的先进道路,此时要加以国家统管,正确引导。

(6)军备以维持国内治安秩序为目标,限制在必需的限度内。特别是去除私立色彩,实质上由中央统管。

(7)外交上,对华态度采取不干涉主义,但是在合适的时机也要采用反华主义,另在对苏美态度上,保持与日本完全一致的步调。标榜门户开放、机会均等政策，只要在国防上没有影响，欢迎外国投资。

（8）调整日满间的关系，要注意以下几点：

A. 在国土合作防御问题上万不能有遗憾。

B. 为了使日满成为一个经济体，要以撤销相互之间的关税壁垒为目标，实现日满工业上适地适业主义，但是国防产业要顺应前述A中的要求。

C. 日满经济要在共存共荣的基础上实现两国的自给自足，同时向世界产业界进军。

（9）内政上，要以中央集权为宗旨，在适度可控范围之内尊重地方自治传统。内政按照农本主义思想，以安居乐业为宗旨，不要一味模仿高级文化。

（10）鉴于"满洲国"成立的特殊性和国内外的环境，特别是民族和谐要切实实施，同时要充实整顿全国侦查机构，根据军队的指导，将国内外政治上和思想上的国家破坏运动防患于未然。

（11）当下不允许存在政党及政治团体，也不欢迎诱发国民政治思想，应以"愚民"思想指导大众。

（12）施政上日系官吏参与的效果，不一定要看重数量，重要的是把握施政的重要部门，因此在上述总务厅中心主义之外，通过由日系官吏掌握参议府以指导大众。各县以下的日系官吏在现有制度下，首先，为了用最少限度的人员及时掌握地方的趋势，可以利用第10项记载的侦查机构。产业上日系官吏的参与与前述施政部门不同，非常欢迎日系官吏的参与，使其按照公正的适所适材主义。

农业移民之外，在工业移民上也要给予特别的重视，与上述8B产业上的适地适业主义相照应。

（13）日"满"两国间的民族斗争不应无法预期，因此如上所述，要应运用一切手段以防止民族斗争,在不得已的时候不排除发动武力,同时最重要的是把握政治上的重要部门、经济上的共存共荣,充实侦查机构。

(14)目前对"满洲国"指导的重点在通过军事及政治工作维持、恢复治安,各种政务都要与其集中合并。

萨盖特检察官: 卢埃林检察官在我之后继续宣读。

布鲁克斯辩护律师: 尊敬的庭长,我想提出反对。

韦伯庭长: 请讲。

布鲁克斯辩护律师: 关于适才作为证据提交的"满洲国"指导纲要,日期是1932年11月3日。检方称,这是从陆军大臣的绝密文件中缴获的东西,日期却是1923年12月8日——我认为应该是1932年的吧?

韦伯庭长: 原始文件在哪里?

布鲁克斯辩护律师: 查了原文,发现其标注了错误的日期,我认为必须要更正。我作为小矶的代理人表示反对。刚刚的文件是不是被告小矶给柳川平助的纲要,现在我还不知道。怎么看都有错误,更正这个错误非常重要。

萨盖特检察官: 如果庭长允许,我稍作解释。

韦伯庭长: 好的,但抓紧时间。

萨盖特检察官: 这份文件是完整,全文都提交给法庭了。第1页作为预备项出现的是翻译者标注的,不过记录是从陆军省的某一本合订本中抽取出来的。翻译者写的部分、说明当然在原始文件中没有。而且,我自己也没有读过。

韦伯庭长: 这样子只是在浪费时间,萨盖特先生,请你调查一下。

布鲁克斯辩护律师: 但是,请允许我对此提出批评。我想说:12月8日准备的东西,却在11月3日就被送交了,这是完全不可能的。

韦伯庭长: 下次休息时请弄清楚这一点。

萨盖特检察官：尊敬的庭长，我认真彻底地研究、调查过这份文件，因此我可以非常自信地说，这份文件是非常重要的部分。

韦伯庭长：现在到底是什么情况？

萨盖特检察官：如果法庭要求的话，我会进一步说明。

韦伯庭长：那么，请你做一下说明。这里有一个日期是 1923 年 12 月 8 日，怎么看都不是真的。文件中写着这个日期吗？还是其他日期？

萨盖特检察官：1923 年应该是印刷的错误，正确的该作 1932 年的 12 月 8 日。

韦伯庭长：在有人提出反对前，我们姑且这么理解。

萨盖特检察官：陆军省中收集有很多的文件，这份日期是 1923 年 12 月 8 日，其中"送交'满洲国'指导纲要"这篇的日期是同年 11 月 3 日。检察团将这份文件抽取出来，作为检方第 621 号文件。第 2 页上开头部分注明的不是文件的内容，而是说明文件是从陆军省的文书柜中抽取出来的。

韦伯庭长：我的两位同事指出，在日期前收到电报怎么都是不可能的。按照萨盖特先生说的，我们理解为一个月前收到电报。请摩尔少校和清濑博士一起在休庭的时候调查、更正这份文件。

我们休庭 15 分钟。

（14：45 开始休庭，15：00 继续审理。）

法庭执行官：远东国际军事法庭继续审理。

萨盖特检察官：尊敬的庭长，我想摩尔先生对刚刚提到的文件应该已经作好陈述的准备了。

韦伯庭长：语言部主席摩尔少校请发言。

语言仲裁官（摩尔少校）：1932 年 12 月 8 日是这份文件被收集的日期，1932 年 11 月 3 日是某一个特定文件的日期，满洲指导纲要的日期是 1932 年 10 月 27 日。

至此，庭长先生，我想日期的问题应该可以解决了。

布鲁克斯辩护律师：但是根据检方告诉我们的内容，1932年12月8日这个日期在文件中并没有出现。我作为辩护律师，我也想努力解决日期的问题，但是我不知道这个问题是不是还会被再次提出，在这个问题上希望检方务必帮忙。第一章"'满洲国'指导纲要"的第一款中写道："本方案由参谋本部第二部根据关东军对方案中的意见编撰而成。"文中提到的参谋本部的方案，如果检方有的话，请展示一下，我想研究一下文件是否合适成为法庭证据，至此我现在要对文件提出反对。

韦伯庭长：摩尔少校的说明应该已经足够了。

卢埃林女士请发言。

卢埃林检察官：昨天辩方请求调查第192号法庭证据。首先，要求说明节录文件的准备日期，其次说明准备时的情况。根据我们的中国同事的说法，这份文件准备于各个时间段，即，在1931年9月18日至1937年8月13日期间各个时间里制作的。

中国外交部办公室准备这份节录是出于官方用途。这份节录是1946年4月应国际检察局的要求而提供的。我们被告知，节录的编撰不是为了这次审理，而是为了一般的用途。

这份节录合订成册后，中国政府外交部在封面上盖了印章。

弗内斯辩护律师：我会仔细研究刚刚说到的文件，但我发现这份文件是一系列文件的其中一份，不应该在不同的时候被独立提交上来。从内容上来说，这份节录即"总结"，与其把它提交给法庭，不如将材料中所用到的原文全部提交给法庭。

我还想指出一点。如果只具有官方文件的用途，或者在法庭审理过程中使用，那么我觉得此文件内容所包含的信息量也是很少的。因此，我认为文件应该有其他特定的用途。

韦伯庭长：如果辩方希望将本案作为证据提交的话，法庭将视作辩方的义务。

弗内斯辩护律师：尊敬的庭长，我认为检方提交比我们更容易。

韦伯庭长：卢埃林女士请发言。

卢埃林检察官：我可以继续了吗？

韦伯庭长：请继续。

卢埃林检察官：接下来，检方提交第1014C号文件作为证据，内容是1932年12月9日有关"满洲电信电话事业的阁议决定"。

韦伯庭长：根据惯例，予以接受。

法庭书记官：检方第1014C号文件被接受为第231号法庭证据。

（然后，上述文件被接受为第231号法庭证据。）

卢埃林检察官：我们提交的这份文件，其目的是证明，在东京阁议上，日本企图通过支配"满洲国"的电信、电话系统，来支配该地区。

> 在满洲的有线无线的电信电话及广播产业，要符合帝国国策执行的需要，特别是吻合国防上的要求，同时要以促进"满洲国"文化及经济的发展为根本方针。为达到以上目的，任命武藤为全权大使，与"满洲国"政府代表谈判，建立日满合办企业，在日"满"两国政府的监督下经营关东州、满铁附属地及"满洲国"的有线、无线的电信电话及广播产业，缔结相关协定。

跳至第4段。我打算指出大致内容的几点：

> 日"满"两国政府监督企业的经营。[1]
> 企业章程的变更、企业债券的发行、价格变更的决定、利润额分配、合并解散的决议、每个营业年度的经营计划、与其他企业合

---

[1] 在实际落实的过程中，日本国政府对于企业的监督由关东军长官行使。——译者注

同的签订、资产的转让或者担保权的设定都要经过两国政府的同意,同时,企业重要职务的选任及解雇也要经过所属国政府的同意。

日"满"两国政府对于企业的经营应该做必要的指导。如果企业的决议或者员工的行为违反本协定、两国法令、企业章程或者有损公共利益或者违反监督官员的命令,日"满"两国政府有权取消决议,或者解雇员工。

跳至第 11 段。

日"满"两国军事当局有权对企业的经营下达军事上的必要命令,或者对企业的设施采取必要的措施。

关于本项及前记的第四、五、六项,另有(a)秘密交换公文,另附规定主要内容;(b)通过两国政府的秘密命令书,规定秘密交换公文中针对企业的必要事项。

本协定规定之外的事项将另行确定。

关于本项通过交换公文并依据日本商法及附属法令的内容而作的规定。

现在向法庭指出,附属文件所含的内容:

本协定所记载的日"满"两国政府对于企业的经营监督、命令及赞同,要在两国所定的监督官厅协议的前提下实行。两者的意见如果发生冲突,应以日本国监督官厅的意见为准。

驻满日本国军部最高机关及"满洲国"军部最高机关在国防及维持治安的必要场合下,有权优先使用、取缔及检阅该企业所属的一切人员及设施,有权要求实施军事上必要的设施或是自行实施。

依据前两项，"满洲国"军部最高机关要对该企业进行指示、监察及要求，必须提前取得驻"满"日本国军部最高机关的同意。

我想更正最后一项的一句话。第 7 行的"可以给予一些指示"，改为"做出一些建议"。

接下来检方提交第 2411 号文件给法庭，以此作为证据。

布鲁克斯辩护律师：尊敬的庭长，通读原始文件，彻头彻尾都没有看到过什么日期。而我们现在看到的日期——1939 年 7 月，我认为检方不应该在庭审记录里插入证据里所不存在的日期。在对这份文件做出解释并证明真实性之前，不应该加入这个日期。

科尔辩护律师：韦伯庭长，这里再举一例。文章中出现了"武藤"这个名字，但是只有姓，没有名。我想根据文件的日期，这个人和被告武藤章不是同一个人吧。

卢埃林检察官：我们检方已经预计到会有这样的问题。我并不想证明什么，接下来我要介绍的文件是从外务省得到的证明书。

韦伯庭长：如果要将这个文件作为证据提交的话，根据惯例，予以接受。

法庭书记官：检方第 2411 号文件被接受为第 232 号法庭证据。

（然后，上述文件被接受为第 232 号法庭证据。）

卢埃林检察官：以下我将宣读保证书的内容。

（宣读）

我，下田在此证明，国际检察局的第 1014C 号文件，即"关于满洲电信电话事业"的文件，是 1932 年 12 月 9 日的阁议决定。并且，日"满"合办通信企业的设立协定是日本与"满洲国"缔结的，由日本大使武藤信义与"满洲国"外交部总长谢介石于 1933 年 3 月 26 日在新京签订。

签名：T. 下田

卢埃林检察官：接下来我要提交检方的第 1014D 号文件作为证据，是 1933 年 8 月 8 日阁议决定"满洲国"指导方针纲要。我们检方提交此文件是为证明，指导方针纲要显示了日本想要支配满洲的事实。

韦伯庭长：根据惯例予以接受。

法庭书记官：检方第 1014D 号文件被接受为第 233 号法庭证据。

（然后，上述文件被接受为第 233 号法庭证据。）

卢埃林检察官：向法庭提交的副本中已将"指令"一词更正成"指导"一词，但分发给辩护团的副本中没有更正。

（宣读）

"满洲国"指导方针纲要

大日本帝国对于"满洲国"的指导是基于日"满"议定书的精神，"满洲国"与大日本帝国有着不可分割的关系，使其作为独立国家进步发展为指导的最根本的方针。

基本要素

（1）日本帝国对于"满洲国"的指导要兼顺应"满洲国"的社会特性，尊重其独立的体面和旧来的习惯，实现民族协和和安居乐业，给予上下官民光明和安心，万民同喜，为完成"建国"大业共同迈进。要继续保持之前帝国指导潜在的、源源不断的、朝气蓬勃的威力。

（2）有关"满洲国"国家根本组织、国防、治安及外交的事项，日满经济运营上特别重要的基础事项和有关国家基础的内政事项要积极地指导，其余的事项交由"满洲国"的要职自由处置。

（3）对于"满洲国"的指导，在现有体制下，在关东军司令官兼驻满帝国大使的内部统治管辖下，主要由日系官吏实质行使，日系官吏是"满洲国"运营的核心，要使其得到合适的选拔和推荐，彻底贯彻本方针，万不能留下遗憾。同时，为使日系官吏处于活动中心，方便其统治，要维持现有的总务厅中心制度。

（4）"满洲国"要以君主立宪制为终极目标，维持现有制度，正式宪法要在慎重推敲之后再行制定。

目前我们要牢记，在"满洲国"不允许存在政党等其他政治团体。

（5）"满洲国"的行政要在去除极端中央集权的前提下尊重地方自治传统，努力调和其同中央集权的关系，逐渐推进各项制度的改革。

（6）"满洲国"的陆海军备要限制在维持国内治安的必要程度之内，但是要根据需要逐步配备针对邻国的必要防御设备、舰船等。

（7）关于维持"满洲国"治安，鉴于该国成立的特殊性和该国内外的形式，特别是充实侦查机构，与关东军紧密联系，将国内外各种国家破坏运动防患于未然。治安方面要利用满洲民族特有的自卫能力，不留遗憾。

（8）根据"满洲国"外交政策，要确保远东地区的和平，与外界保持同一步调。保持门户开放、机会均等的原则，但此原则只适用于未被帝国国防上的要求所限制的事项。

（9）"满洲国"的经济政策要确立帝国对世界经济发展的根本政策，为了强化"满洲国"经济实力，要制订计划，合理地整合日满两国经济，改善国民生活。

（10）"满洲国"的经济开发以日满共荣为精神，受到帝国国防上的要求所限制的产业要置于帝国的实际管辖之下，其余的产业，在"满洲国"的实权管辖之下，适当在国内外进行公正自由的经济活动。

（11）"满洲国"的交通通信与国防、治安维持有紧密的关系，因此要尽可能地在帝国政府的实权之下尽快统一，充实发展诸设施。

（12）"满洲国"的财政要适当地考虑国民的负担……

——请允许我要更正下——

还要尽快确立财政制度，同时起到分担帝国驻满军费的责任。充分采取措施，考虑关于利用财政或"满洲国"的其他情况，以此来收回日本因"满洲国"而放给中国的贷款。

（13）关于满洲国民的教育，要使该国民自觉认识到该国与帝国有不可分割的关系，同时着力培养维护东亚和平的使命感、自尊心和五族协和的理想，并且注重劳作教育，振兴实业教育。

（14）关于"满洲国"的司法，特别要尊重该国的国民性和习俗，完善法律制度，重组法律机构，养成遵纪守法的良好民风，同时要努力确立对外信用，逐渐撤销治外法权。

（备注）

基于本件"满洲国"指导方针纲要所决定的具体方法，像以往一样，要根据需要经过对满蒙实行案审议委员会、对满金融审议员委员会、日"满"产业统管委员会的决定，其中特别重要的，要经过阁议决定。

接下来，检方打算将第1014E号文件作为证据提交给法庭，其内容是1933年12月22日内阁关于"满洲国"的会议决定。

韦伯庭长：根据惯例，予以接受。

法庭书记官： 检方第 1014E 号文件被接受为第 234 号法庭证据。
（然后，上述文件被接受为第 234 号法庭证据。）

卢埃林检察官： 作为检方提交这份文件，其目的是证明，日本通过在满洲实施君主制，企图支配满洲的事实。

（宣读）

从最近"满洲国"内之状况看，随着帝国坚决决意之透彻和治安维持之进展，我们不否认百姓安定之趋势，但是"建国"以来已二年有余，今日仍执行过渡之执政制度，今后采用何种政体亦尚未决定，固不能否认"满洲国"之要员乃至一般人心甚为不安。为去除"满洲国"基于上述政体问题之不安，早日改革现有之执政制度，实施君主制，上述准备已在顺利进行中。在巩固"满洲国"内外地位之基础上，于合适之时机予以承认，另预想君主制实施所伴随之弊病。在此之际，关于"满洲国"君主制实施，帝国将把该国之宪法同皇室令区分，按照下列各项准备，并于完成后，指导"满洲国"实施君主制。

君主制之实施，绝非亲君主之独裁制之清朝之复辟，而乃明确确立新兴之"满洲国"之国体。决不能有妨碍"满洲国"国务之进展以及帝国国策之执行。尤其，为克服即将遭遇之国际危险，要增强扩充必要之日"满"两国国防力量，按照以下三大纲要实施君主制。实施君主制时，为使不妨碍、牵制"满洲国"国务之进展及帝国国策之执行，现对基本法以下重要法令再行研究，强化国务院，改组参议府并进行其他必要修正。

对现执政政府内部特别是人事进行根本改革，永远不分宫中府内，将宫廷政治之弊端防患于未然。

即使实施君主制，但帝国对"满洲国"的指导方针及要领照旧，留意任何动摇来袭，使帝国对"满洲国"国策之执行没有障碍。与以往日"满"两国条约之缔结与君主制实施一样，使"满洲国"方面予以确认，同时特别使其明确在外交上之指导权，安排如附件摘要中驻满菱刈大使与郑国务总理之间之来往信函。

君主即位宣誓之起草要特别慎重。明确"满洲国"君主制的意义，明示日"满"两国间不可分之关系，同时要注意防止万一外国方针对以上情况有误解或恶意宣传。

正式宪法的制定及发布要依据帝国和其他各国的实例乃至"满洲国"的国情制定，必须慎之又慎。要继续研究，以在将来合适之时期予以实施。

之后是两国间正式来往的信件。

我现在想请示下法庭，需要我宣读这些来往信函吗？还是继续转到下一份文件？

韦伯庭长：不需要宣读。

卢埃林检察官：接下来向法庭提交第2412号检方文件作为证据，这份文件是日本外务省的证明书，它证明了1934年3月1日驻"满洲国"的特使菱刈大使和"满洲国"总理大臣之间有交换文书的事实发生。

韦伯庭长：根据惯例，予以接受。

法庭书记官：检方第2412号文件被接受为第235号法庭证据。

（然后，上述文件被接受为第235号法庭证据。）

布鲁克斯辩护律师：我不知道这份证明书有什么价值。连日期都没有，不过是一份流于形式的文件。

韦伯庭长：这份证明书是完整的。我想恐怕你没有好好读过吧。驳回反对。

布鲁克斯辩护律师：检方的文件的确不完整。

韦伯庭长：反对无效。

卢埃林检察官：为了避免如此混乱，我介绍一下这份文件。该文件明确显示了日本政府实际上已经计划好了满洲的将来。

弗内斯辩护律师：庭长，如果你看一下现在的证明书，就会发现日期、署名的地方全部都是空白，以这样的形式交换文书是不能想象的。

韦伯庭长：反对没有任何价值。

卢埃林检察官：接下来检方向法庭提交第1014F号文件作为证据，其内容是1934年3月30日的阁议决定。

韦伯庭长：根据惯例，予以接受。

法庭书记官：检方第1014F号文件被接受为第236号法庭证据。

（然后，上述文件被接受为第236号法庭证据。）

卢埃林检察官：我们提交这份文件的目的，是为了证明日本开发满洲的重要产业，并企图以此支配满洲的事实。

文件的第四部分是日本控制重工业，包含钢铁、轻金属、武器以及石油。请允许我宣读一下其中我想证明观点的部分内容。

（宣读）

Ⅰ．统管方针

关于日"满"经济的发展，基本方针是使"满洲国"保持与帝国不可分割的关系，使其作为独立国家进步发展，在此基础上以两国共存共荣为精神，安定改善两国国民生活，同时确立帝国对世界经济发展的根本政策，以强化"满洲国"经济实力为目的，通过以下方针制定日"满"经济统管方案。

跳至第2部分的第1段。

一般统管纲要概况

"满洲国"的交通、通信及其他受到帝国国防的要求制约的产业，在帝国的实际管辖之下适当予以统管，达到发达水平。

跳至第3页。

统管方法如下

（1）有关以下所载各种产业，原则上令在满洲该产业有支配地位之特殊企业经营，直接或间接受到帝国政府的特别保护及监督，在此主旨上适当予以统管，但上述企业未设立的，企业国籍归"满洲国"。

跳至第5页的第4部分。

各产业统管纲要

各产业统管的具体方案需要进一步审议，尽快确立。但其统管纲要如下：

（1）交通及通信业。要整顿扩充满洲的交通及通信业，特别是"国内"以及日"满"两国间的交通及通信设施，使其运营合理，这是国防乃至治安维持的最重要一步，当然，也是满洲的经济开发乃至日"满"经济统管方面最紧要的事，特别是要努力使铁道及船舶的运费进一步合理公正。

（2）工矿业相关。

（a）钢铁产业。

在与日本国内既定计划紧密联系的基础上望其迅速发展。

（b）轻金属工业。

根据日本原先的计划，望其迅速发展。

（c）石油业。

望其迅速发展。

(d) 代用液体燃料工业。

望其迅速发展。

(e) 自行车工业。

与日本国内此工业密切联系协调,望其迅速发展。

(f) 兵器工业。

望其迅速发展。

(g) 铅、亚铅、镍、石棉等原矿采掘业。

望其迅速发展。

(h) 煤炭矿业。

实现日"满"两国煤炭工业的紧密统管,顺利为两国提供供给,达成对煤炭各行业的适当使命,同时扩大满洲煤碳向第三国的输出,以此为主要方向进行开发。

(i) 硫酸铵工业。

考虑到日"满"两国农业上的要求及日本国内此工业的发达状态,望其迅速发展。

(j) 苏打工业。

考虑到国防上的要求及我国内此工业的发达状态,望其迅速发展。

卢埃林检察官:接下来,要向法庭提交检方的第887号文件作为证据,其内容是有关"在'满洲国'日本臣民居住及满洲课税等问题"的日本满洲条约,于1936年6月10日签订。

韦伯庭长:根据惯例,予以接受。

法庭书记官:检方第887号文件被接受为第237号法庭证据。

(然后,上述文件被接受为第237号法庭证据。)

卢埃林检察官:我们提交这份文件,是为了证明日本的居住者与满洲人有同样的权利,特别是确保了有关土地的权利。

（宣读）

根据大日本帝国政府在昭和七年9月15日签订日本国"满洲国"议定书的主要内容，为促进"满洲国"的健全发展，使日"满"两国间现存的紧密不可分割的关系永远牢固，现日本国决定逐渐撤销在"满洲国"享有的治外法权，调整乃至移交南满洲铁道附属地行政权。

"满洲帝国"政府赞同上述日本国政府的决定，认同、确保并增进日"满"两国臣民在"满洲国"领域内融合发展的必要性。

两国政府有关日本国在"满洲国"享有的治外法权及南满洲铁道附属地行政权，首先就日本国臣民的居住及各种权力利益的享有和"满洲国"的课税、产业等相关法令的适用达成以下协定：

第一条

日本国臣民在"满洲国"领域内享有居住往来和从事农业、工商业及其他各种公私业务和职务的自由，并且享有与土地有关的一切权利。

日本国臣民在"满洲国"领域内享有的一切权力和利益，不受较"满洲国"臣民不利之待遇。

第二条

日本国臣民在"满洲国"领域内根据本条约附属协定的规定，应遵守该国的课税、产业等有关的行政法令。

在南满洲铁道附属地，日本国政府对于前项"满洲国"法令，根据本条约附属协定的规定，承认按照属地情况实行。

有关本条的适用，日本国臣民在任何场合中不受较"满洲国"臣民不利之待遇。

我觉得其余部分的重要性不大，但是附属条约很重要。

韦伯庭长：今天的审判到此结束，明天 9:30 继续审理。

（16:00 休庭，1946 年 8 月 1 日 9:30 继续审理。）

1946 年 8 月 1 日，星期四
日本东京都旧陆军省大楼内远东国际军事法庭

法庭于 9:30 重新开始审讯。

法庭执行官：远东国际军事法庭现在重新开庭。

韦伯庭长：检察团和辩护团有什么需要提出的事项吗？

（无人回应。）

卢埃林夫人。

卢埃林检察官：尊敬的庭长，我要向法庭提交国际检察局的第 887A 号文件。其内容是 1936 年 6 月 10 日的条约的附属协定。原先的条约已经被接受为第 237 号法庭证据了。

韦伯庭长：根据惯例，予以接受。

法庭书记官：检方第 887A 号文件现在被接受为第 238 号法庭证据。

（然后，上述文件被接受为第 238 号法庭证据。）

卢埃林检察官：（宣读）

　　附属协定

　　今日在"满"日之间签订的关于日本国民在满洲居住以及课税的协议，两国全权委员协定如下：

　　第一条

　　日本国民历来享有的商租权，变更为相应内容的土地所有权和其他有关土地的权利，为此"满洲国"政府应迅速采取必要的措施。

第二条

根据条约第2条的规定,日本国臣民遵守的"满洲国"课税、产业等的行政法令,其范围和适用的形式必须事先经过大日本帝国常驻"满洲帝国"特命全权大使同"满洲帝国"外交部大臣之间的协议决定。

根据前项的规定,关于日本国臣民应遵守的"满洲国"法令,"满洲国"政府对其进行重大变更时,在日本国臣民遵守"满洲国"裁判管辖权前,应预先取得大日本帝国常驻满洲帝国特命全权大使的承认。

根据本条第一项的规定,条约实施后应立即协议决定的"满洲国"法令大致包括:地税、契税、营业税、法人营业税、出产粮食税、书税、矿业税、矿业注册税、酒税、统税、商业登记税、特许注册税、实用注册税以及地方税有关的课税法令和与工业所有权、度量衡、计量、矿业、市场、畜产、金融及专卖有关的行政法令。

"满洲国"政府在前项所列诸税中,对日本国臣民征收营业税及法人营业税及地方税中房税及户别税时,条约实施后暂时遵守大日本帝国常驻"满洲帝国"特命全权大使和"满洲帝国"外交部大臣之间的协议决定,应适用轻减税率。地方税中,营业附加税也应以上述轻减税率的税额为基准。但是条约实施后,直接适用的营业税、户别税及向个人征收的轻减税率应为原税率的四分之一,法人营业税及向法人征收的房税是原税率的三分之一。

第三条

根据条约第2条的规定,日本国臣民应遵守的"满洲国"法令中,日本国臣民适用及执行的司法手段,在日本国臣民遵守"满洲国"裁判管辖权之前,由日本国领事官执行。

在前项的情况下,日本国领事官根据领事裁判的一般准则,适用"满洲国"有关法令,但是上述法令所载的刑罚中,有期徒刑为徒刑、拘禁,拘役为徒刑、禁锢或者拘留,罚金为罚金或者罚款,过怠金为制裁罚款适用。

根据本条的规定,若宣判罚金、罚款、过失罚款,或没收的罚金、罚款、制裁罚款,或者没收财物,归"满洲国"政府所有。

第四条

根据日本国政府另与"满洲国"政府的协定,最迟应于昭和十二年十二月三十一日即康德四年十二月三十一日前,撤销或移交"满洲国"领域内的行政警察。在上述撤销和移交前,不应在该附属地实行条约第二条规定的"满洲国"法令中有关课税的法令和有关南满洲铁道附属地行政警察的法令。上述有关南满洲铁道附属地行政警察的法令范围,应事先经大日本帝国常驻满洲帝国特命全权大使和"满洲帝国"外交部大臣之间的协议决定。

"满洲国"政府鉴于前项规定,应做必要的准备整顿其警察制度,并接手日本方面的设施和职员。

日本国政府在南满洲铁道附属地的行政警察移交后,为确保该附属地内外日本国臣民课税负担的均衡,该附属地内实行的税收政策与自条约实施之日起"满洲国"向日本国臣民征收的国税相同。

根据日本国政府另与"满洲国"政府的协定,有关南满洲铁道株式会社在南满洲铁道附属地的土木、教育、卫生等设施若未经处理,不得在该附属地征收地方税。

第五条

根据条约第二条的规定,在南满洲铁道附属地施行"满洲国"法令,同时根据事先经大日本帝国常驻"满洲帝国"特命全权大使和"满洲帝国"外交部大臣之间的协议决定,"满洲国"政府应在施行上述法令的当时状态下,接手有关日本方面的设施和职员。

第六条

根据条约第二条的规定，关于日本国臣民应遵守的"满洲国"法令，如果有任何日本国臣民对于"满洲国"有关官员的行政处分不服时，"满洲国"政府应采取适当措施予以纠正。

第七条

根据本协定的条款，大日本帝国"满洲帝国"特命全权大使和"满洲帝国"外交部大臣之间的协议决定事项，及"满洲国"政府承认该大使的情况，各自在日"满"两国的官报中公示。

第八条

本协定应与条约同时实施。

两国全权委员在本协定署名盖章。

昭和十一年六月十日即康德三年六月十日于新京签订（1936年6月10日）

大日本帝国"满洲帝国"特命全权大使，植田谦吉（签名）

"满洲帝国"外交部大臣，张燕卿（签名）

在"满"日两国全权委员达成关于日本国民在满洲居住以及课税的协议后，还增加了附属条约：

Ⅰ.关于第一条条约

万一日本国臣民想获得未开放的蒙古国地区的土地权利，那么就需要得到"满洲国"主管当局的同意。

Ⅱ.关于第二条条约

（1）在"满洲国"的领土上，日本臣民自行进行学业教育，根据大日本帝国满洲帝国特命全权大使和满洲帝国外交部大臣达成的决议，"满洲国"政府要支付教学工作的花费。

（2）"满洲国"政府要改善现有的税收体系。

（3）根据第二条条约的规定，"满洲国"政府要保护好日本臣民的权力和利益。

Ⅲ. 关于第四条条约的附属条款：

根据条约规定，在南满铁路地区不征收消费税，不在那里消耗，同时也规定了，如果在那里要使用税费，那么要得到日本和"满洲国"主管当局的同意。

昭和十一年六月十日即康德三年六月十日于新京签订（1936年6月10日）。

植田谦吉（签名）

张燕卿（签名）

萨盖特检察官将继续提起诉讼。

萨盖特检察官：尊敬的庭长，接下来检方向法庭提交国际检察局的第10140号文件。其内容是1937年10月22日的阁议决定，关于满洲重工业确立纲要。

韦伯庭长：根据惯例，予以接受。

法庭书记官：国际检察局的第10140号文件被接受为第239号法庭证据。

（然后，上述文件被接受为第239号法庭证据。）

韦伯庭长：适才你朗读的部分，只是日语同声传译预先了解的部分。希望以后至少要略去所有形式性的内容。

萨盖特检察官：尊敬的庭长，这是小事情，我会和同声传译沟通的，我会尽量省略的。

洛根辩护律师：尊敬的庭长，根据检察局的第112号文件，木户幸一侯爵在1937年12月22日就任文部大臣。此次文部大臣的任命对于木户侯爵来说，是首次进入内阁。再者，现在检方提交上来的第10140号证据文件里，记载这次阁议决定是1937年12月22日做出的。我想请问检察团，木户侯爵是否参加了这个决定？文件上没有参加阁议决定的阁员名单。

韦伯庭长：证明的义务在检方。木户侯爵当时是不是作为阁员参加此次阁议，不应该由我推断，我也不知道，我想我的同事们应该一样。你可以自己问检方，为什么没有这么确认。

洛根辩护律师：因为我觉得，鉴于这份文件无关紧要而提出反对，现在正是时候。

韦伯庭长：不对，文件肯定被认可了。至于这份文件是否与被告木户有关，是接下来的问题。

洛根辩护律师：那么就是说，无法确定在座的各位被告，究竟有谁参加了那次内阁会议的决定？

韦伯庭长：刚才我咨询了一下我的同事，正如你所说。

洛根辩护律师：好的，谢谢。

萨盖特检察官：尊敬的庭长，我将要宣读的这份文件没有揭示参加决定的阁员名单，其目的也不是为了证明究竟有谁参加。至于证明参加者的文件，将在以后提交。

（宣读）

满洲重工业确立纲要

昭和十二年，即1937年10月23日内阁会议决定

方针

鉴于眼下内外情势，以日"满"一体的重工业为中心，以迅速扩充生产力为紧要工作，大致按照以下要领，确保并促进满洲生产开发计划的执行。为了谋求满洲重工业的综合迅速的确立，要更新企业形态，招揽国内外有利的产业资本，在国家统管之下发挥最有效的经营技术的能力，促进日"满"两国未来的经济发展。

概要

在日"满"两国政府的援助下，为谋求"满洲国"重工业的确立发展，设立一个以创新综合经营重工业为目的的强有力的"国家"

政策性企业。

本企业由"满洲国"政府及民间各出资一半。前项民间目前暂定为日产公司出资（日产现在资本金 225 000 000 元，股东数约 50 000 人）。

本企业大致针对以下产业进行主要投资并给予经营指导：钢铁业、轻金属业、重工业（汽车、飞机的制造工业）、煤炭矿业。附笺：煤炭矿业目前包括满铁抚顺煤矿。

本企业可以针对亚铅、铅、钢等矿业及其他产业进行附带投资并经营。

（4）"满洲国"将按顺序将经营前述（a）至（b）各产业的既存企业转移到本企业支配之下，同时将今后经营前述（a）至（d）各产业的新企业在本企业的支配下设立。满铁对前述相关产业的出资可以与本企业商定之后按照上述方法处置。

（5）关于前述各产业的开发经营，允许外国资本投资，同时考虑引进外国技术设备和外资。要对方针里重要的事情花大力气处理。

外国资本的进入，对于各个产业的企业来说，范围不能达到半数表决权；对于本企业来说，只能作为股份资本投资没有表决权的股份。

以企业债和其他贷款的形式的外国资本不受限制。

对于日本以及"满洲国"的一般资本，也是其适当投资各个产业的企业。

日满两国政府要尽力方便、帮助本企业灵活运用从日产接手的资金，筹措今后需要的产业资金。

"满洲国"政府应为日满民间及外国对本企业及各产业的企业的出资提供适当的优惠政策，日本政府应为资本投资满洲提供方便，如为相关股份在国内市场流通提供条件等。

对于钢铁业，日铁与本企业考虑相互进行资本投资。

本企业的经营全权交给日本民间有实力的适任者。

附笺：日本民间有实力的适任者现暂定日产社长鲇川义介

对于本企业及各产业的企业，"满洲国"政府采用适当的方法予以监督，并有关此事与日本政府保持紧密联系。

日本政府对于前述诸产业的产品输入日本领土的，都不以外国货物处理，包括一系列的关税和其他相关事宜。

萨盖特检察官：接下来，我向法庭提交国际检察局的第644号文件。它是1935年即昭和十年十月二十五日关东军参谋长给陆军次官古庄将军的信函，内容关于在满舆论指导机关的机构统管方案。

韦伯庭长：根据惯例，予以接受。

法庭副书记官：国际检察局的第644号文件被接受为第240号法庭证据。

（随之，上述文件被接受为第240号法庭证据。）

萨盖特检察官：信件号是关宣发的第163号。

（宣读）

来自：关东军参谋长西尾寿造

发往：陆军次官古庄干郎殿下，1935年10月25日

主题：在满舆论指导机关的机构统管方案

关宣电第220号中所报告的弘报委员会的决议案另行送附

在满舆论指导机关的机构统管方案

目标

此次计划的目的是让舆论在日本官员、"满洲国"官员及满铁公司管理下的出版社和新闻通讯社能统一起来，同时也让管理趋于合理化，以此能保证在"满洲国"的公共观点能独立，便于统一管

理和实行执行国策所必要的宣传。

概要

在日本官员、"满洲国"官员及满铁的指导下,统一以下新闻通讯社,组成"弘报协会"。

"满洲国"通讯社

满洲日日报

奉天日日报

大新京日报

哈尔滨日日报

盛京时报

大同报

满蒙日报

英文满报

俄语哈市时报

斯民

满洲情况介绍所

本协会是财团法人。前述各社中尚未成为法人的,立即被本协会吸收;已成为法人的,经过合法的手段渐次被本协会吸收。

这些被吸收的组织,之后应更改合同。

跳至下一节,第3页,从第3页的第5项开始。

(5)本协会进行的宣传在"满洲国"内主要需要报社,在国外需要作为通讯社的报社的协助。为此本协会将决定弘报宣传的方针要领,传达至各社,统管各社的宣传实施工作。

(6)协会经费的使用按照以下规定:

① 协会成立后的经费原则上由协会内的各社支出。

② 现在各社支出的相关机构的辅助费目前将维持不变。今后,上述提到的经费将由弘报委员会提供。

③ 协会成立所需的经费问题应随时解决,该经费由关东军、"满洲国"及满铁负担。

(7) 为使本协会的动向与执行国策相对应,通过以下要领,日"满"相关机构掌握指导本协会。

① 本协会接受弘报委员会有关舆论指导上的必要指示。

② 决定本协会及协会内新闻通讯社的高级干部的人事,要经过弘报委员会的同意。

(8) 为了帮助本协会发展,采取以下方针。

① 原则上,不允许新成立报社,可以按照需要增设地方版。尽量避免现有各报社的合并,使其自然推移。

② 禁止内地报纸的满洲版在"满洲国"内印刷,另外,要努力阻止其非法进出满洲。

萨盖特检察官：接下来我将提交国际检察局的第947号文件,这是1932年即昭和七年九月十三日枢密院会议笔记,会议在御前举行,商讨有关日满议定书的协议。

韦伯庭长：根据惯例,予以接受。

萨盖特检察官：另外,我还要向法庭指出的是,这份证据还能证明日本正式承认"满洲国"是1932年9月15日。

法庭副书记官：检方的第947号文件被接受为第241号法庭证据。

(然后,上述文件被接受为第241号法庭证据。)

萨盖特检察官：(宣读)

枢密院会议上签订日"满"议定书

会议于1932年9月13日(周二)召开,天皇陛下出席。

文件中列有出席者的名字,我就不全部宣读了。只是枢密院副议长平沼骐一郎及陆军大臣荒木贞夫也在出席者中。

我从第二页开始宣读。

议长(仓富)现在会议开始。会议主要目的是"重新签订日'满'议定书"的事项。请大家注意,今天的会议是根据内阁的要求紧急召开的,因此没有按照召集和其他通常的手续,请各位谅解。首先是第一项议程,省略宣读部分,听取审查委员长报告。

报告员(平沼)关于这次签订日"满"议定书的事项,天皇也通过国会做了深思熟虑,在听取国务大臣及有关诸官的说明后,被任命为审查委员的我们于本月11日召开委员会,进行审查。

去年9月随着满洲事变的发生,旧东北政权覆灭在即,满蒙各地有影响力的人们相聚商议,于今年3月1日发表"建国"宣言,与中华民国脱离关系,创立"满洲国",颁布"新国家"的建设纲领、对"国"内外极其公正妥当的政治纲领。接着,"满洲国"向我们日本帝国和其他各国政府发来通牒,要求建立正式外交关系。帝国政府鉴于上述"满洲国"成立的经过和其对于国内外的诚恳态度,帝国确信,尽快承认"满洲国",并帮助其发展是确保满蒙自体的安定和维护东亚持久和平的重要手段,但要尽可能慎重处理。因此之后半年,帝国一直留意"满洲国"的事态发展,同时注意国际联盟及各国的动静。如今"满洲国"已经取得了稳步健康的发展和实质上的独立,前途被寄予了很大的希望。不难想象,帝国对于"满洲国"的承认将给世界带来一定的冲击,但是我认为不会因此给帝国带来国际性的危机。为此,此次帝国对于"满洲国"的正式承认,建立起两国间的友好关系,非常合时宜。此前两国代表经过多次商谈,最终取得了一致意见,此次,帝国遵循两国间邦交关系的基本,在共存共荣的宗旨下,以确保扩张帝国权益为目的,根据本方案的议定书及往来文书缔结条约，以此执行措施承认"满洲国"。

本方案的议定书及往来文书的纲要大致如下

1. 议定书

本议定书由前言和正文组成。前言中帝国承认"满洲国"是根据其居民的意志自由成立的独立"国家"的事实。"满洲国"宣布，中华民国所签订的国际条款，在适用于"满洲国"的范围内应予以尊重。同时，明确协定本议定书的要点，两国为永远巩固善邻关系，互相尊重领土权，确保东亚和平。正文内容由两项组成：

第一项规定指出，"满洲国"在将来日"满"两国间未另定款约之前，应当确认尊重日本国或日本国民在"满洲国"领域内，依据与中华民国既存的各种条约及公私契约所拥有的一切权利利益。

第二项规定指出，日"满"两国认同对于缔约国一方的领土及治安的一切威胁，也是对于另一方的安宁及存在的威胁，并约定两国应当共同承担防卫国家的责任，为此允许必要的日本国军驻屯在"满洲国"内。

本议定书规定自两"国"代表签名之日起生效。（最后部分）即应当在签名前取得许可，而不再经过批准手续。

2. 往来/两"国"间/的文书

本往来文书一共四封，其中一封是过去日本国关东军司令官和"满洲国"执政间交换的文书，三封是日本国关东军司令官和"满洲国"国务总理间缔结的条约。"满洲国"政府借此机会对上述内容予以承认并且承诺继续有效，即在此使其成为国际约定，在既有事实的效果之外，追溯其自上述文书的往来及协定缔结之日以来法律上的效力。本条约按照日"满"两"国"间的相互理解，秘密附加。

往来文书中所载的以上四封文书及条约的主要内容如下：

（Ⅰ）1932年3月10日"满洲国"执政给本庄关东军司令官的书信及1932年5月12日该司令给该执政的答复文书。

该"满洲国"执政给关东军司令官的书信中写道,"满洲国"执政对于满洲事变爆发以来,在帝国极力维持满蒙全境的治安的过程中,受到伤害的帝国军队和人民表示深深的感谢,同时明确表示,今后该"国"的安全发展只有等待帝国的援助指导。由此,有关以下各项请求帝国的同意。上述回信,即关东军司令官给执政的书信中写道,我方对此项提案没有异议。

A. "满洲国"今后的国防及治安维持委托帝国负责,其所需经费全部由"满洲国"负担。(第Ⅰ项)

B. "满洲国"承认,将帝国军队在国防所需限度内既设的铁路、港湾、水路、空路的管理和新路的修筑,全部委托帝国或者帝国指定的机关负责。(第Ⅱ项)。

C. "满洲国"尽力供应帝国军队认为需要的各种设施。(第Ⅲ项)。

D. 任命日本人中有远见、有名望者为"满洲国"参议,另外,该"国"中央及地方各官署也应当任用日本人,其选任由关东军司令推荐,其解职也须经过该司令官的同意。参议的总人数及担任参议的日本人人数的增减,应当在我方的建议下由两"国"协议。(第Ⅳ项)

E. 上述各项的主要内容及规定应当作为将来两"国"间正式缔结的条约的基础。(第Ⅴ项)。

(Ⅱ) 1932年8月7日,本庄关东军司令官和郑孝胥国务总理间关于"满洲国"政府的铁路、港湾、水路、空路等管理和线路的修筑、管理的协约及基于上述协约的附属协定达成了一致。

这一页的余下部分我就不读了,我从第7页的第1段读起至第2段。

(Ⅲ) 1932年8月7日,本庄关东军司令官和郑孝胥国务总理间关于设立航空公司的协定。

至于这条的细节部分，我就不一一叙述了。从第8页的中间开始叙述第Ⅳ项内容。

（Ⅳ）1932年9月9日，武藤关东军司令官和郑孝胥国务总理间关于设定国防上所需的矿业权的协定达成一致。

跳至这页的最后一段。
以上文书中议定书和往来文书的第二、第三、第四款所列举的文书，即关东军司令官和"满洲国"国务总理间缔结的协定，都是用日语及汉语写的，解释上有疑义时，以日语文本为准。（议定书最后部分和其他）

我认为，现在"满洲国"按照居民的意思取得了独立，巩固了作为"新国家"的实体，帝国承认该"国"，其目的为了确立东亚的永久和平。本方案的条约将承认"满洲国"的独立，遵循日"满"两"国"间的关系根本，推动"满洲国"的发展，同时达到了确保扩大我方的正当权益的目的，应该说是非常合时宜的措施。只是，本条约实行时，会伴随许多对帝国来说非常重要的问题，为此，当局对于各种事项都要周密部署，不能懈怠，一定要做到妥善处理。特别是将来给帝国的财政带来的影响不应太大。因此，要迅速制定出适当的财政计划，希望实行的时候不出差错。审查委员会全会一致表决，理应与前述的希望一起，原封不动地通过本方案。

以上是审查结果的报告。

33号参议员（冈田）：我对本案非常赞成，完全没有异议，但是我认为满洲问题并不会因为对这个"国家"的承认而得到解决，相反今后还会有更多的困难。借此，关于其中一两点问题想听听当局的意见。

我认为目前最需要考虑的是国际关系的问题。所谓不战条约,在当局大臣议会上的说明已经提到了要点,但是《九国公约》的存在确是祸害。外务大臣在议会上说明,"满洲国"的承认绝不会违反九国公约,但是美国和其他方面并不就此满足。外务大臣又表明,"满洲国"是根据其居民的自由意志"独立"的,日本根据九国公约没有承诺阻止中华民国国民的"独立"。举例说明,即使广东"独立",上述条约的加盟国也没有资格阻止,但是美国人却表示不管满洲的"独立"是否系满洲人自发,日本对于其"独立"的援助和维持是无视中国主权的行为,违反了条约。

对于这一点,外务大臣的说明并不充分,美国觉得很遗憾。那外务大臣对此点该作何解释呢?另外,本案关于九国公约的秘密协定说明两国间的矛盾不是一点点。所有的协议真的都达成一致了吗?日本肯定能按照协议内容行使职责,但"满洲国"却很难做到了。我还是觉得这些秘密协议是很难保守住的。一旦秘密被揭露了的话,中国必将不会保持沉默,一定会召集九国公约的签字国,他们也会按照条约认定日本这些行为是侵略,所以日本当局要考虑好这样的偶然性。不仅如此,如果仅仅是单独做好准备也是不够的,准备要做得早一些。至此,我想请问外务大臣关于秘密协议揭露后该怎么办。

7号(内田):在回答冈田顾问官的问题之前,我想说我们会尽力满足审查委员会的希望,会认真思考刚才的审查报告中所提到的主意和希望。说到九国公约,也就是冈田顾问官的第一个问题,我认为我已经能做足了解释,也表明了我们的态度。对于去年9月18日爆发的事变,日本军的行动完全是行使自卫权而已,但是此次行动被满洲3 000万的民众利用,成立"新国家",这一点确有此事。但是"新国家"的成立完全是基于满洲人的自由意志。九国公约中约定了尊重中国领土和主权的内容,但是关于中国自身产生分解作用,致使其中部分独立的情况,没有做任何规定。当然,关于这一点，以美国为首的各方面都有各种意见，但是这只是他们自己的观点，而我国，应该按照上述的观点向前迈进。如今，创立"满洲国"这个新的"国家"的动机和过程已逐渐被大家了解，列国的态度也缓和了不少。眼下，出渊驻美大使此次就是否抗议日本承认"满洲国"一事，非正式地询问美国政府当局意见，对方表示丝毫没有这样的打算，即使召集九国会议也无望得出结论，因此也没有召集会议之意。欧洲诸国中也有人反对召集上述会议。

第二个问题有关秘密附加的条约内容是不是违反九国公约的疑问，我认为就如刚刚陈述的，两者没有任何抵触之处。列国关心的是门户开放、机会均等原则，但是本议案中没有任何一处与此原则有抵触，我认为日本接受"满洲国"委托，进行该"国"自身可以进行的事项也并没有什么异议。还有一个问题是，如果日"满"两"国"的秘密协定泄露，该如何处置，我相信不会从我国方面泄露出去，因此，我们已经特别要求"满洲国"方面引起注意，不要将其泄露出去。即使万一泄露了，我也确信此事并无任何值得羞愧之处。

33 号（冈田）：刚刚外务大臣的说明，我暂且了解了。我只是担心列国是否会对这样的解释表示满意。考虑到国内也许有人会反对签订本条约，因此我希望再进行充分的研究、准备。

22 号（石黑）：听了外务大臣的说明，我安心了不少。但是，往来文书的第二份，即郑总理给我军司令官的信中提到"我国委托贵国维持今后的国防和治安，其所需要的费用不管多少都由我国负担。"这一条有期限吗？"满洲国"现在还负担军费吗？

9 号（荒木）：眼下"满洲国"的预算还未做出，但是根据陆军当局的议案，如果因为该"国"拥有了稳定的铁路收入，从而使"国"内获得安定，那么从大同二年开始，该"国"能够向我国支付部分经费，大约 5 年后，我想"满洲国"能大致支付所需要的经费。

（石黑）：如果不经过 5 年就无法获得经费吗？

（荒木）:"满洲国"的"国防"同时也是我国的国防，所以我认为所需的经费全部由"满洲国"承担并不公平，而且也是不负责任的。我是这样觉得的，从1933年开始可以每年支付900万元，5年后支付4 000万或5 000万元。

（石黑）:你认为明年满洲可以支付900万元?

（荒木）:虽然这只不过是议案，但是如果"国内"形势稳定，我相信满洲每年是可以支付900万元的。

（黑田）:这次帝国和新"满洲国"结为攻守同盟，值得欣喜。刚刚听了外务大臣的说明和答辩，我认为今后的对外关系会非常复杂。因此我希望当局能够充分考虑，保证外交关系和谐融洽。经费的支出应比原先更为慎重，既然"满洲国"的"国防"也是日本国的国防，希望陆海军都要对此事充分考虑。如果说这次日本的行动很好地发扬了我国的建国精神，我热切希望举国能够众志成城，全力解决满洲问题。

（石井）:我想对签订日"满"议定书表示衷心的赞成，回顾之前，在过去的一年"非常时期"中，我国走过了非常险恶的道路，然而现在的内阁接受使命以来妥善处理，缔结了日"满"同盟的条约，"满洲国"得到了承认，对于帝国来说是非常值得庆贺的。

此前，我对两个问题深感忧虑，第一是帝国和满洲间的问题，第二是帝国和国际各国的问题，因为前两组内阁并没有化解我的这两个疑团。日本帝国原本在满洲地方拥有特殊的权益，并拥有特殊的地位。去年以来，在痛斥中华民国对这些权益的侵害行为的过程中，我们无意中发现满蒙民族有着自身"独立"的愿望，并为实现他们的愿望提供了便利条件，这是理所当然的。但是我担心的是，满蒙"独立"之后，他日如意见产生分歧，就如同女真和元，当然他们都是蒙古人，都对日本产生过威胁。即使现在满蒙将日本尊为指导者，但是不能保证他日翻脸无视我权益，成为第二个张学良。在欧洲，有一个国家因为没有在国际谈判上做好充分的必要准备而招致意外横祸。我引用保加利亚的例子，是想引起当局的主意。根据本议案的往来文书，我发现我方既得的权利得到了十二分的确保，我的担心一扫而光，并感到非常高兴。其次，我对于日本在满洲问题上与国际联盟的关系感到很不安。其问题的关键是，日本不赞成国际联盟理事会按照盟约第十五条处理关于满洲的日中争议。我担心联盟国中有些国家在战争前就将发生在自己领土内的争议提交国联，根据第十五条接受审议，因此，上述帝国的主张就很难得到贯彻。我认为，"满洲国"非日本领土，如果按照第十五条处理满洲问题，那么日本的主张应该会被世界公论和国际法庭拒绝。但是，根据这次咨询的议案，如果满洲被帝国承认，成为一个独立"国家"，并建立日"满"同盟，可以说几乎完全去除了对于日本来说最不利的一点。我认为，这个结果是我们正式承认满洲并建立日"满"同盟所最希望看到的。

在美国等地方，多数人都认定我们在满洲的行动违反了不战条约和九国公约，然而，如今日本正式承认满洲"独立"，与之成为同盟，日本可以宣称"满洲国"的独立是中国自身的分解作用，破坏中国领土完整的就是"满洲国"。这消除了日本违反九国公约的争论。如今日本和新"满洲国"在国防上缔结了同盟，对于日本驻满洲部队没有了异议的余地，之前国联的决定就成了一纸空文。

如今，假设《李顿国联调查团报告》说，满洲的宗主权在中国，可以给予"满洲国"自治的权利，而国联采用了这个意见，日本大可不必理会。"满洲国"自己会提出"独立国家不应该至于他国的宗主权之下"。关于日本和美国及其他国家的关系，满洲或者自己成为众矢之的，或者支持日本，缓解日本的立场。总之，因为"满洲国"的"独立"，国际联盟无须再根据盟约第十五条审议满洲问题。与其说满蒙民族至今为止没有开展任何独立运动非常不可思议，不如说张学良政权倒台之后满洲立即"独立"理所当然。满洲不过是在爱新觉罗氏征服中国大陆时作为陪嫁,才因此成了中国的一部分。李顿伯爵一行应该学习了满蒙的历史,肯定不难理解"满洲国"的成立是该民族自己决定的。因此,我认为,满洲的"独立"会显著改善日本的对外关系。

总而言之,这次日满条约,一方面毫无遗憾地确保并扩大了我国在满蒙的特殊权益,同时在另一方面把我国从内忧外患的绝境带向了胜利的彼岸。我感到满蒙问题的前途非常光明,借此,我对有关日"满"同盟的文书交换表示衷心的赞成,但是我想正如委员长和冈田顾问官所述,今后还会有很多困难,因此,我热切希望当局能够更加周密地准备,使此项工作圆满落下帷幕。

议长(仓富):表决前,为慎重起见,我要提醒大家一点。今天的议案以"签订日'满'议定书"为题,内容由议定书和往来文书组成。鉴于没有其他的发言,我们省略宣读以下的内容,直接表决,赞成本议案的各位请起立。

(全员起立)

议长(仓富):全会一致通过。今日至此闭会。

圣上入御。

韦伯庭长:克莱曼辩护律师。

克莱曼辩护律师:我是否可以打断一下,想请问检察团,刚刚他们在第1页上读到的"冈田"这个名字,是否这个冈田是前些日子出庭过的证人冈田启介吗?

萨盖特检察官:根据我得到的情报,这里出现的证人冈田先生是冈田启介海军大臣。

克莱曼辩护律师:另外,在第1页上提到的作为农林大臣的后藤先生是出席本法庭的后藤文夫先生吗?

萨盖特检察官：由于这一点我并不确定，如果他在这里作证的话，我必须调查一下，甚至让证人出来一下。

克莱曼辩护律师：这样的事情已经是第二次了，证人被传唤出庭，做了证言，然后才在事件的最后提出文件，并予以宣读，这样不是完全没有必要吗？这样的文件，比如在说冈田证人、后藤证人出庭时，提出证据文件，让出席这个枢密院会议的人自己听取枢密院会议的情况，这样不是最能够让人充分理解吗？今后再这么做，就是检方应该负担的任务转嫁到辩方了。

我举个先前的例子：三四周以前检方提出过一份有关数名被告参加的协会、团体的文件，关于那份文件我也可以这么说，至今为止有各种各样有关暗杀事件的证言，有证言说这个团体与暗杀事件有关。这样的话，实际上证明这个协会、团体与暗杀事件完全没有关系的任务就转嫁到我方了。

这个证据——即 1947 年——我想，提出这个证据最好的方法是，传唤出席当时会议并且现在仍然在世的证人，并当场提交这个证据。因此，两位出席过会议的证人出庭作证了。

尊敬的庭长，这不是异议，这是请求。我考虑到今后还会出现这样的情况，我为被告平沼提出请求。

韦伯庭长：检察团的责任并没有转嫁到辩护团，你理解错了。

萨盖特检察官，请继续审理。

麦克科马克辩护律师：尊敬的庭长，我在这里想就庭审记录补充一句，刚刚的第 241 号呈堂证据的第 1 页中出现的"十三号南"指的是南弘，不是被告南次郎。

萨盖特检察官：接下来，我将国际检察局的第 1046 号文件作为证据提交。这份文件是关东军司令给陆军次官和参谋次长的电报，日期为 1937 年 5 月 24 日，一封是 1938 年 5 月 14 日关东军参谋长发往参谋次长的，还有一封是陆军次官发给参谋长的，日期为 1938 年 5 月 24 日。

韦伯庭长：根据惯例，予以接受。

法庭书记官：检方第 1046 号文件被接受为第 242 号法庭证据。

（随后，上述文件被接受为第 242 号法庭证据。）

萨盖特检察官：按照打电报的时间依次叙述，就从第 2 页，也就是这份电报先开始。

电报从关东军司令官发给陆军次官以及参谋次长。

（关参满的第 251 号电报。）

韦伯庭长：之前已经说过，请先说明日期。刚刚宣读的是 5 月 24 日的吗？上面写了 11 月 13 日，没说明到底是哪一年的。

萨盖特检察官：对不起庭长，我没理解你的意思。

韦伯庭长：你刚才读到"11 月 13 日"，没有说明是哪一年的。可能是 1938 年的。

萨盖特检察官：尊敬的庭长，我来对此解释一下。我发现这是因为原文件转换时犯了错误。我是通过电报的数字排序，发现这是三份电报里的第二份，查到 1937 年的年份漏掉了。

韦伯庭长：是 1937 年。

萨盖特检察官：（宣读）

发送——11 月 13 日 17:20

到达——11 月 13 日 18:45

由于日德意三国签订了防共协定，帝国防御东亚共产主义的责任愈发重大，关于继续落实坚决反对南京政府采取容共政策，我在关参满电第 12 号中已经汇报过具体意见，我想借此大好机会使"满洲国"加入上述三国协定。因为鉴于现在的时局，此举是非常符合时宜的方案，一来日益强化"满洲国" 3 000 万民众的防共意识，同时进一步将此意识普及至中国民众；二来能够从事实上承认"满洲国"。

我们谨呈报如上看法。

如果"满洲国"对此没有异议,请开始进行外交工作。

接下来,我要求宣读第 1 页上的第二份电报。

日期——1938 年 5 月 15 日

发送——5 月 14 日 20:08

到达——5 月 14 日 20:55

电报(秘密级别)

发往:参谋次长

来自:关东军参谋长

关于满洲参加日德意三国防共协定,去年 11 月关参满电 251 中,陆军司令官已经给参谋总长及陆相汇报过具体意见,此番签订"满"德友好条约,至此两"国"建立正式外交关系,借此我希望尽快使"满洲国"加入上述三"国"协定。

请您能尽快地表达自己的看法。

第一份电报:

陆满密电 80,1938 年 5 月 24 日由陆军次官给关东军参谋长的电报,其内容是有关关参满 715 号(密码)电报的回复。

关于"满洲国"参加日德意防共协定,如同在该协定中明确表示的,就我"国"而言,没有任何异议。我们建议可以在近期提供适当的机会,可以采用"满洲以'独立'的立场提出参加协定,日本为之斡旋"的形式。

接下来我要提交第 1054 号国际检察局文件作为证据。这是关东军参谋长给陆军次官和参谋次长的电报,日期是 1940 年 12 月 16 日,是有关日本、"满洲国"及德国通商条约结论的文件。

韦伯庭长: 我们现在休息 15 分钟。

(10:45 至 11:00 休息。)

法庭执行官: 法庭继续开始审理。

韦伯庭长: 根据惯例予以接受。

法庭书记官: 检方第 1054 号文件被接受为第 243 号法庭证据。

(然后,上述文件被接受为第 243 号法庭证据。)

萨盖特检察官:(宣读)

陆军省受理的"满洲国"机密文件《陆满密大日记》

关东军参谋长致陆军省次官和参谋次长

1940 年 12 月 16 日寄

于同一天收到

备注:关东军用铅笔划去了,由"华北"代替

根据兴亚院的通报,不久后即将进行日"满""中"作为一个共同体签订对德通商协定的交涉,我们想知道其中的真相。

鉴于三"国"同盟的缔结精神,对于上述协定的主要内容,和由此带来的我国国防力量的强化,不用说我们非常赞成,并且我们将不遗余力将两三千万元的物资从华北运往德国,但是我们希望你们做到如下要求:

(1) 为了不妨碍华北建设,上述两三千万元的对德输出物资必须是由日本提供给华北的抵消物资。

(2) 目前的状态下,华北根本不需要直接引进德国技术,但不管怎样,运输车辆对于华北建设将产生很大影响,若有军事上的谈判,请密切联系我们。

抄送：

陆军司令部、参谋本部，其余相关参考。

接下来，我们打算提交国际检察局第641号文件作为证据，这是1940年11月5日关东军参谋长给陆军省次官的电报，内容是有关驻日"满洲国"大使更迭的事宜，另外还有回复。

韦伯庭长：根据惯例，予以接受。

法庭书记官：检方第641号文件被接受为第224号法庭证据。

（然后，上述文件被接受为第224号法庭证据。）

萨盖特检察官：尊敬的庭长，为了按照打电报的顺序，我先从文件开始宣读，随后再读上面的部分。

（宣读）

秘密电报

11月5日20:50发，11月5日21:30收。

发往陆军省致次官

发信者为关东军参谋长

关参满电第1111号

鉴于"满洲国"驻日大使阮振铎在任业已三年半，且其立下不少汗马功劳，近期将召其回到"满洲国"任交通部大臣，由现任交通部大臣李绍庚接替其职位。

关于以上大使更迭，我想征询您的意见。如果有关方面没有意见，我还想另行征询外交部的想法。

这份电报回复的部分在这一页的前半部分。

领取编号：满密电1725号

来自：关东军

主题：有关驻日"满洲国"大使更迭事宜

电报是陆军省次官给关东军参谋长的（加密亲启）

陆满密电 150 号

日期：1940 年 11 月 8 日

对于关参满电第 1111 号驻日"满洲国"大使更迭的事项，我们没有异议。

接下来，请达西先生代表检方继续。

五、森岛守人作证九一八事变

韦伯庭长： 达西先生。

达西检察官： 庭长，接下来我要传唤森岛守人作为证人出庭。

（森岛证人代表检方出庭作证，首先在证人席上宣誓，然后作证如下。）

直接询问（达西检察官询问森岛守人证人）

问：请说一下你的名字。

答：森岛守人。

问：你在陈述时，在选择何种语言这一点上，有要求吗？

答：最好使用日语。

问：你选择日语的理由是什么？

答：在陈述重要的事情时，我相信日语能够更加正确地表述。

问：关于这个事件的经过，你制作过宣誓证词了吗？

答：制作过的。

问：我现在给证人看国际检察局第 2263 号文件，请确认一下这是不是你的宣誓证词。

答：这是我的宣誓证词，但是现在想更正一个地方。

问：何处需要更正？

答：第 4 页从上往下数的第 4 行，"中村大尉为了关东军去内蒙古视察旅行"，请把"为了关东军"改成"为了军队"。

问：除了这个更正，这份宣誓证词其余都正确吗？

答： 是的。

达西检察官： 庭长阁下，根据本法庭的规定，我想以宣誓证词的形式提交证人的证言。

列文辩护律师： 庭长先生。

韦伯庭长： 列文先生，请讲。

列文辩护律师： 我们反对这名证人的本方询问。第一，证人身为日本人，被允许以日文作证；第二，我们反对以宣誓证词的形式作证。这个反对也是全体美籍、日籍辩护律师的意思。

为了充分保证审判的公正性，首先，我认为该证人应用英语作证。他会说、会读、会写英语，而且在纽约市住了许多年。除这一点外，我们坚决反对法庭采用这份宣誓证词，因为证人作证的最重要目的，绝不单纯为了节省时间。作为辩方，我们同法庭一样，都尽可能地节省时间，当然检方也同样如此。但对我们而言，仅仅为了节约一天、一周乃至一个月的时间，和一问一答式的询问相比，那还是后者重要。以宣誓证词作为证据，其中明显含有人为因素，很大程度上受到制作宣誓证词的一方的影响。另外，证人用特种语言作证，法庭丝毫不能统摄场面，用本法庭通行的语言做出的提问，证人是否能够完全理解？是否能够根据问题做出回答？我们向庭长阁下提请，为法庭的公正计、为将被涉及的重要事项计、也为这位能说、读、理解英语的证人计，应该使用英语作证。如此，我们辩护律师就得以仔细检核证人被询问的问题，也得以根据证人的问题进行交叉询问。

韦伯庭长： 本法庭早就决定，允许出庭的证人使用自己的母语作证。至于法庭是否应该接受这份宣誓证词，我要征询一下同事们的意见。

——法庭决定受理这份宣誓证词。

法庭书记官： 检方第 2263 号文件，现在被接受为第 245 号法庭证据。

（然后，上述文件被接受为第245号法庭证据。）

列文辩护律师： 庭长阁下，能否允许我们就法庭规则提一个例外的请求呢？此刻由我根据其他辩护律师提出的问题来询问证人，这种做法或许合适。当法庭的规则与我们提出的反对相抵触时，我们理所应当有一个例外。现在我如此提议，这样就不会在今后的庭审过程中，再占用时间请求法庭破例了。

韦伯庭长： 作为法庭，关于是否有这个例外没有明确规定。为了节约时间，关于此处我们决定、驳回的异议，辩方可以提出新的申请。

列文辩护律师： 可以。

达西检察官：（宣读）

我，森岛守人对以下所说的话起誓。

我1896年（明治二十九年）2月16日出生在金泽市，今年50岁。

我能讲、读及听懂英语。

1928年9月，我作为总领事林久治郎的首席辅佐官，以领事的身份前往奉天赴任。直到1932年（昭和七年）12月，我一直在上述奉天总领事馆工作。在此期间，逢总领事离开管辖地时，就由我代理领事工作。特别是1931年12月至1933年12月期间，总领事因为其他要务返回日本，我担任了总领事代理的工作。

总领事的首席辅佐官的任务主要是行政性质的。总领事的任务是：中国问题相关事项，特别是日本在满洲的权益；与外国有关的一切政治事项；和平时期日本国民安全的部署等。总领事馆的特别任务：通晓当时的趋势和进展，并预见上述趋势和进展，为日本政府的政治政策提供反馈，将相关信息不断向日本外务省报告。为了有效执行这些任务和职责，总领事事务所利用了其所能接触到的所有情报机关。这样的情报机关有：驻在我们奉天事务所管辖范围内的数百名领事巡查、南满洲铁道或关东厅的职员、奉天陆军特务机关总部的将校、驻东三省包括满洲的中国代表、在满洲的日本国民等。像这样的情报来源还有很多。领事巡查的任务是：每天向我们总领事馆事务所报告有关一般趋势、进展的一切异常的事件或者情报。这些巡查很好地履行了报告的任务。我从这些事情和状态中吸收有用的东西，每日自行管理上述官员和将校，并召集会议。

在履行本领事馆的义务，发挥本领事馆的机能时，利用上述情报收集手段对我们来说非常必要，而且我们实际上也在利用。本领事馆在获取接收情报的基础上，探索判断合适的公开行动，并向日本政府提交许多报告。如此这般，我们从获取的情报中得出结论，并将情报中显示出的对于会对日本的政策带来不良影响的倾向以及进展，向日本政府提出忠告，这是本领事馆的义务，也是本领事馆的责任。我们尽我们所能努力有效完成上述任务。

1928 年及 1929 年，关东军司令部常设在旅顺，军司令官是村冈中将。秦真次少将是陆军的特务机关长，在奉天设有总部，森冈少佐是机关长副官。他们两位的继任者是铃木少将和叶山少佐。铃木少将的继任者是土肥原贤二少将。想要和军队磋商时，我一般在奉天特务机关总部和上述将校碰头。有时我会自己去旅顺的关东军司令部磋商特殊事项，或者有时会与关东州长官和该官厅的其他职员磋商。

田中首相就任时，声明要实行比前内阁更加积极的对满政策。这个政策把重点放在了维持满洲全域的和平和秩序。最开始，日本明确断言维持满洲的和平和秩序的责任和实行由日本承担，然而这项积极政策的结果却是向中国本土派遣军队。即两次出兵济南，即 1927 年 5 月和 1928 年 4 月是为了保证在那里居住的日本人的安全并维护其权利。1928 年 4 月向中国本土派兵，是妨碍蒋介石进攻北平和天津的结果。

此时张作霖元帅是满洲拥有最高武装力量的人。实施此项积极政策时,田中首相帮助张作霖,并与之合作。通过与张作霖的合作,努力使日本在满洲的利益得到促进和扩张,这是田中内阁的政策。此项与张作霖的合作政策遭到了当时在河本大作大佐指导下的关东军将校其中一派的强烈反对。此外有几位关东军青年将校,但我不记得名字了,他们与上述一派有所联系。这些关东军内部的分子认为应当中止满洲既成政权当局者和我政府之间的合作,通过武力行使日本在该地域的利益来维持推进。

当时张作霖怀有野心,企图在"中国本土"[1]确立其指导权,他以军队大元帅自居,把司令部向北京推进。这一行动遭到了田中首相的断然否决,他不断劝说张作霖舍弃对于"中国本土"的野心,回到满洲,专心保持其他的指导权。

张作霖无视田中首相的此番忠告和要求,最终在1928年夏蒋介石率领的南军向华北发起猛烈的攻击中败北。此时张作霖根据当时的军事形势,不得不返回满洲。张作霖于1928年6月的第一周从北京出发返回奉天。他所乘坐的列车在即将到达奉天附近时,突然发生爆炸损毁,张作霖身亡。这次爆炸是不满田中首相与张作霖合作政策的关东军分子策划实施的。张作霖被害事件给田中内阁带来了很大的危机,最终导致了1929年的辞职。

田中内阁倒台之日起至1931年夏末,关东军分子对政府政策的影响力越来越大。在此期间,关东军中被确认为这一团体的指导者的人有板垣征四郎大佐、石原莞尔中佐和花谷少佐。在此期间,关东军中这些将校一派持有强硬态度,认为为了保持和保护在满利益,有必要行使武力。他们好像企图占领满洲,将其从"中国

---

[1] 此处"中国本土"特指除"满洲"以外的中国地区。

本土"中分离出去并建立一个从属于日本的政府。在此期间,满洲日益扩散的反日情绪和张学良指导下企图恢复国权的政策恐怕成了起因,导致了许多事件的发生。领事馆不希望这些事变成为行使武力的借口,尽最大努力利用谈判及和平手段解决事变。但是军中这些将校一派在满洲使用武力的决心在1931年夏之后逐渐强烈,总领事及政府收拾时局日益困难。直到夏天结束,有关人士都知道军队开始在满洲的行动只是一个时间问题。8月后半段到9月半,领事馆非常关心中村事件的协调和解决。这是日本军人中村为了关东军到内蒙视察旅行时被害事件。他伪装成一名想要做外地调查的农业科学者,从中国人手里拿到旅券。他在履行本职使命时,暴露了他本来的身份,被张学良正规军的数名士兵杀害。1931年9月18日下午,领事馆和中国方面代表有关这一事件的协调和解决进行谈判。领事馆又召开会议,当晚20:00左右散会,会上达成了结论,因为有关军队的人员,所以在向中国官员再次表态之前有必要与军队的相关代表协商。

20:00的会议决定,在晚些时候召开的续会中,我负责邀请适当的陆军代表参加。因此为了请求奉天特务机关的负责将校出席会议,我想要与他们见面。我特别想见到的将校是特务机关长土肥原贤二大佐和特务机关次长花谷少佐。花谷少佐配属司令部。我想找到他们两人或者其他的负责将校,但是都失败了。我尝试寻找了他们的办公机关、宿舍、厨房和他们经常经过的地方后,将情况向领事馆汇报,然后回到自己位于领事馆附近的家中。

9月18日下午的早些时候,我从领事警察处收到报告,之前一名乘坐火车从安东前往奉天的乘客认出了穿便服从东京到奉天旅行的建川美次将军。这位市民向建川将军求证是否将军本人,但是对方巧妙地糊弄了过去。这时领事馆并没有被告知建川将军来到奉天的特别使命,我觉得很奇怪。

联系 9 月 18 日 21:00，我没有找到负责的陆军将校中任何一人踪迹一事，与建川将军便服在奉天旅行的报告，我心中徒增许多不安，并将此事向领事馆汇报。

这年初夏，我听说陆军把大炮从炮兵联队本部的海城转移到奉天步兵兵营，并针对此次转移的意义询问过陆军，但是只是得到无可奉告的答案。此外，我还接到了很多报告，说陆军正在计划进行异常的演习。特别是在这之前我还听说，驻守重要煤矿地区抚顺的关东军，计划在 9 月 18 日的 23:30 从抚顺出发，进行占领奉天的演习。

如上报告使领事馆笼罩了一层紧张的气氛。我感到某个异常的军事行动正在酝酿形成。

此时，石原中佐担任板垣大佐的参谋辅佐官，我偶尔有机会与其交谈。我知道他非常支持板垣大佐"应该使用武力占领满洲"的哲学。

1931 年 9 月 18 日 22:30 左右，我在自己的宿舍里，陆军特务机关来电，告知我南满洲铁路发生爆炸，让我即刻前往陆军特务机关本部。22:45 左右我到达总部，与板垣征四郎大佐、花谷少佐和其他几位我不记得名字的将校见面。板垣大佐说的话如下：国民党正规军的部队在南满洲铁路引发爆炸，这构成了对日本重大利益的严重侵犯，日本应当行使武力采用适当的防御手段。已经对陆军发布了这个意义的一般命令。我尝试劝说他，我们在努力协调此事件时应当诉诸和平手段，并相信如此可以得到圆满解决。然而板垣大佐斥责了我，说想知道总领事的任务是不是要干涉军队的指挥权。我坚称，根本没有想过干涉军队指挥权的问题，但是我相信此事件通过普通的谈判可以得到圆满解决，并主张后者是从日本政府的权益立场来看最理想的办法。说到这一点时，花谷少佐大怒，拔刀相向，警告我如果想要干涉军队的指挥权，就要做好承担结果的觉悟。他还说如果谁再干涉,格杀勿论。花谷少佐情绪的爆发使对话无法继续,我为了制作详细报告回到了事务所。直到我回到事务所,林总领事拜访友人归来,我将这天夜里的始末都向他做了汇报。

收到我的报告后,总领事在9月18日夜间至9月19日早晨,几次打电话给板垣大佐,努力劝说他停止战争,将和平谈判解决事件的任务交给领事馆。但是板垣大佐旁若无人,要求总领事停止干涉军队指挥权。他不断告知我们军队只是发布了一般的命令,按照既定的计划行事。9月18日夜间,我们收到了时任满洲最高领导人的张学良的最高顾问发来的多次陈述报告,即中方将执行不抵抗政策,恳请总领事劝说日本军队停止攻击,采取和平谈判。所有这些针对军队的陈述我们都传达给了军队,但是都无果而终,占领奉天的行动仍然继续。我仍然不断努力想要劝说军队停止军事行动,9月19日我数次到访关东军司令部,和关东军将校们会谈。关东军司令部此前已从旅顺转移到了奉天,因此在数次到访的某些场合,看到了便服在关东军司令部的建川将军。当时建川将军在东京参谋本部的某个部门当部长,所以我无法理解为什么将军会便衣出现在奉天。

根据9月18日夜里发布的一般命令,在满洲的全体日本军开始行动。在国境驻扎的朝鲜军也跨过鸭绿江参加战斗。尽管我们为了控制事态付出了所有努力,但是军队还是继续占领满洲。1932年春,统一了满洲。1932年3月,建立了以溥仪为首的傀儡政权。在满洲没有出现建立独立政府的民间运动。这些运动是由关东军以及由他们创造出来的自治指导部主张鼓吹的。这个傀儡政权的重要或者支配性的位置都由关东军选出的日本人占据。

设立这个傀儡政府的同时,内蒙古所在的热河省宣布其属于此傀儡政府的势力范围。但是这个宣言并无效力,因为不管是政府还是热河省民间都不支持宣言。关东军在此形势下,认为张学良流亡政府存续在热河,于是陆军派兵占领热河,用兵力将其纳为傀儡政府的一部分。一直到1945年,这个傀儡政府一直被关东军支配操纵者。日本国在1932年9月正式承认这个政府独立,然而这些表示丝毫没有改变傀儡政府依旧由关东军的支配操纵的真实情况。

签名:森岛守人

达西检察官: 你可以进行交叉询问了。

山田辩护律师: 我是被告板垣的辩护律师山田半藏。

交叉询问(由山田辩护律师询问森岛守人证人)

问: 我想请问证人,1928年即昭和三年六月,炸死张作霖将军的事件发生时,你在什么地方?

答: 我已经被任命为奉天领事,但是因为同事生病了所以延迟出发,当时在东京。

问: 这样的话,有关炸死张作霖将军事件和当时关东军一部分将校的行动,证人在供述书中记载的事项,不是你亲眼所见,而是你听其他人说的,对吗?

答: 炸死张作霖事件对于奉天领事馆来说是非常重要的事件,我赴任之后,正如刚才宣誓证词的前半段中所写的,我从一切范围收集可靠的情报。

问: 就是说归根结底,你是在事件之后,从其他人那里听说的吗?

答: 是从非常可靠的两条途径听说的。

问: 你说到的可靠的途径,可以说一下吗?

答: 一个是从直接参与该事件的东宫大尉那里听说的,一个是从吉林省某个中国政治家那里听说的。

问：我想问的是，你为什么说，当时关东军的一部分将校对田中内阁的政策持有反对意见？

答：这不是炸死事件发生当时，而是我赴任之后，有了与河本大佐和其他人员接触的机会，是在那时听说的。

问：接下来，根据证人宣誓证词的内容，田中内阁倒台之日起至1931年即昭和六年的夏天这段期间内，关东军中被确认为强硬派的指导者的人，有板垣征四郎大佐、石原莞尔中佐和花谷正少佐。请问证人，你在事变前和板垣在奉天见过面吗？

答：板垣征四郎大佐被任命为关东军高级参谋之前，在奉天担任联队长。我有很多机会，借这些机会与板垣征四郎大佐会谈。

韦伯庭长：请辩护律师省略开场白，这些内容完全没有必要出现。

山田辩护律师：我明白了。

问：板垣征四郎所谓的"强硬意见"，你是亲耳所闻吗？

答：是的。

问：是怎么说的？

答：意见的大致意思是在满洲政策执行时必须采用强硬的政策。

问：接下来，你在宣誓证词里，说到领事馆方面想努力通过和平手段解决当时频发的事件，但是军队的一部分人在满洲使用武力的决心在1931年夏天之后逐渐强烈，领事和政府收拾时局日益困难。这是因为当时的形势下，中国方面也大概有使用武力的迹象吗？

答：中国方面是否有使用武力的意向，我很难判断。但是一般的反日情况确实非常严重。

问：尽管证人努力想要通过和平谈判解决事件，但是1931年9月事变突发当时，日华间有很多问题悬而未决。证人觉得像这样很多问题没有解决，到底是谁的责任呢？

答：我认为在某些程度上，中国方面对日本的态度是其中一个原因。在某些程度上，当时日本政府的政策也是另一个原因。

我说的日本政策，其实是指日本中央政府的政策。

问：你是直接参与谈判的人员，我想可以很好地看出苗头。在你看来，本方是否积极谈判想要达成协议呢？还是由于中国方面缺乏诚意？你认为没有解决的原因在哪一方呢？

答：大部分是中国方面的原因。

韦伯庭长：休庭之前，我想对辩方说：提问必须要简短。否则会给翻译人员、语言部带来很大困难。

我们现在开始休庭至13:30。

（法庭在12时休庭。）

……

（13:30开庭继续审理。）

法庭执行官：远东国际军事法庭现在开庭。

（森岛守人作为检方的证人，继续在法庭上做如下叙述。）

交叉询问（由山田辩护律师继续询问森岛守人证人）

问：奉天事件即将爆发前，据说有数百件悬案未决。你能否告诉我们由张学良牵头的政权对日本方面的态度？

达西检察官：虽然我对这一事实并没有丝毫反对意见，但是我认为刚才这样的问题只是在浪费法庭的时间。即使张学良政权反日，我认为也不能成为日本对满侵略正当化的理由。

韦伯庭长：这在本方询问的范围外，而且没有关联性，因此驳回这个提问。

问：证人知道在奉天的关东军的兵力和中国方面的兵力吗？

答：我知道存在非常大的差距，但是我不知道详细的兵力。

韦伯庭长：这是众所周知的事情，日本军队和中国军队有非常大的差距。这样的问题可以不问了吗？

山田辩护律师：是。

问：关于中村事件，最初中国方面主张，杀害中村大尉的人并不是张学良的正规军士兵，后来是不是又承认是正规军的士兵杀害的？

答：最后中国承认了是张学良的正规军杀死的，但是之前，他们并没有明确说明杀了还是没杀。

问：另外，中国方面承认杀害中村大尉的凶手是一个叫关玉衡的团长，证人知道吗？

答：关于中村大尉被关玉衡杀死一事，我记不清楚了，我只记得是属于中国的部队。

问：9月18日夜间，证人被叫到奉天特务机关时，关东军将校是否对证人说明了柳条沟事件发生的原因呢？

答：我听到的所有事情都已记录在我的宣誓证词里了。板垣征四郎大佐告诉了我，中国方面破坏了满铁的铁路。

问：当时，他有没有说过中国方面已经开火？

答：没有说过。

问：根据证人的供述，8月18日夜间，我们收到了时任满洲总帅的张学良的最高顾问多次停战照会，你是这样陈述的。那么其中的最高顾问是谁？

答：我想刚才你说错了，是9月18日。你说的最高顾问是日本明治大学出身的赵欣伯博士。

问：照会是电话形式的吗？如果是电话的话，接电话的是证人自己吗？

答：是电话。我也接了，林总领事也接了。

问：证人你说，中国方面积极努力寻求的停战，而当这方面的信息也传达给关东军方面时，关东军的将校却拒绝了，那么拒绝的理由是什么呢？

答：他们说，日本的重大权益被中国侵害了，所以日本军队要行使自卫权。既然已经行使了统帅权，就不能停止了。

问：停战要求是非常重大的事情，以电话的形式照会多少让人感到失之随意。关于这一点，证人你怎么是看的呢？

韦伯庭长：这个问题不用回答。

问：接下来根据证人你的供述，9月18日夜间到9月19日早晨，几次打电话给板垣大佐，但是板垣征四郎的态度确是非常傲慢的。那么你是怎么可以从电话中了解到板垣傲慢的态度呢？

韦伯庭长：这个问题没有必要回答。傲慢的态度是可以通过电话得知。

问：事变当时流传着很多虚假的谣言，领事馆收集的各种情报中，有没有证人如今看来是假的或者错的情报？

答：总而言之，我认为大致上没有假的。除了一个。

问：我听说事件当时，林总领事是通过给外务大臣的电报或者书面报告等传递情报的，但是事件发生后的9月22日，也就是3天后，说是因为事实有错，向中央打了作废电报。证人知道这个事实吗？

答：我不知道林总领事有过什么许诺，但就我而言，并不认为那是作废电报。

问：证人在"满洲国"成立前，板垣向后来的外交总长谢介石建议，满洲应该在执政的就任仪式之前发表"建国"宣言，证人知道这个事实吗？

达西检察官：我对此问题表示反对。

韦伯庭长：先翻译。

答：我不记得了。

韦伯庭长：现在你可以表达你的反对了。我希望以后能保持好这样的顺序。辩护律师应该意识到这些问题都太长了，而且很没有必要。

问：事变的当时，在满洲各地的日本居民感觉到了生命财产的危险，向军队请求救援救护的事实，证人知道吗？

答：在内陆地区对朝鲜人的压迫问题很严重，可能朝鲜人倒有这样的希望。但对日本人而言,似乎并没有这样的要求。

问:关于满洲事变,外务省发表声明书,声称满洲事变是使用自卫权。证人了解这些吗?

答:是否曾发表过声明,我记不清了,但是外务省对外的说辞是这样的,没错。

韦伯庭长:弗内斯。

交叉询问(由弗内斯辩护律师询问森岛守人证人)

问:森岛先生,你在宣誓证词的第 3 页中说到,在"满洲国"存有反日的情绪,能告诉我们是怎么样的情绪? 如何证明?

达西检察官:韦伯庭长,这个问题完全没有关联性,我提出抗议。

韦伯庭长:我找不到这句话。

问:在第 3 页的最后一段里的最后一句话,上面写着:"在此期间,满洲日益扩散的反日情绪和张学良指导下企图恢复国权的政策恐怕成了起因,导致发生了许多的事件。"

韦伯庭长:这个问题怎么了?

答:张学良政权和国民党合并之后,国权恢复运动盛行,比如回收满铁的归属权,进而从根本上取代日本在满洲的地位,这些情感都非常强烈。

问:这是不是整个中国反日浪潮的一部分?

答:确实是一部分。特别是东北三省尤为强烈。

问:然后这些反日活动是通过侵害日本在条约中的既得利益表现吗?

答:正是如此。

问:在证词的第 2 页,你说道"日本军队在 1927 年 5 月和 1928 年 4 月两次出兵到台南",应该是济南吧? 你说错了,对吗?

答:是济南。

问：出兵的理由是为了保护日本居民的安全和其权益吗？

答：正是如此。

问：一旦完成任务后，这些部队马上会撤下来，对吗？

答：关于撤兵，这是一个非常困难的问题，外交谈判需要很长的时间。

问：关于此项谈判，被告重光扮演了什么样的重要角色呢？请说一下。

答：重光氏是北平的一等书记员，还担任参事官、上海的总领事等，在各地工作。在这段时间，克服重重困难，帮助芳泽公使进行此项困难的谈判。

问：通过这次谈判，此类事件在地方上解决了吗？

答：事件解决了，但是不是在地方上。

问：下面的问题，请你回答得干脆些。此次事件是因为蒋介石下属的北伐军队进军所引起的吗？

答：正是如此。

问：你能否告诉我们，在济南发生了什么事情，要派遣日本军队来保护住在那里居民的生命和权益？

答：前年发生了南京事件，日本因为中国军队受到了许多损失，于是英国、美国和日本政府就派遣部队过去。自那次事件以来，日本对于保护当地的舆论便强硬了起来。住在济南的日本居民持续遭受了来自革命军的军事迫害，于是日本政府就达成了要保护居民的观点。

问：1927年的事件发生之后，结果南京又发生了一件事，对吗？

答：我很难说清两者的关联。但是南京事件发生后，日本居民受到了很大损失，舆论呼吁保护当地。此时内阁重组，田中首相兼任外相，政府出于体面也不得不考虑出台保护当地的政策。

问：日本公使馆做过努力来解决此事件和济南事件了吗？

答：他们做过了。

问：在此次解决中起作用的官员之一，是否是被告重光呢？

答：是的。

问：在宣誓证词的第 3 页，你说道"领事馆不希望这些事变成为行使武力的借口，而是尽最大努力利用谈判及和平手段解决事变"，你的努力是不是在日本公使馆的指导下展开的呢？

答：从日本的法律上说，总领事馆不是在公使馆的监督下设立的，而主要是进行密切联络开展工作的，当然我们会尊重公使馆的意见。

问：公使馆的意见以及重光氏在内的公示馆员的意见，是不是也是极力避免事件的爆发呢？

答：正是如此。

问：在宣誓证词的第 5 页和第 6 页上，写道你造访奉天的总部，劝说其不要用武力解决事件。这种说辞是不是根据驻华公使厗进行的和平谈判的大致意思，稍加修改而成的呢？

答：正是如此。

问：这次谈判的对象，是不是担任大藏大臣、行政院长的宋子文？作为谈判结果，重光公使和宋子文一同前往奉天？

答：你说的对，我记得两人定在 9 月 20 日出发前往奉天。

问：其目的是不是和张学良将军及满铁总裁内田伯进行商议，找出妥协办法？

答：正是如此。

问：然后，因为 18 日事件爆发，之前——20 日出发的计划是不是不能实行了？

答：正是如此。

问：事件爆发后，重光氏和宋子文维持着一个共同委员会，并以努力解决中日争议为宗旨进行谈判，你知道吗？

答：我知道。

问：这是电报照片的副本，我想请你注意一下上半部分的印章，这是日本外务省的正式文件吗？

同时，我还要展示此电报照片的原件。

答：这些电报发送给我们过，其副本是在奉天的总领事馆时收到的。因此，我能保证这些电报是重光氏发到东京方面去的。

弗内斯辩护律师：我要将五封电报作为证据物件提交，请为其编号。还有，请取一下照片的副本。

韦伯庭长：在接受这份文件前，我想确认交叉询问是否还在本方询问的范围内。再者，辩护律师向证人出示文件时，请不要自行前往，而是请工作人员拿。因为我不知道辩护律师来往证人席期间的发言，是不是被正确地记录了。

我不知道别的国家的习惯，但是英国的法庭禁止从席上离开，只有极其特殊的情况才可以不受这个限制。

弗内斯辩护律师：这在美国的法庭是很普遍的。我自己也经常这么做过。但是我今后会照您要求的做。

韦伯庭长：从席上离开走到证人席之间，要正式地记录你说的话非常困难，而且你还说了很多。

我想请你说明一下，这些交叉询问是如何从本方询问中派生出来的？我的意思不是请你解释，而是在受理文件前，我需要知道有没有关联性。

弗内斯辩护律师：证人在宣誓证词中，证明了事件前及事件发生的当晚，证人及外务省的努力。这些努力仅限事件当地为了解决事件做出的。我想要的是关于这些所谓努力的完整陈述。

我想请大家特别注意，在第6页中间一段从下往上数第3行的内容，我来向大家读下：

我仍然不断努力想要劝说军队停止军事行动。9月19日我数次到访关东军司令部,和关东军将校们会谈。关东军司令部此前已从旅顺转移到了奉天。

韦伯庭长:关于你现在引用的文章中谈及上海及外务省的谈判,那么你想说明些什么呢?

弗内斯辩护律师:内容是基于电报的,这可以反映出他们到底具体做了什么努力。

韦伯庭长:这与证人没有任何直接的关系,在他的宣誓证词中没有提到,不是吗?

弗内斯辩护律师:庭长,我再问一个问题,这一点就很清楚了。

交叉询问(由弗内斯辩护律师继续询问森岛守人证人)

问:在宣誓证词的第6页倒数第3行中写道,你在9月19日数次造访关东军司令部,继续做出努力,希望可以说服军方停止军事行动。在这些造访过程中,你是把发给奉天的电报作为依据之一,才与关东军进行谈判商量的吗?

答:可以想象,日本政府的方针是和平解决,在当地不才大事态。作为我们,也相信上述方法是最理想的。同时,我们也充分参考了重光公使的意见,这是事实。

韦伯庭长:我认为证人多少受到了这些电报的影响,如果事情是这样的话,予以接受。

弗内斯辩护律师:谢谢。

韦伯庭长:受理这些电报。

达西检察官:庭长,您说的是接受这些电报为证据吗?

韦伯庭长:电报值得一看,因为可以了解证人说过什么。

达西检察官:我对这些电报的内容并不表示反对,因为内容讲些什么我都很清楚。对我而言,似乎不应该在交叉询问时提交成为证据,而是辩方应该在开始提出证据时提交这些电报。

韦伯庭长：根据法庭习惯,辩护律师可以在交叉询问时提交影响过证人行为的文件作为证据。

达西检察官：在一般的场合下,可能可以这么说。但是大家知道,本法庭分成了很多部门进行审理,因此我并不直接了解这位被告。负责这位被告的检察官对于辩方提交的证据,特别是在这位被告事件审理开始时提交的证据,也许会提出合理的抗议。

韦伯庭长：认可将证据分开提出时,我们法庭并没有偏离已经确立的正常手续,我认为现在受理这个证据实际上没有任何不便之处。

这些法庭证据的编号是多少?

法庭书记官：3号、4号、5号、6号和7号文件汇总成第246号证据。

(然后,辩方第246号文件被接受为法庭证据。)

弗内斯辩护律师：我当庭节选些内容进行宣读。

韦伯庭长：好。

弗内斯辩护律师：那么我开始读了:

(宣读)

  上海重光公使致币原外务大臣。于上海1931年9月19日下午发,在1931年9月19日下午收到

  电报号:第974号之一(加密、绝密、非常紧急)

  19日上午,宋子文特别请求会面,双方关于两国军队在满洲的冲突事件进行了长时间的会谈。宋子文积极提议,想尽可能不要使该事件扩大,从而挽救大局。谈判结果,宋建议双方选出三名有权威的委员调查、处理该事件,努力减少由该事件引起的日、华两国及两国民间的严重灾难。当然,以上是宋个人的想法。

韦伯庭长：现在休息15分钟。

（14∶45休庭，15∶00继续审判。）

法庭执行官：远东国际军事法庭现在继续开庭。

弗内斯辩护律师：我从休息前宣读的电报的第2页继续。

本使再三考虑后，认为上述处置妥当，将听取政府的内部意见再做回复。当我询问在国民政府方面而言，上述提案是否有可行性时，宋回答如果本使回复，立即坐飞机前往南京取得政府方面的谅解，而他自己也不会推辞成为委员之一。

和宋会面的具体情况我会另发电报汇报，但是如上结论，请火速回电告知政府对于上述情况的内部意见，以及关于本事件的处置本使应当心中有数的情况。

转发给奉天、南京、北平。

第35项——

韦伯庭长：弗内斯先生，你打算宣读到哪一页呢？我们对于这些法庭接受的文件都没有任何疑点，我在乎的是这一阶段中辩方提出的文书应该宣读到什么程度。当然对于这份文件，你也可以询问证人。

弗内斯辩护律师：我建议先把全部内容都通读一下，随后再进行交叉询问。我认为这样做，对于传达这个事件的真相非常必要，这比我向证人提问更节约时间。

韦伯庭长：那么请继续宣读第三方材料，也就是19日的电报，以及更后面的。这份电报是于20日收到，但在19日寄出的。

弗内斯辩护律师：第二份的日期也是19日。

韦伯庭长：证人不太会受到之后电报的影响。

弗内斯辩护律师：我正想说明，根据之后的证言，这些电报是产生影响的。

韦伯庭长：这样你还不如用提问来代替通读一遍内容来得好。我们想让这件事按照秩序来，对此希望你不要有偏见，你将这些电报对证人产生影响的事实读到记录中去，这已经足够了。

弗内斯辩护律师：那么我是否可以把这份电报读完呢，同时把标有某某日期的第二和第三份电报读完呢？

韦伯庭长：没问题，你读第二份吧，可是你不已经全部读完了吗？我知道最初的两页其实都属于同一份电报。

弗内斯辩护律师：这也没什么。

韦伯庭长：虽然看上去像两份电报。

弗内斯辩护律师：这是外务省的习惯，我也不能理解。

韦伯庭长：弗内斯辩护律师，开始读吧。

弗内斯辩护律师：我会阅读对证人有影响的部分，其中不包括19日下午电报上的内容：

（宣读）

> 于20日下午收到
> 从重光公使发往币原外务大臣
> 前一封电报的编号为974号
> 　　宋子文的提案不可能立刻对如今亟待解决的满洲事态起到作用，但是要尽量强化我方对于事态整体的立场。如果方案将来能得到有利利用，同时应对中国环境的巨变，因此在大方向上我当然表示赞成。同时期待你对此的看法，望通过电报告知。上述委员的构成，要进一步考虑。

接下来这封电报……

韦伯庭长：你必须要让各位法官都明白为何要允许你宣读电报。你说在你证人的宣誓证词中有你继续宣读电报的理由，是什么呢？

弗内斯辩护律师：我想解释下，是其他的电报显示了这一提案最后是如何被处理的。

韦伯庭长：这是这份证词范围之外的内容，我认为没有给证人带来影响。

弗内斯辩护律师：那么我把宣誓证词中我记得的部分宣读一下，在第6页，在最后一节第3句。

尽管我们为收拾事态付出了所有努力，但是军队继续占领满洲，于1932年春统一了满洲。

这封电报显示了为收拾事态所做的努力。

韦伯庭长：这个证据可以稍后提交。但这个证据也不一定要提交，因为可以在审判重光的时候再提交。

弗内斯辩护律师：这显示了重光的作用，也说明了奉天事件的全部真相。

韦伯庭长：弗内斯辩护律师，这点我不同意。

弗内斯辩护律师：正如庭长所说，我自己和我代表的被告在这件事情上没有任何损失，没有受到偏颇的对待。

再次交叉询问（由弗内斯辩护律师询问森岛守人证人）

问：森岛证人，在第6页第3段的第3句里，你说："尽管我们为收拾事态付出了所有努力，但是军队继续占领'满洲国'，并于1932年春统一了'满洲国'。"你能告诉我们，当时驻华日本公使为控制事态做了怎样的努力吗？

答：就我记得，当时事态已经非常严峻了，为了防止继续恶化，我记得重光公使大致向两个方向继续努力。

问：哪两方向？

答：一是非常担心事变继续扩大到北满，努力防止其发生。二是避免满洲事件继续扩大，波及中国其他部分，他尝试说服日本海军慎重行事。

问：你知道为什么他特别担心此事扩大到北满吗？

答：我知道因为俄国依然把持了北满铁路和其他重要权益，伴随着日本军队的进军，他担心日苏之间发生争议。

韦伯庭长：这已经极大地偏离了主题，但是似乎检方没有反对意见。

达西检察官：这已经超出了证词的范围，是本方询问了，证词中没有写道重光做了什么。

弗内斯辩护律师：这是针对收拾事态所做的努力之一，关系到被告——关系到被告之中的一人，因为这名被告被指控参加了这个事件的计划，并犯了杀人的罪行。

韦伯庭长：证人接触到的奉天的事态，是在他的管辖下——仅限于在他管辖下的地区的问题。关于重光的态度——全部态度都在这次的证词的范围之外。

弗内斯辩护律师：我是针对他担心事件扩大到北满这一点进行提问的。

韦伯庭长：我觉得这方面的问题以后不允许。

弗内斯辩护律师：那么我想问一下，关于电报中写到的——刚刚宣读的电报中写到的共同委员会这一计划是怎么回事？

韦伯庭长：这封电报是在证人受到其影响后受理的，因此共同委员会的问题在范围之外。

弗内斯辩护律师：这个问题现在不要问吗？

韦伯庭长：是的，这个问题被驳回了。

弗内斯辩护律师：森岛先生，你证实了随着中国军队的北上，保护日本人的权益即生命财产这一日本条约被破坏了，是吗？

韦伯庭长：这个问题反复提出。

弗内斯辩护律师：我会让大家知道这个问题的重要。

问：你能告诉我们什么条约的权力被破坏了，是怎么样被破坏的。

答：我想询问一点，你指的是满洲的事件还是"中国"[1]的事件呢？

问：指满洲的。

答：在"中国"，侵害通商条约权利的情况貌似很多，在满洲则有几处的困难问题。其中一个有关铺设往北满铁路并行线的问题，其次是城内居留民的居住问题，还有违法课税问题、租借土地的权利、对于朝鲜人居住的压迫问题等，范围非常广。

问：那么除了你说的通商协定之外，有没有其他条约的破坏也影响到了居住在中国的日本人？

答：问题的主旨非常含糊，我感到很难回答，我所说的条约权益都在通商条约中明确记载了。

问：那么你不用回答刚才要你回答的问题。现在我想问你一下，关于你的宣誓证词第6页的最后一节开头的两句话，你说道："根据9月18日夜里发布的一般命令，在满洲的全体日本陆军开始行动，在国境驻扎的朝鲜军也跨过鸭绿江参加战斗。"这些军事行动是根据内阁的命令，还是皇室的命令呢？

答：就我所知，关东军向属地之外出动时，需要有敕令，不过，若有紧急突发事件时，在场的司令便拥有发布命令的绝对权力。

问：军队的行动及之后占领满洲的行动，尽管有外务省、公使馆或者领事馆的各当局收拾事态的努力，但还是成为了事实。这不是让他们之后的努力都付诸东流了吗？

答：不只是日本在外的机关，日本政府也秉持不扩大事态的方针，但是当地的关东军无视中央的命令，令事态进一步发展。

---

[1] 此处"中国"特指"满洲"之外的中国地区。

问：这么说的话，这么说就是使其成为既定事实了？

答：正是如此。

弗内斯辩护律师：我问完了。

交叉询问（由穗积辩护律师询问森岛守人证人）

问：森岛公使，我想问你，是否知道1929年东乡茂德接受外务大臣的命令出差到满洲？

答：我知道。

问：你在宣誓证词的第5页说道，东乡茂德来到满洲是为了调查这些事件引起的诸多问题吗？

语言监督官：更正：英语复印件是在第3页上，而日文复印件在第5页上。

问（继续）：是因为张学良的国权恢复政策，导致满洲出现了很多问题吗？

答：诚如你所说的，他在6月份去那里，其目的就是对这事件做一个普遍的调查。我也相信是在6月的时候，张学良单方面使用武力想要回收中东铁路俄国方面的权益，由于事态的严重性，东乡茂德被派往哈尔滨，我自己也接到命令，从奉天被派往哈尔滨了。

问：东乡茂德对调查结果采取的是什么看法？

达西检察官：这个问题完全在范围之外，对此我表示反对。

韦伯庭长：这可以说是与宣誓证词有关联而提出的问题吗？

穗积辩护律师：作为说明日本和满洲关系的材料之一，我认为是有关联的。

韦伯庭长：这完全是宣誓证词的范围之外的。

问：你是否知道，中国东线铁路被圆满地收购了，这是在你和东乡茂德一起去之后，对此你有所了解吗？

达西检察官：我以同样的理由表示反对。

韦伯庭长：法庭同意反对。

问：在满洲的反日行动对"中国本土"[1]有影响吗？

答：华盛顿会议之后"中国本土"的反日情绪相当强烈，满洲事变发生之后，当然更加强烈了。

问："中国本土"的反日情绪，是不是又导致了满洲的反日气势进一步增长的结果？

答：当然。

韦伯庭长：法庭将不对此提出反对。

达西检察官：尊敬的庭长，回答被翻译成英语之前，就开始提问了，当然应该表示反对。

韦伯庭长：辩护律师对此有什么要说的吗？

穗积辩护律师：我是打算等回答翻译好以后，再提问的。

韦伯庭长：反对成立。

问：日本政府对于满洲的反日、"中国本土"的反日，为了双方的利益，有什么解决方法吗？

达西检察官：庭长，我反对这个问题。这不是在为侵略进行合理化辩护。像在法庭上进行这一类问题的发问都是浪费时间。

韦伯庭长：反对有效。

布鲁克斯辩护律师：尊敬的庭长，我想给大家看一个规定……

韦伯庭长：现在不需要，同时你也不要在现阶段发言。

布鲁克斯辩护律师：这将影响到所有的辩护律师。

韦伯庭长：不会的，如果会，那么到时候你再来陈述，现在不是时候。此刻我们进行交叉询问。

布鲁克斯辩护律师：我现在不是要求交叉询问。

韦伯庭长：请刚才交叉询问的人继续，我们有决心要保持这里的

---

[1] 此处"中国本土"特指"满洲"之外的中国地区，下同。

秩序。

布鲁克斯辩护律师： 我能咨询一个问题吗？

韦伯庭长： 请先让森岛完成交叉询问环节吧，我们一定要维护好庭审秩序。

穗积辩护律师： 对不起，庭长。

布鲁克斯辩护律师： 这是综合审判，所以一位辩护律师说话的时候，是不是允许其他辩护律师即代表其他被告的其他辩护律师站起来提出异议？那如果在提问中不能发言的话，什么时候可以呢？请庭长判定，这是为了慎重起见。

韦伯庭长： 在交叉询问进行中，不允许其他人妨碍，除非是提出异议的话，那么这就不受限制。现在请你发言吧。

布鲁克斯辩护律师： 我对法庭怀有敬意，但是我在想要提出反对的时候，法庭没有听取，没有给我机会，所以我只能现在来提出反对。我们想向法庭提出的是，发到我们手边的是宣誓证词，这是证人针对直接询问的回答。我想说的是，一般的场合下，应当向这个法庭提交的证言并没有在这里被全部提出，而只是提出了一部分。

韦伯庭长： 为什么你接下来不进行交叉询问了呢？难道在交叉询问环节不打算说话回答吗？

布鲁克斯辩护律师： 我们想要说的是，法庭表现出了极其宽容的态度，允许我刚才的举动。即一般情况下，交叉询问当然应当提到的各种事实，有时候并没有被提出。请允许我创造一个可以提出这样的事实的状态。

韦伯庭长： 这与法庭其他对于辩护律师的限制没有任何关系。你关心的问题只是针对你的交叉询问。你的交叉询问还没有开始。

如果不限制其他的辩护律师，40个辩护律师可能一起站起来说话。结果根据法庭所说，你自己给自己加上了限制，如果这样你满意的话也可以。如果要进行质询的话，那就进行。

达西检察官：刚才辩护律师的发言说到了隐藏证据这件事。如果说到这件事，请你把证据拿到这里。

韦伯庭长：据我认为，他只不过是误解了，现在已经消除了，这样就可以了。

布鲁克斯辩护律师：请让我从我的立场上充分发言。我现在说的对于法庭来说前无古人，对今后也会有影响。

韦伯庭长：当然就你的经验来说，不能在法庭中突然站起来加以批判等，因为不得不遵守法庭的判定。如果在这样的条件下进行审理的话，法庭的秩序根本不复存在。所以你必须遵守。我们允许你在交叉询问环节对证人进行发问，不然我们一无所获。

布鲁克斯辩护律师：我们拿的交叉询问顺序与法庭是有区别的。接下来是其他辩护律师发言。我退下了。

韦伯庭长：休庭到明天 9:30。

（随之，在 16:30 开始休庭，至 1946 年 8 月 2 日星期五，继续开庭审理。）

1946 年 8 月 2 日，星期五
日本东京都旧陆军省大楼内远东国际军事法庭

……

（法庭于 9:30 重新开始审讯。）

……

法庭执行官：远东国际军事法庭现在开庭。

韦伯庭长：辩方和检方有什么需要申诉的事情吗？

戒能辩护律师：我是铃木贞一的辩护律师戒能。

（森岛守人，检方的证人作证如下。）

交叉询问（由戒能辩护律师询问森岛守人证人）

问：请你说一下，宣誓证词中提到的奉天特务机关里，有个名字叫铃木的少将。

答：铃木美通。

问：铃木美通和被告铃木贞一是两个人吗？

答：是两个人。

弗内斯辩护律师：刚刚庭长问道，检方和辩方有什么需要申诉的吗？当时应该提出来现在有些迟了，非常抱歉。我现在进行申诉。

当我提出246号法庭证据时，想要求允许我撤回原件，提交照片的副本。我已经提出申诉了，但没起什么作用。虽然就那样被记录下来了，关于这一点我想和检方的达西先生商量一下，其他没有异议。

韦伯庭长：弗内斯辩护律师，我允许你这么做。

麦克科马克。

麦克科马克辩护律师：我受委托进行辩护的被告是南次郎。

问：森岛先生，你还记得田中首相就任的时间吗？

答：我记得是1927年的春天。

问：你还记得支配内阁的政党是什么吗？

答：是政友会。

问：当时存在的另一个政党的名字是什么？

答：是民政党。

问：民政党对于在满洲扩张领土的政策是赞成还是反对？

达西检察官：这在宣誓证词述范围之外，也在本方询问的范围之外，根据这些理由我反对这个问题。其他的政党有什么样的政策——对于海外领土的扩张有什么样的政策，与这个问题没有联系。

麦克科马克辩护律师：这份宣誓证词中记载了这个事情。因为其写道：这届内阁从田中内阁的最初开始，政府的政策就渐渐积极，到下届内阁时变得更加积极。

韦伯庭长：麦克科马克辩护律师，这在宣誓证词中的哪一节？

麦克科马克辩护律师：在宣誓证词第 2 页的第 3 节，证词中写道："自从田中首相就任以来，采取的政策都更加积极。"

从整篇证词来看，森岛证人在任时，即 1928 年至 1933 年，内阁重组了四次，期间政府的政策渐渐积极，直到之后，政策有更加积极的倾向。

韦伯庭长：毫无疑问，这份证词牵涉到非常广泛的问题。

达西检察官：我想请法庭注意，这份证词中没有涉及其他政党所持的政治理念。

韦伯庭长：为了决定日本的政党政治，为了弄清其中的意义，我们很难判断这个问题需要深入探讨至何种地步，不得不提到各政党的政纲——纲领或者政治倾向的差别这一问题。但是现在讨论政党的态度如何这一问题并不妥当。

麦克科马克辩护律师：我很想遵循法庭的建议，但是我脑中真的不清楚法庭想要的是什么意向。

就我个人而言，我的确对田中是不感兴趣的，然而田中内阁进一步逐渐实施了积极政策之后，局势却进一步恶化了。

韦伯庭长：希望你的问题不要带有政治色彩。

麦克科马克辩护律师：把政党的问题剔除？

韦伯庭长：把政党权力的党派政治剔除。

麦克科马克辩护律师：好的。

韦伯庭长：政府里的政治责任不关我们的事，这也是我们所反对的原因。

麦克科马克辩护律师：谢谢。

达西检察官：我也想请法庭注意，宣誓证词并不是直接说田中内阁参与了满洲事变，这只是显示了当时军队的政治力量在此期间内增强了。

问：森岛守人，你使用"积极政策"这个词的时候，想表达什么意思呢？请说清楚。

答：我所说的田中内阁的积极政策，也不过是维持好满洲治安和秩序，保护在满居留民的生命财产和正当的权益，以及保护在"中国本土"的居留民的生命财产和已获得的正当权益。关于其他方面，在不干涉内政、增进中日友好关系，以及遵守门户开放机会均等原则的几点上，和历代内阁的方针无异。

问：你在担任奉天的总领事代理期间，日本的内阁变动了几次？

答：田中内阁之后是滨口内阁，之后是犬养内阁，之后是斋藤内阁。

问：森岛你是否记得若槻内阁吗？

答：我记得的。

问：刚刚你说的内阁，都是你作为政府工作人员在奉天时的吗？

答：是的。

问：田中内阁之后有滨口、若槻内阁，你是否还记得这两届内阁的政策和田中内阁相比如何呢？

达西检察官：我以内容在宣誓证词范围之外为由表示反对。我先前已经说过了，宣誓证词说到军队逐步拓展势力，没有研究有关田中内阁之后各内阁的政策。

麦克科马克辩护律师：尊敬的庭长，这是检察团之前反对缘由的重复。

韦伯庭长：证词的范围非常广，即使不考虑这份证词的范围，作为我们而言，也不得不将问题限定在有效、有用的范围之内。作为我，也无法断定刚才的问题是不是在证词的范围之外，我们很难根据证词的范围限定提问的范围，但是我们只能希望提问是有效的，是有助于此次审理的。

韦伯庭长：麦克科马克辩护律师，你到底想说什么问题？

麦克科马克辩护律师：问这个问题的原因是我想在这里证明，田中内阁之后的两个内阁与田中内阁非常不同，正因为如此，他们非常反对其积极和侵略的政策,最终导致内阁的崩溃。我代表的被告也是其中内阁成员之一。

韦伯庭长:如果你想证明南次郎是不是反对满洲侵略的内阁成员之一,你可以直接通过提问让证人回答。如果证人知道的话。

麦克科马克辩护律师:检察团可能由于宣誓证词上没提及南次郎这个名字而提出反对,所以希望想办法将南次郎的名字引出来。

韦伯庭长:我们允许你提问。

达西检察官:刚刚辩护律师的问题我已经预计到了,刚刚辩护律师想做的是积极辩护,我在此主张刚刚的提问在宣誓证词的范围之外。

韦伯庭长:允许一些诸如我刚才所说性质的短问题。

问:南是若槻内阁的陆军大臣,若槻内阁存在于1931年4月至12月,与田中内阁相比,若槻内阁这八个月的政策是什么样的,请说一下。

答:作为最重要的前提,把田中内阁的积极政策的内容具有侵略性作为前提是不正确的。田中内阁的积极政策的内容,我之前已经陈述过了,有关维护权益的手段、方法。如果要说不同之处,滨口内阁的范围只在维护在满洲的既得权益,而田中内阁把重点放在确保满洲全域的治安。

问:对于若槻内阁,证人有什么需要陈述的吗?

答:我都已经全部说完了。

韦伯庭长:他刚才说的是"滨口内阁"。

问:证人提到"滨口内阁",是除田中内阁之外的一名内阁。滨口内阁之后是若槻内阁,我所辩护的被告正是这个若槻内阁中的内阁成员之一,所以我有兴趣了解下。

答:滨口内阁、若槻内阁都是民政党组成的内阁,政策上相差不多,我刚刚说的内容一样适用若槻内阁。

问:你在宣誓证词中提到1927年及1928年间,日本向中国本土运送军队一事,请针对日本方面说一说当时的情况。

达西检察官：这个问题昨天也问过，重复了。

韦伯庭长：这个问题昨天证人回答了吗？

问：没有，我会把已经回答过的问题从自己的笔记中删掉，他还没有回答过。

韦伯庭长：那么请证人回答。

答：我记得昨天回答过。为了慎重起见，我再做回答。由于蒋介石率领的北伐军北上，政府担心山东省内的日本居留民的生命财产安全面临危险，于是根据当地保护政策出兵支援。

问：这次出兵，进入"中国本土"的军队的指挥官是谁？

答：我不记得了。

问：另外，你在奉天工作时，在职务上有什么事情和日本出兵理由有关联的吗？

答：这是我职务之外的事，不太记得了。

问：既然你在你的宣誓证词中写到日本军队向某地出兵，那有没有什么中国违反条约之类的理由？或者说日本军队为了和中国军队在某地相遇而前往？

达西检察官：庭长，我反对这个问题。有没有违反条约应该由法庭判断，而不是证人。

麦克科马克辩护律师：我只是想得到新的信息。如果我无法得知，法庭也应该无法得知了。

韦伯庭长：证人并没有说违反条约，也没有暗示。

问：通过日华双方的努力，这个问题是否被和平友好地解决了呢？

答：济南事件的解决虽然拖了很长时间，但是日中两国最终解决了这个问题。

韦伯庭长：我之前说，交叉询问要有效有益，但是我感觉事实上并不是，问题并没有什么意义。

问：森岛守人，在你的宣誓证词中用了"中国本土"这个词，具体是什么意思?

韦伯庭长: 我们法官认为他说的意思不存在疑问。

问: 提问被驳回了吗?

韦伯庭长: 不,请让证人回答。如果不这样的话,你一定会不满的吧。

答: "中国本土",我指的是东三省以外的中国地区。

问: 那么在1928年开始至1933年在职期间,"中国本土"经历了几个不同的政府呢?

达西检察官: 反对这个问题。

韦伯庭长: 反对有效。

问: 哪一年,或者说哪一年到哪一年间张作霖担任满洲元帅?

答: 不记得了。他担任了很长一段时间。没有参考资料我无法回答。

问: 那么张作霖是反对蒋介石政府还是赞成蒋介石政府的呢?

达西检察官: 反对。

韦伯庭长: 反对有效。

问: 关于田中和张作霖元帅的合作,你了解多少?

韦伯庭长: 何时、何地、关于什么的合作?

答: 我的意思不是关于一个个单一事件的逐一合作,我觉得用"合作"一词并不恰当,田中首相力图和张作霖协调解决各种问题。

问: 协调解决的问题请举个例子说明一下。

韦伯庭长: 作为法庭,我不能提出反对意见,但是可以指出你的交叉询问毫无意义。

答: 田中内阁的时代,关于新铺设铁路的问题暂时和张作霖达成了一致,但是由于张作霖被炸死,最后没有付诸实施。

问: 作为当时"满洲国"的首长,张作霖是不是田中内阁保持往来的合适人物?

答：既然张作霖是东三省的首脑，那么不管是否合适，田中内阁都必须与其交涉。

问：那么你说田中首相支持张作霖，是什么意思呢？

答：在满洲，长年的保境安民政策是"国"之根本。张作霖在插足"中国本土"之前也担任满洲保境安民的工作。田中总理认为张作霖留在满洲，开展满洲的开发工作最为合适。

问：是不是像在你的宣誓证词里写的那样，这些关东军里的工作人员在某时因为某种原因相信了日本部队会动用武力来保卫他们在"满洲国"的财产？

达西检察员：我对此提出反对。

韦伯庭长：他们的诚意证人无法证明。

问：那么促使这些将校一派使用武力的理由、原因是什么？你当时就在当地，因此请将其中的来龙去脉告诉我们，告诉法庭。

答：用一句话来说，就是中国方面的排日气氛相当浓烈，如果日本要继续实行对满政策，必须使用武力。我想这样的回答应该足够了吧。

韦伯庭长：显而易见，他们没有告诉他任何事情。他只是在猜测他们的行动和其中的原因。他的回答没有任何的作用。

问：这个将校团体用什么手段影响政府政策，你知道吗？

答：有很多手段，情况不同，手段也不同，不可能一一列举。

问：那么说一个或者几个你记得的主要方法。

韦伯庭长：我认为这样的交叉询问是不恰当的。你不能暗示证人其中的理由。

麦克科马克辩护律师：尊敬的庭长，在这件事情上，证人了解得比我多。他作为日中问题的权威，拥有相当的权威性，而我没有，所以不能说在引导他。

韦伯庭长：如果我允许了你这样的做法，就不得不允许其他辩护律师也这么做，而这样做是不行的，你应该清楚。

麦克科马克辩护律师：我正在把法庭觉得没用的东西删除。如果这样的问题在本方询问就另当别论，至少在宣誓证词中通过各种陈述总结出一个结论，只说结论让我们非常不知所措，什么是什么根本无法预见，宣誓证词中有很多结论，但是这些结论要让法官们裁定到何种程度，我们辩护律师完全不知道，所以才问了这些问题。

韦伯庭长：我们作为法庭，只考虑他是一名领事，不是什么总理大臣，也知道他宣誓证词太过于冗长了。很多他被要求宣誓的事情，事实上不需要去宣誓。他不是日本政治的权威。

麦克科马克辩护律师：作为我们来说，法庭能发表他的意见非常有用，否则，我们无法知道法庭如何看待证词。

韦伯庭长：毫无疑问，法庭对有关奉天事件的内容的重要性予以认可，但是对于有关日本政治的内容可能并非如此。因为我们自己对此也不太清楚，请你自己判断。

问：森岛守人，那么有关1929年7月田中内阁为何辞职一事，你自己知道些什么吗？

答：我得到了一些可靠消息。

问：请陈述一下。

答：田中首相在炸死张作霖事件发生时，他上奏陛下，当时要求将犯人送至军法会议，但是之后，我想是在阁议上，由于陆军方面的反对，他不得不取消了军法会议，改为停职处分。我听说这件事情导致了其不得不辞职的结果。

问：那么之后的内阁，后继的浜口内阁为什么倒台，你知道是因为什么原因吗？

韦伯庭长：这个问题不恰当，这应该由你自己陈述理由，现在应该陈述与问题事件有关的理由，然后询问它的真实性。

达西检察官：我反对，提问内容在证词范围之外。

韦伯庭长：很难说这在宣誓证词的范围之内还是之外，但是不管怎样,这个问题是不恰当的。作为辩护律师,必须要提前预测到自己的问题会得到怎样的回答。

问:浜口内阁解散的理由是浜口去世了,这点你知道吗?

问:知道。

韦伯庭长:这和"满洲国"事宜有什么关系?

麦克科马克辩护律师:我正沿着这条线询问,我想从逻辑上出发进行询问。

问:森岛守人先生,1931年9月18日的事件是不是导致了若槻内阁的倒台,你知道吗?

答:我前几天在报纸上读到了若槻前总理的证词。

问:这么说的话,你的回答是肯定的意思吗?

答:不是,我不肯定也不否定。

问:那么,张学良在张作霖之后成了领导者了吗?

答:是的。

问:关于对日本的合作甚至是协同政策,他们的态度还是一样的吗?

答:张学良成为指导者之后,正如我昨天说的,排日的情绪更加有组织性,非常热火朝天。

问:理由是什么呢?

答:张学良加入国民党,以及三民主义思想的渗透等,我认为都是很重要的因素。

问:在你的宣誓证词中,说到张学良的国权恢复政策,这是什么意思?

韦伯庭长:我们不想让证人特地重复已经很清楚的东西。

问:那么,1931年9月建川将军为什么前往奉天,你知道吗?

答:我当时不知道,但是根据之后的情况,我听说是为了传达中央的意思所以特地被派来的。

问:那么,是哪个特定的人物将其派到那里的,你知道吗?

答：我对中央的事情并不清楚，大概是当时担任陆军大臣的南次郎和参谋总长吧——名字一时记不起来了。

问：接下来，事变发生之后，身在奉天的建川将军处境如何，你有什么知道的吗？

答：不知道。

问：为了在局部地区解决这件事甚至阻止这件事，你知道其他被陆军省派到当地的将校吗？

答：日期我记不清楚了，满洲事变后不久，参谋本部的桥本少将、远藤少佐和今井大尉从中央被派来奉天，我认为其目的恐怕是将中央对满洲事变的意思传达给关东军。

问：中央的意思是什么呢？

答：我想是不扩大事件，并在当地解决。

问：那么，当时身在东京的陆军大臣与此事件的发生有什么关系，你是否有所了解呢？

答：我想恐怕陆军大臣是在与参谋总长商量过后再派遣桥本少将一行到奉天的吧。

韦伯庭长：作为你自己来说，这种问题的答案，你也确实不觉得有用吧？

麦克科马克辩护律师：因为我之前问的问题好像引起了误解，我可以向证人再问一遍吗？

问：当时身在东京的陆军大臣和事件及其爆发有什么关系吗？或者说扮演什么角色？

韦伯庭长：证人不一定知道这样的事。

麦克科马克辩护律师：我就是在询问证人知不知道。

达西检察官：提问内容在证词范围之外，我反对。

韦伯庭长：反对有效。

问：在你宣誓证词的最后一段中你说到，9月18日夜里发布要求在满洲的全体军队开始行动的一般命令,这条命令是谁发布的?

答:我想是以当时本庄司令官的名义发布的。

问:他当时在满洲居住吗?

答:是的。

韦伯庭长:我们将休息15分钟。

(10:43开始休息,至11:00继续审理。)

法庭执行官:远东国际军事法庭现在继续开庭审理。

韦伯庭长:克莱曼辩护律师请发言。

交叉询问(克莱曼辩护律师询问证人森岛守人)

问:在你宣誓证词的第7页有关日本承认满洲的事宜,这里承认满洲的意思是日本政府承认满洲的意思吗?

答:是的。

问:在此次承认之前,日本政府反对在满洲开展军事行动的吗?

答:有过。事变发生当时,政府采取不扩大事态方针,所以反对扩大军事行动。

问:在承认"满洲国"之前,日本政府反对满洲建立"独立国家"吗?

答:我很难说"反对日本政府",但是我听闻在政府内部有一部分人持反对意见。

问:那么,日本承认"满洲国",谁担任总理大臣,你知道吗?

韦伯庭长:即使他不知道,我们也知道。

克莱曼辩护律师:尊敬的庭长,我只是借此抛砖引玉。

韦伯庭长:但问题似乎太过于鸡肋了。

问:请向证人重复问题。

答:是斋藤子爵。

问:那么,不管日本政府在此之前是否反对在满洲开展军事行动,它承认"满洲国"的理由是什么,如果你知道的话请告诉我们。

达西检察官：这个问题完全没有重要性，而且也没有关联性，在此意义上我表示异议。

韦伯庭长：刚才的反对有效。

克莱曼辩护律师：尊敬的庭长，昨天提交了关于日本承认满洲的相关证据文件，但是如果能利用此机会，将与此有关的所有事实都清晰地罗列，在法庭上罗列，那应该比四个月甚至五个月后再进行更为合适。

韦伯庭长：我并不打算议论法庭的判决。

克莱曼辩护律师：好的。

问：森岛证人，承认"满洲国"之前，与其发生你在此出庭作证的事件，日本政府其实更希望通过外交方法和平解决日华问题吗？

达西检察官：对这个，我提出反对。

韦伯庭长：反对有效。

问：森岛证人，那么日本政府想控制"满洲国"，是不是不得不依靠军队的力量呢？

达西检察官：反对这个问题。

韦伯庭长：反对成立。

问：森岛守人，那么日本政府承认"满洲国"之前，枢密院是否参与了满洲问题，你如果知道的话请告诉我们。

答：就我所知，应该没有参与。枢密院最初是制定官制的地方，所以没有权力积极参与政府的政策甚至于行政。作为最高咨询机构，只能在需要咨询的情况下发表意见而已。所以，我认为枢密院不会积极参与政策，只是发表意见或者陈述希望。从以前的惯例来看，大部分也只是在形式上承认政府的决定。

问：在你宣誓证词的第 2 页，你提到田中内阁"积极的对满政策"，其中田中政策指的是征服中国的意思吗？

达西检察官：反对这个问题。

韦伯庭长：反对有效。

问：森岛先生，关于田中奏折是真实的还是伪造的，你是否知道些内容？

达西检察官：这份证词中没有提到田中奏折的任何内容，因此属于范围外，我反对。

韦伯庭长：那么，请问一下证人有没有听说过田中奏折。

克莱曼辩护律师：好的。

问：森岛先生，有关田中奏折，你听说过吗？

答：听说过，并且知道是伪造的。

问：田中奏折是不是伪造的一事，能不能请法庭允许我接下来针对证明田中奏折是伪造的一事进行提问，我现在正在进行交叉询问，因此不知道证人回答的结果。

韦伯庭长：从你的立场上来说，没有必要让证人完善其证词，而且不允许关于这一点继续进行交叉询问。

问：你在宣誓证词的第5页最后一节提到"统帅权"一词。

韦伯庭长：这个问题没有回答的必要。

克莱曼辩护律师：好的。

问：在你的宣誓证词的第3页说到，发生了多起事件，其原因都是由于"排日情绪"引起，而"领事馆使尽浑身解数安置好事态的发生"。那领事馆做了什么呢，能举一些例子吗？

韦伯庭长：昨天已经回答过了。

克莱曼辩护律师：这些事件包含了多个中日间的纷争，比如财产问题、铁路权益问题、中国人对日本人所负债务的问题等。

韦伯庭长：这些问题都问过了。

克莱曼辩护律师：奉天事变前，日本是不是对中国人进行了300次左右的抗议？其理由是侵害条约中日本的权益和无视日本人的权益及生命财产安全。有没有这样提出抗议的事呢？

达西检察官：这个问题在证词的范围之外，因此我提出反对。

韦伯庭长：反对成立。

问：现在我将读一些材料给你听，你判断一下内容是否属实。"关于'满洲国'的问题，日本政府……"

韦伯庭长：如果有需要你可以叙述事实，但为什么不精练一下呢，或者变成问题提出来呢？

克莱曼辩护律师：好的，庭长，我知道了。

问：森岛先生，那么若槻、浜口、犬养以及斋藤各时期的内阁都采取、指示、继续了对满洲军事侵略的政策，并使其慢慢向中国的其他部分发展吗？

达西检察官：反对。第一，这个问题是复合型，包含了很多很多东西，这是一个理由。而且它是理应最后在本法庭上判断的事实，现在却要由证人来判断。根据这两个理由，我反对。

韦伯庭长：我认同你的看法，反对有效。

问：森岛证人，那么签订《凯洛格-白里安非战公约》时，签字国是否保留了自卫权？

达西检察官：作为我来说，一次一次站起来表示反对很没意思，但是这个问题显然不恰当，我反对。

韦伯庭长：反对有效。

克莱曼辩护律师：我已经问完了。请法庭允许我在之后能继续问一些问题，来证明"中国"[1]战争以及满洲事件是日本基于《凯洛格-白里安非战公约》所保护的自卫权进行的，从而清晰地展现整个事件的全貌。

韦伯庭长：不要问我如此愚蠢的问题。

克莱曼辩护律师：我只想说明，也许对"中国"或满洲发动的战争可能是基于《凯洛格-白里安非战公约》所保护的自卫权进行的。

---

〔1〕 此处的"中国"特指"满洲"之外的中国地区。

韦伯庭长：作为法庭来说，会根据每次提问的实际情况来决定，而对于建立在假设上的问题，则不会去回答。

克莱曼辩护律师：谢谢庭长，我没有什么需要再问的了。

太田辩护律师：我是被告土肥原贤二的辩护律师太田金次郎。现在对证人森岛守人公使提问。

交叉询问（由太田辩护律师询问森岛守人证人）

问：1931年9月18日即满洲事变当时，事实上土肥原贤二是不是并不在满洲？

答：当9月18日的那天，我的确不知道他是不是在满洲，但是后来我确定他不在满洲。

问：他在什么地方，你后来弄清楚了吗？

答：在朝鲜。

问：你是否知道，他前往东京就中村震太郎一案做了报告呢？

答：我记不清楚了。因为当时他经常来往于中国，所以我真的不确定。

问：身居特务机关长要职的土肥原贤二将军在朝鲜是出于什么目的？

达西检察官：我反对这一系列的问题，其超出范围了。

韦伯庭长：反对有效。

问：土肥原贤二与这次满洲事变有没有关系，你知道吗？

答：我想他与这次事变没有任何的联系。

问：对此他对关东军产生了什么影响？

达西检察官：我反对这个问题。

韦伯庭长：反对有效。

问：土肥原贤二师团在华北的名声怎么样？

达西检察官：我对这个问题提出异议。

韦伯庭长：反对有效。

太田金次郎辩护律师：尊敬的庭长，我问完了。

韦伯庭长：布雷克尼少校。

交叉询问（由布雷克尼辩护律师询问森岛守人证人）

问：森岛证人，满洲事变甚至于在之后的各方面，日本与中国间的外交关系有没有决裂过？

达西检察官：这个问题在证词的范围之外，因此我反对。

布雷克尼律师：关于这一点请一定允许我提问，我想知道答案。

韦伯庭长：可以。

问：证人在这份宣誓证词中不仅仅只说了1931年的奉天事件，证词的最后一页，即第7页进一步说到了之后发生的事件，叙述了"满洲帝国"直到1945年的状况。在庭审记录的第1679页，开头处指明了，达西检察官说到要提交关于计划并开始实施对满侵略战争的证据文件。正因为这样，现在有这位证人的证词，根据你之前的说明，检察团方面的意图也很明确。鉴于这两点，我想我们有权利调查清楚这次的满洲战争是否被策划为侵略战争。

韦伯庭长：反对无效。

布雷克尼律师：请证人回答。

韦伯庭长：日中间的外交关系有没有决裂过的问题。

答：从来没有决裂过。

问：这么说的话，两国维持着友好关系，保持着正常的外交关系，但想不到就这样便进入战争状态了。

达西检察官：我反对如此向证人引出结论的做法。

韦伯庭长：反对有效。

问：那么，根据你的宣誓证词，满洲事变之前或者之后外交关系都没有决裂，对吧？

答：是的。

问：那么，其他国家，尤其在这里作为原告的国家中，有没有为了满洲事变与日本断绝外交关系的？

达西检察官：我以这个提问完全在范围之外为理由表示反对。

韦伯庭长：反对有效。

问：关于满洲事变，你之前向李顿调查委员会作证，并提供资料了吗？

答：是的。

问：从你的业务上，你知道李顿调查团和国际联盟关于满洲事变所进行的程序吗？

达西检察官：我以这个提问完全在范围之外为理由表示反对。

韦伯庭长：你的目的到底是什么？布雷克尼律师。

布雷克尼辩护律师：我的目的是通过这个作为事件重要目击者的证人，让他说出这个事件的真相是什么。

韦伯庭长：你不反对他对李顿调查委员会所做的证词，是吗？但是即使这样，你的提问方式、你的提问都是不会被允许的。

布雷克尼律师：完全不是这样。我只是想对于1931年9月18日前后他所知道的事件背景进行推理，但他自己没有说明出来。

韦伯庭长：这样的话，对于这种形式的问题就变得完全没有限制了。

布雷克尼律师：根据本法庭的裁定，范围指的是在证人做证的问题的范围之内，所以按照这个规则，我的问题还在范围之内。

韦伯庭长：我们认为证人已经将所知有关奉天事件的所有情况都陈述完毕了，你如果认为他还有什么隐瞒的，必须陈述理由并指出。

布雷克尼辩护律师：这不是我正在说的意思。那么，我服从裁定，服从规则，结束我的交叉询问。

韦伯庭长：布鲁克斯辩护律师。

布鲁克斯辩护律师：我是被告大川周明的美籍辩护律师。

交叉询问（由布鲁克斯辩护律师询问森岛守人证人）

问：森岛证人，你有什么职责，在和平时期为保护日本国民而做了安排？

答：因为有治外法权，所以我领导很多警察。另外，由于和中国有冲突，要设法保护居留民。只好根据情况的不同，采取适当措施，除此之外别无他法。

问：这个所谓的领事馆警察，是在一个地方集中驻扎，紧急情况时召集的吗？还是在整个奉天各处配置的？

韦伯庭长：布鲁克斯辩护律师，这对法庭来说有什么帮助呢？请说明。

布鲁克斯辩护律师：我在询问为什么领事警察要在整个奉天各处分散配置的理由。理由是不是因为针对在留日本人的杀人、杀害事件在各处频繁地发生，所以才有必要呢？如果是和平状态，警察放置在一个地方就好了，如果碰到紧急情况，再派到其他地方就好了。在这样的理由下，我想引出为什么有必要。

韦伯庭长：在秩序井然的社会中肯定有适当的警察力量。你是在说这里的警察数量与在留民相比多得不平衡吗？

布鲁克斯辩护律师：我相信，日本警察的人数有1.5万人，中国军队的人数在20万，而且日本警察分散在各地。即使日本警察分散在各地，如果数量在《义和团议定书》规定的数量之内，那么在法庭上法官们就以为中国方面的警察足够了吗？

韦伯庭长：请提出问题。

布鲁克斯辩护律师：这就是我的问题。

韦伯庭长：似乎问题过于冗长了，能精简下吗？

达西检察官：这位辩护律师好像混淆了领事馆警察和驻扎在满洲

奉天的部队。这份宣誓证词中写了，保卫领事馆的警卫兵有数百人。这种类型的问题完全没有重要性，也没有关联性。

布鲁克斯辩护律师： 我很尊敬检察官的学识，但是我不同意他的意见。我撤回之前的问题，换一个短问题。

问：那么，为什么领事馆警察要配置到奉天的各处呢？

达西检察官： 我反对，这是完全没有关联性和重要性的问题。

韦伯庭长： 反对有效。

问：你会时不时接受领事馆警察的报告吗？

答：是的，每天都接受。

问：你把从各处收集到的情报制作成册，将各种发展趋势向外务省报告吗？

答：是的，正是如此。

问：你写的报告，这些有关广大地区的发展趋势或者各种事件、动向的报告，会成为日本政府之后政策的资料吗？

答：我确信会成为政府制定政策的宝贵资料。

问：这些报告中，总之从领事馆警察那里获得的资料中，有没有关于日本臣民或者国民被强盗或者士兵杀害之类的事情？

达西检察官： 我以这个提问在范围之外为理由，而且完全没有重要性和关联性，表示反对。

韦伯庭长： 直到刚才进行的提问，我想可以归结为一个问题：从领事馆警察那里有没有获得日本臣民被中国军队甚至是强盗杀害的报告。我们已经在无意义的问题上浪费了半个小时的时间了，这样的提问——提问更加短一些比较合适。

我们就此休庭至 13:30。

（12:00 休庭。）

法庭执行官： 远东国际军事法庭现在开庭。

交叉询问（由布鲁克斯辩护律师继续询问森岛守人证人）

问：根据警方的报道，在你的任期内，有没有收到日本侨民、日本臣民被中国的土匪或者其他人虐杀的报告？

答：有，我收到过。

问：大概报道过多少件？

答：我在职的时间很长，而且奉天总领事馆的管辖区域非常广，因此要列举件数的话，我现在不记得了。总的来说，在城市街角地有几起，内陆的朝鲜人区域数量相当多，除此之外就没有了。

三文字辩护律师：我是被告小矶国昭的辩护律师，三文字。请允许我对证人进行交叉询问。

交叉询问（由三文字辩护律师询问森岛守人证人）

问：森岛证人，你说你从1928年9月到1932年12月在奉天总领事馆工作，之后你去哪里工作了呢？

答：从1932年的12月至1935年的7月我在哈尔滨担任总领事。

问：1932年8月关东军换了新的司令官，小矶国昭成为参谋长，你知道吗？

答：我知道。

问：军司令官武藤元帅对满洲实行怎样的政策？武藤元帅的性格、声望你是否了解，我想问一下。

达西检察官：反对，问题在范围之外了。

韦伯庭长：反对有效。

问：庭长，小矶国昭中将在武藤军司令官之下，作为下属开展各种行动，所以我认为询问有关武藤元帅的问题并非是没有意义。

韦伯庭长：抗议已经被认可，所以必须服从裁决。

问：证人在宣誓证词的最后一页，提到关东军向热河省出兵，这个事实是1933年3月发生的，是证人已经离开奉天之后的事情了。证人你是亲耳所闻,还是基于传闻呢?

答:即使假定我在奉天工作,只要不随军出行也很难在现场确认。而且,即使我在哈尔滨,也可以从各种情报、各种事实中知道这样的事情。

问:森岛证人,你又在宣誓证词中写道在内蒙古的热河省,即你还在奉天领事馆工作时——不是刚在奉天领事馆工作,而是你还在满洲的时候,张学良将军就宣布热河省成为满洲的一部分,并事实上归入其统治之下,是这样吗?

答:我在写宣誓证词时,并没有使用严格的学术文字,一般说"东三省",但也说"东四省",正如刚才辩护律师所说的。

问:你知道签订日"满"议定书的事情吗?

答:是的,我知道。

问:知道的话,根据议定书第二条,关东军为了确保在"满洲国"内的领土和治安,有共同防御的责任,这点你知道吗?

达西检察官:这在供述书的范围之外,我提出反对。

韦伯庭长:反对有效。

问:你是否知道在1932年第三次国际联盟理事会上,日本军在满洲讨伐土匪的权利得到了保留吗?

达西检察官:我以问题不相关为理由提出反对。

韦伯庭长:反对有效。

问:那么,日军在热河省开展治安肃清作战之前,热河省的治安状况怎么样?如果你知道的话,我想问一下。

达西检察官:我提出异议。虽然不是我的初衷,但是我不得不这样一次一次地站起来提出反对。这样的问题既没有关联性,也没有重要性。

韦伯庭长:反对有效。同时我注意到,你的宣誓证词是引起这类责任的内部原因。今天真是没意思的一天。

三文字辩护律师:庭长,我问这些问题是因为这是证人写在供述书上的,请允许我审问。

韦伯庭长:我不想和你争辩法庭的规定。已经提出反对了,你必须遵守。

三文字辩护律师:由于我不能事先弄清庭长的判断,所以我不能向他提问了。

韦伯庭长:你必须遵守法庭的规定,我不希望和你讨论法庭的规定,如果你再不尊重法庭的规定,我们将处理你了。

三文字辩护律师:那我继续。

问:谁领导了热河事变的发生?

答:我想是汤玉麟。

问:森岛证人,像在你的宣誓证词所宣称的那样,你有很多情报资源,那么你是否知道在武藤元帅职掌关东军时期,汤玉麟与谢履西相互间有固定的联系吗?

达西检察官:问的问题毫无关系,毫不重要,我因此提出反对。

韦伯庭长:反对有效。

我觉得似乎我们应该休庭,将基本的规定告诉辩护律师。我们不应该像这样坐在这里浪费时间。这样真的毫无意义,毫无收获。我们将在午饭时进行讨论。原因是检察团让证人在宣誓证词中写的内容太过泛泛了。这份宣誓证词里的内容远远超出他工作的职责范围了。森岛守人仅仅是个领事官而已。

三文字辩护律师:韦伯庭长,证人在最后一段的宣誓证词里说,在热河问题上,人民和政府都没有提出反对。而他说的是日华双方的人民和政府都没有支持。

森岛证人:关于这一点,我的意思是,热河当地人、当地官员都没有自发开展行动。即使你举出些反例来,我也只能说是我们的看法不同。

问:在你的宣誓证词里,你用的是"傀儡政权"这个词,你能告诉我其内涵是什么吗?

答：我意思是，政府不能随意地发布自己想要的政策并随意开展行动。

韦伯庭长：这是个毫无用处的问题，我们不能这样浪费时间。这次审判的内容很多，太费时间了。

三文字辩护律师：我想向证人提另外一个问题。

三文字辩护律师：在张学良领导期间，政府是否和其他文明的国家建立外交关系？

达西检察官：我以问题毫无联系以及不重要性为理由提出反对。

韦伯庭长：反对有效。洛根辩护律师请发言。

洛根辩护律师：我没有什么要说的了。

韦伯庭长：达西检察官。

达西检察官：我也不展开本方询问了。

六、第二次、第三次审理

豪克斯赫斯特辩护律师：如果本法庭允许,我希望现在向大家介绍中国的向检察官,他将进行检方的陈述。

韦伯庭长：向检察官。

向检察官：如果法庭允许,关于我将要陈述的有关日本在中国的确定罪行,我希望本法庭知道,我将要引用的一些证据之前已经按不同顺序作为证据提出了。

开场陈词

关于针对平民和其他人士的暴行,以及在中国使用鸦片和其他麻醉毒品。

起诉书从第44项到第50项罪状以及从第53项到55项,控诉了日本侵华战争期间针对平民和其他人士的暴行,说明了战争性质和日本的野心,下面将揭示这些暴行。

现在我们揭露的只是所有针对平民的暴行和反人道罪的一部分,在代表菲律宾的副检察官佩特罗·洛佩兹少校的开场陈词后,这些罪行将更全面地表现出来。现在要揭示的只是有关中国的战争。

陈述的证据将表明针对平民的罪行,包括：① 谋杀和屠杀；② 酷刑；③ 强奸；④ 抢劫、掠夺和肆意摧毁财物。

日军犯下的这些反人道罪行,发生在中国被占领的每一个省,并贯穿从1937年到1945年的整个时期。而这些罪行中最著名的例子发生在1937年12月13日南京沦陷后。当中国军队停止了所有抵抗后,整个城市完全陷于被告松井将军所指挥的日军控制下,一场肆意的暴行和罪恶开始了，并疯狂持续了40多天。在日军指挥官和东京的最高指挥部完全知情和同意下，日军士兵施下各种暴行来镇压中国人民的抵抗意愿。这些罪行的细节（已被历史性地认定为"南京屠杀"）将通过证据来证明。现在，足以指出这些罪行在我刚才所述的每种类型下都有不计其数的例子，即谋杀和屠杀、酷刑、强奸以及抢劫、掠夺和肆意摧毁财物。

证据将表明，日军士兵在南京的所作所为不是孤立的事件。它是典型的事件。在众多这类事件中，中国的司法机构官方报告了1937年至1945年在日占区遍布各省的超过95 000例案件。日军士兵在中国的这些持续暴行曾报告给日本的最高指挥部和日本政府。虽然时常有通告和抗议，但暴行仍在继续。这就是日本式的战争。这些暴行的证据将由弗吉尼亚律师协会的大卫·尼尔森·萨顿先生、莫洛上校、帕金森先生以及中国的裘劭恒先生向本法庭进行陈述。

麦克马纳斯辩护律师：如果庭长允许，我可以再次反对检察官的作证吗？

韦伯庭长：他只是陈述了他希望证实的事情。我们不会误解。

向检察官：我只是简单描述了一下我们希望证实的内容。事实上，其中有一些我们已经证实了。在我们提供完证据后，辩方将有机会进行辩护。

我将继续宣读我的陈述。

证据还将显示，作为征服中国计划的一部分，日本领导人使用鸦片和麻醉毒品作为准备进一步侵略中国的武器。这违反了关于禁止鸦片和麻醉品的三个公约规定的义务。这三个公约已被采纳为证据，证据文件编号分别是17、18和19号，日本也是这三个公约的签署国。

我们的证据将证明，在日本军队侵略任何地方之前，日本的军方和民间机构就会大肆从事非法的鸦片和毒品贩卖行为，这不仅发生在日本租界内，而且遍及中国各地。这些机构将海洛因、吗啡和其他鸦片衍生品的生产引入那些之前并不流行毒品的地方。由于当时日本人在中国享有治外法权，他们的运作几乎完全不受中国法律管辖。这种非法活动的意图和结果是压制或完全击败中国人试图控制毒品威胁的努力。毒瘾对身体的危害众所皆知，这使得日本人妄图使几百万中国人在侵略面前束手就擒的野心昭然若揭。

日本领事馆从不采取积极行为阻止日本人从事毒品贩卖，或是充分地惩罚因毒品违法而被中国或其他国家警察抓获的日本人，这显示了这种非法活动的官方性质。这种不作为与日本当局对向本国人出售麻醉品的日本毒贩的严厉处罚形成了鲜明的对比。

证据将显示，当日本人占领中国的每个地方后，该地区就会成为向下一个地区进行毒品进攻的一个据点，这种形式的武装侵略被日本人称为"平定"。在这方面，证据显示，从"满洲国"傀儡政府建立开始，到以后的华北、华中和华南，日本人控制的傀儡政府都遵循了同一模式，即废除了中国关于鸦片和其他麻醉品的法律，建立了鸦片专卖机构，表面上像是鸦片控制机构，实际上却是所辖区域的鸦片和麻醉品独家贸易商。接下来就是在日本人控制的地区开设了大量的鸦片烟馆，划定更多的土地种植罂粟，大量进口鸦片和麻醉品，但却没有依照所谓的鸦片专卖目的而采取任何控制鸦片的措施。

在控制鸦片以达到禁止目的的伪装下，日本人控制的傀儡政府从鸦片和麻醉品交易中获得了巨额收入。

证据表明，在"满洲国"，为资助傀儡政府运作而发放的日本贷款，是以鸦片贸易的利润为担保的。

总之，证据将显示日本人扶植的鸦片和毒品交易有以下两个目的：
（1）削弱中国人民抵抗的毅力和意志。
（2）为资助日本军事和经济侵略提供巨额的收入来源。

有关毒品的证据将由萨顿先生以及来自美军的约翰·汉默尔少校和亚瑟·桑德斯基上尉进行陈述。

……

（哈罗德·弗兰克·基尔作为检方证人出庭，首先宣誓，然后作证如下。）

直接询问（由萨顿检察官询问哈罗德·弗兰克·基尔证人）

问：你的全名是什么？

答：哈罗德·弗兰克·基尔。

问：你的出生日期和地点？

答：1905 年 11 月 19 日，伦敦。

问：你现在是哪个国家的公民？

答：英国。

问：你现在住在哪里？

答：上海。

问：你在中国居住了多长时间？

答：从 1929 年开始。

问：你在中国居住期间担任什么职务？

答：我在上海市警察局担任警官。这是属于上海公共租界的警察队伍。

问：在日本人占领上海前不久，那里的鸦片情况是什么样的？

答：在中日战争开始前，由蒋介石总司令率领的中华民国政府发起了一场旨在清除中国的鸦片与毒品的运动。最初，关于鸦片和毒品犯罪的法规和惩罚措施是规定在中华民国的刑法中，几年之后，它被一部新的法典，也就是《禁烟法》取代，再后来又被更加严厉的法典代替，即《禁烟治罪暂行条例》和《禁毒治罪暂行条例》。在这个法律下，贩卖和生产鸦片或其他毒品的人可给予死刑——被判死刑或终身监禁。在这些法律实施了一段时期后，从我的工作角度看，很明显地遏制或减少了鸦片和毒品的使用，至少在上海是这样。但后来，当汪精卫的傀儡政权控制了上海的中国人法庭后,他们最初采取的行动之一就是废止了我刚才提到的这些严厉法律,重新恢复了刑法中的原来规定。

问:在日本人占领前,上海地区是否有任何的鸦片公开售卖情况?

答:绝对没有。因为上海有这些严厉的法律,人们不愿冒着被判有期徒刑甚至是终身监禁的风险;如果是贩毒,还有被处以死刑的风险。

问:在日本人占领之前,你刚才提到的法律中规定的这些严厉惩罚是否真的对违反这些法律的人实施了?

答:我相信有一些案件的确执行了死刑。

问:在日本人占领后上海的鸦片情况是否出现了任何变化?如果有,什么样的变化?

答:情况恶化了,大约在 1938 年 10 月,我听说日本人和傀儡政府的官员正在进行关于建立鸦片局或专卖权的讨论。

答:(继续)我记得参加这些讨论的两个人的名字。一个是日军特务处的楠本将军,另一位是陆军少将竹下。我还听说讨论的方案之一是在上海西部建立 12 家鸦片商行,也就是在上海公共租界外围的西区。还建议每家鸦片商行应该有 20 位交易商。当时估计每月可从这些鸦片交易中获得收入约 600 万中国元。

从 1938 年秋季至 1939 年鸦片商行开始在上海公共租界外围西区出现,人们逐渐开始购买鸦片。在这个区域有一个名叫北冈的日本人非常出名。不久之后,原先成立的鸦片管理局被另外一个组织取代,即在江苏省、浙江省和安徽省设立的禁烟局。禁烟局在上海公共租界的相关区域也设有办公室,也就是在公共租界的北部。在日军控制下,鸦片销售的规模逐渐壮大。1939 年,向人们出售鸦片的商行开始在公共租界以外的地区出现。

问:在大街上是否有销售鸦片的广告?

答:有一个臭名昭著的地区叫做曹家渡,其中有一条小巷子叫忻康里,那里有很多房屋被改建成出售鸦片的商店。任何人都可以在那里买少量的鸦片。人们可以买1盎司或半盎司,这足够嗜烟者吸食一天。我有时会派我手下的中国警探去那条小巷子,他们回来后再向我报告情况。另外,在商店外也有标牌,上面打着某某鸦片商行的名称。对鸦片的控制很难收到满意效果,因为在这片地区经常会因为鸦片及其带来收入问题而引起冲突。

我记得在1939年4月,有一名日本人用一辆汽车装载了大约3 000两的鸦片,也就是大约3 000英制盎司的鸦片,路上遭到了抢劫,货物也被偷走了。一两鸦片大约等于一又三分之一英制盎司。

问:你熟悉宏济善堂吗?

答:宏济善堂是一个大约在1939年5月成立的组织,成立目的是全面负责在上海的鸦片销售。

问:你能简要描述一下它是如何运作的吗?

答:根据我在工作职务中的了解,当时鸦片基本上都是由日本货船运到上海的。当这些轮船到达上海后,货物卸在公共租界北部或东部的日本码头上。尽管这些码头和船坞实际上在公共租界内,上海市政委员会却对这些在日军控制下的码头和船坞没有任何管辖权。鸦片会被从这些码头和仓库——从这些码头运往仓库,然后再运往鸦片销售机构。

问:你的工作有时会抓获从事非法鸦片交易的中国人吗?如果有,在抓获他们会有什么程序?

答:请原谅,你是说抓获中国人还是日本人?

问:日本人。

语言仲裁官:检察官先生,您说的是中国人?

萨顿检察官:问题是"你的工作有时会抓获日本人吗?"

语言仲裁官:谢谢您。

答:是的,我曾经抓获过进行鸦片交易的日本人,但是,除非他们是在犯罪现场被抓获,否则,以后的程序就会有些困难。我首先必须要去日本领事馆，拿到一份日本领事签发的批准令；然后，我还必须得到日本领事警察的协助，但不幸的是，有时候很难获得这些协助，结果往往是，当我们拿到了这样的协助时，贩卖鸦片的日本人通常已经卖完了鸦片而且消失不见了。如果是在其他的法庭，我可以立即得到批准令，然后自己去抓获这些犯罪者。

问：你从日本领事警察那里获得了什么样的合作？

答：当我能够获得他们协助时，他们通常是很有帮助的，我们会一起进行搜查，抓获日本毒贩，然后移交给日本领事。那部分工作还比较顺利。

问：在被抓获的犯人向他们的领事移交后，会发生什么事情？

答：他们将由日本的领事法庭全权处理，我无法知道审判过程。

问：在将犯人移交给日本当局后，你是否有时又会好几次抓获同一名犯人？

答：在关于鸦片犯罪方面我没有特别留意。

问：出售的是哪种鸦片？

答：在中日战争爆发前，我的观点是，在上海售卖的大部分鸦片——

韦伯庭长：列文先生。

列文辩护律师：庭长阁下，我们提出反对，理由是询问的不是他的个人观点。对他的提问是关于一项事实，关于出售的是哪种鸦片，但他却表达了个人的观点。

韦伯庭长：除非要求你表述个人观点，否则不要这样做。仅仅回答问题就好了。

证人：从我掌握的知识来看，我想当时售卖的鸦片产自中国。但是后来，在1939年或1940年，在上海发现了一种不同的鸦片，看起来像是在外国制造的。

问：在日本人占领前，上海地区关于鸦片以外的毒品出售是什么情况？

答：我所说的毒品主要指那些极其危险的毒品，如海洛因和吗啡。在1938年前上海并没有出现很多毒品，或者说我没有发现有很多。以前中国人曾经嗜好麻醉剂，他们吸食的毒品被称为"鸦片红丸烟"。这些鸦片红丸是由鸦片烟渣、海洛因、糖精以及色素制成。但这个习惯已逐渐没有了，到了1938年和1939年，只能发现非常少量的红丸。但从这时起，海洛因开始经常出现了。从1940年之后，我经常一次性地收缴50～100盎司的海洛因。100盎司海洛因可能看起来不是很多，但海洛因经常会被掺入杂质销售，这样100盎司纯海洛因在掺假后可能就足以供1万人食用。我缴获到的海洛因通常是装在一个长的橡胶袋中，上面经常有一些日本文字。我也审问了这些毒贩他们从哪里得到的毒品，他们总是告诉我是从天津或华北地区。我发现，随着日本人的影响和控制向华中地区延伸，有更多的海洛因开始流入上海地区。

问：这些进行毒品交易的人主要是什么国籍？

答：我曾从上海的公共租界地抓获过几十名沿街叫卖海洛因的毒品小贩。他们都是台湾人或朝鲜人，当然也就是日本公民。这些小贩出没在比较贫穷的街区。他们通常会全天兜售小袋装的海洛因，价格为中国货币的两毛、五毛或一元不等。当我搜查他们时，会在他们的口袋中发现几百个小袋子。然后，根据与日本公民有关的法律，我不得不将他们移交给日本领事进行审判。但在几天之后，我就会发现同一批小贩又回到了街上继续兜售毒品。尽管我已经抓获过大量的毒品小贩，但我从未被传唤出庭为任何毒贩进行作证。过了几个月之后，我才会得到通知，说这些毒贩已被判罚款5元、10元或20元。

韦伯庭长：我们将暂时休庭到13:30。

（12:00休庭。）

根据休庭规则，本法庭于13:30开庭。

法庭执行官：远东国际军事法庭现在继续开庭。

韦伯庭长：萨顿先生。

（哈罗德·弗兰克·基尔作为检方证人出庭，重新坐入证人席后作证如下。）

直接询问（继续）

问：基尔先生，你在上海地区关于鸦片和毒品进行执法时有什么经历？

答：从1938年起，我隶属于上海警察局总部的毒品处，专门处理毒品和鸦片犯罪案件。我后来负责了那个部门，手下有几名警探，专门打击公共租界内的毒贩，同时还负责对中国——上海的毒品问题提出一些建议和意见。我的工作遇到很多障碍，因为我不能，或者说市政府警察厅不能，在日军控制的公共租界地区正常运转。

问：日本当局在占领上海地区后是否颁布了一些法律来遏制鸦片和毒品的使用与销售？

答：据我所知，除了上海的公共租界和法国租界外，几乎没有什么措施来遏制或惩戒吸食鸦片。我在证词中已说过，鸦片和毒品在外国人居住区和租界地以外售卖。

问：你是否有时会逮捕鸦片与毒品瘾君子？

答：我抓获过好几百名这些可怜的人。鸦片吸食者和海洛因吸食者之间有很大的区别。海洛因嗜毒者是真正的可怜虫。我见过一些中国人曾经非常优秀和健康，但在吸食了几个月毒品后，他们就完全成了废人，消瘦肮脏，疾病缠身，不再考虑吃饭、工作或是家庭这些事，唯一剩下的只是对毒品的欲望。如果长时间得不到毒品，他们就会不惜任何手段去获得它。我知道有一些被拘押在警察局的嗜毒者会喝自己的尿液，因为里面含有毒品成分。

问：你的工作职责中是否有时要求准备报告提交给国联？

答：是的。之前有很多年，我都要在年底准备一份报告提交给国联。但是在1941年的年底，我像往常一样准备了年度报告，并提交给我的上级日本警察厅长官，但被告知以后不用再提交这样的报告了，因为他们将不再转交。

我现在要回到刚才提到的毒品问题上：海洛因或毒品吸食者将从小贩手中购买毒品，然后或者通过吸入方式，或是注射在胳膊上。如果是吸食，他就会将一小部分包在一块锡箔纸中，举到一盏小灯或蜡烛上，然后吸入冒出的烟气。如果是通过注射，他就会到一家海洛因烟馆进行注射。海洛因烟馆可能只有一根针管和一只针头，而一天之中会用它给很多人进行注射。其中有的人可能是健康的，而有的人可能染有瘟疫、性病或其他什么疾病，这样就会通过一个人向其他人传染。

问：在日本人占领后，你准备向国联提交的报告中是否有被转交给国联的？

答：1941年后就不再转交报告了，我也没有从国联鸦片委员会收到过任何信件往来。之前提交的这些报告主要是关于收缴毒品的细节、抓获人员数量以及未决案件的备注。

列文辩护律师：庭长阁下。

韦伯庭长：列文先生。

列文辩护律师：我们反对从这些报告进行任何引用，原因是这些报告没有被采纳为证据，而它们是最好的证据。

萨顿检察官：证词的目的只是为了说明这些报告，正如证人所言，按照要求提交给了日本当局并希望它们转交给国联，但日本当局将这些报告退还给他，并告诉他说将不再负责这件事。

韦伯庭长：他并没有试图证明报告内容，而仅仅是陈述准备了报告并递交给日本政府。

反对无效。

问：基尔先生，你是被拘禁了吗？如果是，什么时间？

答：我于1943年2月在上海被拘押。

问：你什么时候被释放出来？

答：在日本投降后。

问：你目前受谁雇佣？

答：上海的英国总领事馆。

萨顿检察官：辩方可以对证人进行交叉询问了。

韦伯庭长：列文先生。

交叉询问（由列文辩护律师询问基尔证人）

问：基尔先生，你做了多少年警察？

答：从1929年起。

问：在整个那段时期，你一直在上海做警官吗？

答：是的。

列文辩护律师：就这些。没有其他交叉询问的问题了，庭长阁下。

韦伯庭长：证人可以按惯例离开了。

（随后，证人退席。）

……

七、1937～1945 年日占区暴行和毒品贸易相关证据

萨顿检察官：（宣读）

在南京这个决定性时期清楚地表明了两个事实：① 保卫南京城的失控；② 不是个人而是整个日军军队的缺乏纪律性、残暴和犯罪行为。

颇具嘲讽的是，这些禽兽表面上装作反对共产主义，并高声支持中国的改革和自由，而实际上却是赤裸裸的"共产主义"[1]，所到之处尽是罪恶和低劣行径。

韦伯庭长：这不是证据，你应该知道。

萨顿检察官：如果法庭愿意，关于日军在中华民国对平民和其他人犯下的暴行，到目前为止提交的证据都是关于日军占领后的南京或其他周边城市。如果法庭允许，我们下面将提交日军 1937 至 1945 年期间在中国的整个日占区犯下的类似暴行。本证据的目的是为了揭露日本人的战争模式。

检方下面提出文件 2706 号作为证据，这是联合国战争犯罪委员会的第 410 号案件。我们只从审判记录中引用两个人的陈述，这不是宣誓证词，而是记录中的实际陈述。一份是刘得山的陈述，另一份是陈亚

---

[1] 原文如此。

清的陈述。

韦伯庭长：清濑博士。

清濑辩护律师：这两份陈述看起来并不太像证词，而像是在中国法庭上提供的起诉书。如果是这样的，我认为它们不能被采纳为证据。

语言监督官：略作更正：这些并不是宣誓证词，看起来像是在中国法庭上提供的起诉书。所以我反对。

萨顿检察官：如果法庭允许，这两份陈述都经过证人的签名和加盖印鉴，而且见证方式与迄今为止其他中国人提供证据时是一样的。我被告知，它们已经通过了在中华民国法庭采纳证据时通常使用的验证方式。

韦伯庭长：但是你同时还提供了向伦敦的联合国战争犯罪委员会提交的起诉书。我不明白你为什么要提供两份起诉书。它们并不会把事情往前推进更多。而且，起诉书也不是证据。

萨顿检察官：检方只提出了两份被标记为宣誓证词的陈述，它们附带有国际检察局的识别文件2076A和2076A1。但附带的提示将不会提出为证据。

清濑辩护律师：我原以为刚才提出的文件是2076号。难道不是吗？

语言监督官：略作更正：检方打算撤销那份文件吗？

韦伯庭长：没有要撤销的文件。它还没有被接受。可以继续，但要在休庭后。

我们将暂时休庭15分钟。

（10：45休庭，11：00重新开庭。）

法庭执行官：远东国际军事法庭现在继续开庭。

韦伯庭长：萨顿先生。

萨顿检察官：检方提出以下两份文件作为证据，一份是刘得山的陈述，被标记为国际检察局文件2076A；另一份是陈亚清的陈述，被标记为国际检察局文件2076A1。这些文件显示了日军于1937年在江苏省犯下罪行的证据。

韦伯庭长：按惯例采纳。

清濑辩护律师：庭长先生，这些刚提出的宣誓证词看起来是复印件。我想知道刘先生和陈先生的宣誓证词原件是否也提供了？

语言监督官：略作更正：这些宣誓证词看起来像是在其他法庭上使用的宣誓证词复印件。我想知道原件以及证明是否也在秘书手中？

萨顿检察官：如果法庭允许，原件已交给了书记官。

韦伯庭长：那么，原件不在伦敦，是吗？

萨顿检察官：原件交给了本法庭的书记官。

韦伯庭长：辩方可能会仔细研读这些文件的原件。我不知道。

萨顿检察官：请容许我来回答这个问题，有关的案卷已转给了检方，我们从案卷中取出原件交给了本法庭的书记官。

清濑辩护律师：文件是以汉字，用中文起草的，大部分——而且是打印出的。辩方律师中有几个人能阅读汉字，因此我们希望保留在仔细讨论这份宣誓证词后提出反对的权利。

韦伯庭长：这个反对不成熟，是在浪费时间。

继续。

法庭副书记官：检方文件2076A和2076A1将作为证据被采纳，证据号330。

（然后，上述文件被标以检方证据第330号，并被接受。）

萨顿检察官：我从刘得山的陈述中宣读一段：

（宣读）

日军于1937年11月占领了江苏省的苏州市。他们杀害了沈志强和其他3名商人，并公开声称他们将见一个杀死一个。被屠杀的平民不计其数。

从陈亚清的陈述中，我也宣读一段：

1937年10月10日，日军占领江苏省南翔后，开始掠夺抢劫，杀害了商人李锦明，并用机枪对着200多名其他商人进行扫射，将他们全部杀害。

韦伯庭长：那几乎不能算是证据。没有细节。哪个法庭能够使用这样的证据呢？

萨顿检察官：如果法庭允许，检方下面要提出有关日军在湖北犯下暴行的文件作为证据，共有10份文件，国际检察局的文件编号分别为2106、2107、2108、2109、2110、2111、2112、2113、2114和2115。这些文件显示了日军第13师团104联队65大队1941年在湖北省对财产进行破坏的具体事实。但我认为没有必要将它们读入到庭审记录中。

韦伯庭长：按惯例采纳。

法庭副书记官：检方文件2106将作为证据被采纳，证据号331。检方文件2107将作为证据被采纳，证据号332。检方文件2108将作为证据被采纳，证据号333。检方文件2109，证据号334。检方文件2110，证据号335。检方文件2111，证据号336。检方文件2112，证据号337。检方文件2113，证据号338。检方文件2114，证据号339。检方文件2115，证据号340。

（随后，上述文件被编为检方证据第331号、332号、333号、334号、335号、336号、337号、338号、339号和340号，并被接受。）

洛根辩护律师：如果法庭允许，我希望指出这些宣誓证词全是关于据称被抢掠的一头牛、一头猪或其他类似动物这些微不足道的事情，我们认为，这都是允许检方在本案中使用宣誓证词而导致的结果。

韦伯庭长：毫无疑问，他们正在使用之前在联合国战争犯罪委员会上使用过的宣誓证词，以建立一个有表面证据的案件，但其中仅包含有最少量的证据，仅能用于非常有限的目的。

萨顿检察官：检方下面提出文件2217号文件作为证据，这是由日军第二独立山炮联队一大队一中队的一等兵田村信忠于1945年4月

28日进行的陈述,内容有关日军于1941年在湖南省长沙市犯下的暴行。

韦伯庭长：按惯例采纳。

法庭副书记官：检方文件2217将作为证据被采纳,证据号341。

(然后,上述文件被标以检方证据第341号,并被接受。)

萨顿检察官：(宣读)

在1941年9月的第二次长沙战役中,第二大队(指挥官是高桥少佐)第三中队(指挥官是佐佐木一)——

韦伯庭长：等一下。法官们手里还没有你读的文件副本。

萨顿检察官：请原谅,阁下。

(随后递给法庭每位成员一份文件。)

萨顿检察官：(宣读)

在1941年9月的第二次长沙战役中,日军第六师团第二独立山炮联队(指挥官是森户隆三将军)第二大队(指挥官是高桥荣吉少佐)第三中队(指挥官是佐佐木一)强迫湖南长沙镇东市关押着的200名中国战俘抢掠了大量的大米、小麦和其他物品。当他们返回时,为了掩盖这些罪行,200多名日军用大炮将这些中国人全部屠杀。

萨顿检察官：我们下面提出检方文件2218号作为证据,这是谢金华的一份陈述,内容是指控日军于1944年6月在湖南省犯下的暴行。

韦伯庭长：按惯例采纳。

法庭副书记官：检方文件2218将作为证据被采纳,证据号342。

(然后,上述文件被标以检方证据第342号,并被接受。)

萨顿检察官：(宣读)

日军占领长沙后，他们开始在这个地区疯狂地进行杀人、强奸、放火等各种罪行。

1944年6月17日，有10多名日军士兵到西乡沱市抢劫。他们中有一人被正义的中国军队打死，这大大激怒了日本士兵，他们开始对中国平民进行报复。当晚，100多名日本士兵带着机关枪再次到了那个地方。他们从街道两端先进行机关枪扫射，然后放火烧毁了所有房屋。有100多家商铺连同里面的货物都被化为灰烬。

我是从镇上逃出的幸存者之一。大火烧毁了我所有的一切，我成了无家可归的人，只能依靠救济生活。

萨顿检察官：检方希望传唤下一位证人，刘耀华先生，他是中华民国的公民。

（刘耀华作为检方证人出庭，首先宣誓，然后通过中国翻译官作证如下。）

直接询问（由萨顿检察官询问刘耀华证人）

问：你叫什么名字？你是哪个国家的公民？

答：我的名字叫刘耀华，我是一名中国公民。

问：你在中国的家庭住址是什么？

答：我住在河北省宁晋县。

问：你的面前有一张纸，标注为国际检察局文件2221号，据称是由你在1942年6月29日签署。那份声明上是你的签名吗？

答：是的，我本人的签名。

问：声明上陈述的事实是正确和真实的吗？

答：是正确的。

萨顿检察官：我们现在提出这份陈述作为证据。

韦伯庭长：按惯例采纳。

法庭书记官：检方文件 2221 将作为证据被采纳，证据号 343。

（然后，上述文件被标以检方证据第 343 号，并被接受。）

韦伯庭长：我注意到"1942 年 6 月 28 日"，这看起来与宣誓证词的内容不一致。

萨顿检察官：该陈述是于 1942 年 6 月 28 日采集的，这是一个疏忽错误。

（宣读）

> 我今年 29 岁，家在河北省。我所在的村有大约 200 户人，1937 年 9 月，日军士兵到了这里。大部分村民都逃走了。他们都是平民百姓。日本人杀了 24 名村民，还烧毁了村里大约三分之二的房屋。
>
> 我看到一名日兵强奸了一位怀孕妇女，在强暴她后，又用刺刀把她扎死。
>
> 我还看到有 8 名日兵轮奸了一名 18 岁的女孩。她也死了。
>
> 日军士兵抓了一些无辜的中国男子，说他们切断了电报线路。这些中国人被蒙上眼睛，捆上双手，然后有一名日本军官指挥 10 名日兵用刺刀刺他们，甚至在他们倒地后还继续刺他们的身体。这发生在 1942 年的 2 月。
>
> 我后来加入了中国军队，然后被日军俘虏，作为犯人押送到日本干苦力，一直到战争结束。

辩方可以对证人进行交叉询问了。

交叉询问（由清濑辩护律师询问刘耀华证人）

问：你住的那个村子叫什么？

答：村名是"东王家"。它的意思是庄村——庄家村[1]。

问：村里有多少家庭？

答：大约 200 户人家。

问：村里有多少房屋？

语言监督官：我没有问你有多少户人家，我问的是多少房屋。

韦伯庭长：如果一个人被指控为烧毁一座房屋，辩方和检方都不会问城里一共有多少房屋。

问：你什么时候成为犯人的，证人先生？

答：中华民国 33 年，也就是 1943～1944 年。

问：然后你在日本，直到战争结束，是吗？

答：是的。

清濑辩护律师：辩方没有其他交叉询问问题了。

萨顿检察官：对该证人没有再次直接询问。

检方请求允许他返回中国。

韦伯庭长：他可以按照惯例这样做。

（随后，证人退席。）

萨顿检察官：检方希望传唤下一位证人，翟树堂先生，他是中华民国公民。

（翟树堂作为检方证人出庭，首先宣誓，然后通过中国翻译官作证如下。）

直接询问（由萨顿检察官询问翟树堂证人）

问：你叫什么名字？

答：我的名字叫翟树堂。

问：你是哪个国家的公民？

---

[1] 应为东王家庄。——译者注

答：我是中华民国的公民。

问：你家在哪里？

答：河北省。

问：你的面前是检方文件2222号，据称上面有你在1946年6月28日的签名。你是否签了这份陈述？

答：那不是我起草的文件，但是我的本人签名。

问：文件所述事实是真实和正确的吗？

答：是的。

萨顿检察官：我们现在提出文件2222号作为证据。

韦伯庭长：按惯例采纳。

法庭书记官：检方文件2222将作为证据被采纳，证据号344。

（然后，检方证据第344号被接受。）

萨顿检察官：（宣读）

我今年22岁，中国河北省人。当1941年7月日军来到位于饶阳地区的我们村子时，大部分人都从村中逃走了。日军将大约60名老年男子、老年妇女以及男孩和女孩聚集在一起，强迫他们进入一间屋子。然后他们放火烧了这间房子，如果有任何人企图逃跑，就开枪打死。倒在屋外的尸体上全都是弹孔。

1942年5月，大约100名日军士兵和军官以及一些翻译强迫40名中国妇女走到一片开阔场地上，然后用刺刀威胁她们脱去衣服，在四周村民的注视下围绕场地走动。周围的村民被迫跪在地上看着她们。如果有观众把目光移开，他就会被用枪托毒打。日本士兵在一旁鼓掌大笑。一些妇女为了躲避羞辱，跳到旁边的池子中。共有8名妇女跳入池中，其中3人被枪射中。

我从来没有加入中国军队。1944年2月，我和4名其他年轻男子，我们都是平民，被从村子带到一大群人中间，要我们选择是加入傀儡军队还是成为日本人的俘虏。在中国被拘禁了4个月之后,我们被带到了日本,被迫在日本卫兵的看守下从事挖掘壕沟、在山里采石或是其他劳动。我们在日本一共有981人,其中死亡了418人。我们经常受到棍棒毒打或其他折磨,而且只分到很少的食物。

辩方可以对证人交叉询问了。

韦伯庭长:清濑博士。

交叉询问(由清濑辩护律师询问翟树堂证人)

问:当日军于1941年7月进入时,你在哪里?

答:日军进入的前不久我在村里,当日本来的时候,我和其他一些村民一起逃走了。日军来到后,他们放火烧毁房屋,并杀害了很多村民;后来我回到村里,帮助扑灭了村里的火,还看到村里有很多具尸体。

问:那么,根据你在宣誓证词中所述,你在之前就已经从现场逃走了,当这些事发生时你并不在那里。

语言监督官:略作更正:那么,证人先生,你在宣誓证词中陈述的是一个你并未亲眼见到的事实,当你——在你逃走之后发生的事情,对吗?

答:当我返回村里后,我亲手扑灭了火。

韦伯庭长:布鲁克斯上尉。

交叉询问(继续,由布鲁克斯辩护律师询问翟树堂证人)

问:证人先生,在陈述中列出的故事,是他们告诉你——是你听到的谣言,是吗?

答:是我亲眼所见。

问:当你在村里时实际见到了这些发生在村里的事吗?

答：我没有实际见到杀人或是烧毁房屋，但我之后看到了尸体，还亲手扑灭了火。

问：你是否在场并见证了那些裸体的40名中国妇女？

答：是的，我亲眼所见。

问：这是发生在哪里？

答：当时我在四周的人群中。

问：它发生在哪里？什么村子？

答：村名叫许张堡村，在河北省。

问：当时你多大？

答：17岁。

问：你知道这些妇女为什么会脱光吗？

韦伯庭长：这是一个完全无用的问题。

问：是什么引起了这件事，如果你知道的话？

韦伯庭长：原因不相关。

布鲁克斯辩护律师：如果法庭允许，我感兴趣的是证人的可信度，并非具体的事件。

韦伯庭长：他怎么可能了解日本人的心理呢？你不能以这种方式来验证他的可信度。

我们将暂时休庭到13:30。

（12:00休庭。）

（根据休庭规则，本法庭于13:30开庭。）

法庭执行官：远东国际军事法庭现在继续开庭。

韦伯庭长：布鲁克斯上尉。

布鲁克斯辩护律师：

问：那么，证人先生，当你看到那些裸体妇女时，当时在场的那些翻译是否对聚集在那里的人们说过什么？

答：是的。

问：他们对聚集在那里的人说了什么？

答：他们说——他们告诉我们往那些妇女所在的方向看。

问：那是他们所说的所有话吗？

答：不是。

问：他们还说了什么？

答：不，他们没有说任何其他内容。

问：翻译们是否后来向你和聚集在那里的其他人解释过这种行为？

答：没有，他们没有解释过。

问：请说一下你在日本的什么地方进行苦力劳动？

答：秋田。

问：当你做出陈述或签署这份宣誓证词时，陈述的英文版本是否由什么人向你进行了宣读和翻译？

答：是的。

问：谁——我撤回重问——你是否理解英文——自己可以阅读和理解英文？

答：不会。

问：是谁向你读和翻译了宣誓证词的英文版本，如果你知道的话？

答：中国代表团的刘先生。

布鲁克斯辩护律师：没有其他问题了。

神崎辩护律师：我是神崎正义。

交叉询问（继续，由神崎辩护律师询问翟树堂证人）

问：证人先生，你的常住地址是哪里？在湖北省的哪部分？

语言监督官："河北省。"

答：河北省饶阳。

问：那里是在山里还是平原里——在平原上？

答：平原。

问：那里是否有任何中国士兵？

答：没有。

问：没有共产党吗？

答：没有。

问：是谁问——谁告诉你要么要入治安军队，要么成为日本人的俘虏——是日本人还是中国人？

语言监督官："建议"替代上面的"告诉"。

答：我不知道他是中国人还是日本人，但他是翻译。

问：你是作为一名战俘去日本的吗？

答：是的。

语言部主席：对上一个回答的更正："我不知道他是日本人还是朝鲜人"，而不是"日本人或中国人"。

问：你说你从未参加过中国军队。如果你没有在军队服役，你怎么会被以战俘对待呢？

答：日本人强迫或迫使我成为战俘。

问：难道不是根据你的选择，决定是加入傀儡军队还是成为战俘吗？

答：当时那个翻译问我，是否我希望加入治安军队、和平维护军队，自然我不想加入，然后他们就把我送往日本成为犯人了。

问：当时没有告诉你多少钱——你将收到多少报酬？

答：他没有。

问：当你来到日本后，你收到了多少报酬？

答：我到达日本后，他们没给我过任何报酬。

问：直到你回到中国，你一直没有收到过一分钱？

答：日本人投降后，我被从日本战俘营释放。我从未收到过钱。

问：你是不是以苦力的身份来到日本，而不是作为一名战俘？

答：他们只是强迫我来日本。我不是出于自愿。

问：你说有 980 人和你一起被运往日本。你们是否一起来的并一起工作？

语言监督官："980"应该是"981"。

韦伯庭长：那个问题不需要回答。它既不关于事件，也不关于可信度。

神崎辩护律师：证人说在去日本的 981 人中，有 418 名死亡。这些数字对我而言有些难以置信——几乎难以置信。我正在关于这一点对他的可信度进行攻击。

语言监督官：我希望补充一点："418 人几乎达到总数 981 的一半。"

神崎辩护律师：我可以问那个问题吗？

韦伯庭长：是的，让他回答吧。

答：981 人是分三组来这里——被分为三组——但我们工作是一样的——在同一组。我们在一起工作。

问：这些死亡的原因是什么？

答：有许多原因引起了这些 400 多人的死亡。

问：你给出的数字，418 人，是准确的吗，还是你从别人口中听说的？

答：是准确的。我负责调查每一例死亡。每次有人死亡，我都要记录下来。

神崎辩护律师：所有问题问完了。

清濑辩护律师：没有其他交叉询问了。

萨顿检察官：没有再次本方询问。我们请求按惯例让证人离开并允许他返回中国。

韦伯庭长：他可以按惯例退席了。萨顿先生。

萨顿检察官：如果法庭允许，我们将继续陈述有关日军在中国河北省犯下的暴行证据，检方下面提出文件 1708 号作为证据，"中国第 11 战区盟军总司令部军事法庭法官姜震瀛上校的陈述"。

韦伯庭长：按惯例采纳。

法庭书记官：检方文件1708将作为证据被采纳，证据号345。

（然后，检方证据第345号被接受。）

萨顿检察官：这份文件还包含了关于鸦片和麻醉品主题的证据。我只从第1页中宣读第一段。

（宣读）

我叫姜震瀛。我是中国山东省齐河县人。我现年36岁。目前我是中国第11战区盟军总司令部审判战犯军事法庭的一名法官。1937年7月7日在卢沟桥爆发战争时，我当时是宋哲元将军领导的冀察绥靖公署的军事检察官（军衔为陆军上校），宋将军当时还兼任第29路军司令。我在此关于自己亲身经历的事件或根据我的个人所知可以担保真实的事实作出以下陈述。

我忽略不读英文版本第2页上的第一段最后部分。

在1937年7月7日战争爆发前，日本已经在计划进行大陆扩张，并向华北发动侵略。这不仅可以从上述战争爆发的导火索中看到，而且还体现在日本人的鸦片和麻醉品政策上。

自从1936年起，很多日本和朝鲜浪人以正常商人的身份深入华北的各村镇，从事生产和销售鸦片与其他麻醉毒品的生意。他们的存在以及他们与可疑中国组织的关系导致了许多当地的动乱事件，引起了冀察绥靖公署的注意。由于我当时是该总部的军事法官，我在履行公务时得知了这些事实。尽管这些文件在1937年7月撤出北平时被毁，但可以很容易地从当时发行的报告中找到这些事实。这些不仅仅是个人的行为，依照个人的意愿从事的行动。日本政府实际上处于他们的幕后。否则，他们很难在华北各地分布的这么广泛。另一个可以证明这一点的事实是,中国政府向当地政府下达驱逐这些臭名昭著的鸦片和其他毒品贩子的命令不能得到执行,原因是受到了日本军队或日本使馆的直接或间接干涉。

除了使用这些鸦片和其他麻醉毒品对中国人民进行毒化,这些毒贩的活动还与侵略战争有密切关系。他们在内地的存在以及在不同地区与可疑中国组织的联系对日军收集各种情报非常有帮助,同时还可以了解地理情况,这对发动侵略战争非常有用。日军在卢沟桥战争爆发后在短短一个月内便占领了整个河北省,这一事实充分证明了上述情况。

自从1937年战争爆发后,日本人在傀儡机构"华北政务委员会"下建立了一个禁烟委员会,在北平、天津、济南、青岛、唐山和石门建立了分支,并在其他许多城市设立了再下一级的分支。这些机构的成立目的是为了在中国实施大规模的毒化政策,这与它们的名称完全相反。在特定的区域,允许向禁烟委员会缴纳一定的税金后种植鸦片罂粟。鸦片零售店商行和烟馆在申请并交费后可以获得发放的许可证。在依法缴税和贴税票后,鸦片可以作为一种合法商品自由地拥有、运输和到处销售。鸦片吸食者在注册和付费后可自由食用。未贴税票的鸦片被视为走私商品,会被上述委员会没收。但没收的鸦片也不会被销毁,而是由上述委员会经拍卖的形式出售给鸦片商。

大多数的鸦片都会落到海洛因制造商的手中。海洛因的生产和运输由日军和宪兵队直接保护。尽管傀儡政府知道鸦片对中国人会造成巨大危害,但它却毫无能力进行干涉。事实上,许多获许可的鸦片经销商自己也制造海洛因。这极大地加剧了对中国人的毒害。

自从1944年起,鸦片的市场价格上涨得很高,刺激了从张家口进口鸦片。有一个由日本和朝鲜浪人领导下的严密组织从事鸦片贩卖。为了避免在边境被发现，鸦片被装入一些小的橡胶袋中后藏入人体敏感器官内，通过这种方式将鸦片运送到北平和天津。那时的报纸经常会报出由于胶袋泄露而使走私者致死的骇然新闻，这些人是日本人毒化政策的第一批牺牲者。

日本人的暴行大致可以分为以下两类：

日军在农村地区对非战斗人员施下的暴行。这些残暴行为不计其数，这里只引用几件尤其令人发指的行为：

（1）农历1945年3月24日，日军第四二○四部队三八大队队长水野、情报主任香川和副主任海老等在河北省交河县用军刀砍死和活埋了128名无辜的妇女和儿童。这件事被交河县政府进行了公报，并公布了遇难者名单。

（2）1938年1月27和28日，日军石末部队司令官及手下日兵在经过河北省高阳县王家坨村时，杀害了40多位手无寸铁的村民。1938年2月25日，这支日军部队又在高阳县的博士庄村屠杀了67名无辜平民。

（3）1943年9月，山崎少尉和他的下级军官中村、横尾、白井、大西以及手下军队驻扎在河北省高阳县时，对200多名无辜平民进行了屠杀。1943年9月当他们经过河北省任丘县时，还抓走了很多人，最后导致1000多人饿死或冻死。

上面引用的暴行都被记录在河北省政府的报告中。

日本宪兵队、特务兵团、铁道守备队和特务局针对包括傀儡官员、政府官员、商人和平民在内的中国人所施下的暴行。

在日军占领期间，日本宪兵队对中国人民犯下的暴行已尽人皆知。在铁路上对乘客进行搜查的铁道守备队也和宪兵队一样的残酷无情。自1943年9月起，日本人新建立了一个所谓的"华北特别警察队"，简称为"一四二○A部队"。驻扎在北平的就是臭名昭著的三谷部队。这支部队的军官和士兵经常穿着便衣，乔装打扮成平民，随意逮捕中国人并用各种手段折磨犯人。该部队分为10个分队，遍布于华北地区。他们比宪兵队要更恶劣得多。日本宪兵队华北司令官陆军中将加藤兼任这个一四二〇A部队的指挥官。还有很多宪兵队的军官也被调到这个新成立的军团。

在我担任中国第11战区盟军总司令部审判战犯军事法庭的法官期间，我知道了很多由日本人犯下的暴行。这些暴行有以下几类：

（1）烧毁村庄。兴国庄（音）是唐山市附近的一个村子，1943年春天在日军准尉高见胜指挥下被日本宪兵队和日本特别警备队林西支队放火烧掉。这个村里有400多户人家，仅剩一座房屋未被烧毁，只有20名居民生还。

（2）放狗咬死犯人。中国犯人经常被赶到一个院子里，放一群饿狗出来，狗会立即扑上去把他们撕扯成碎片。

（3）向犯人鼻孔里灌水。中国犯人被抵住后背，然后从鼻孔灌入大量水甚至是辣椒水。水被灌入肺中，犯人就会吐血、晕厥甚至死亡。

（4）电击折磨。为了向中国犯人逼供，会使用低电压电击犯人身体。

（5）火烧折磨。用点着的火柴烧犯人的头，拿炙热的铁棒烫犯人身上的皮肤。

（6）删除段落。

（7）强迫陌生男女性交。如果他们拒绝，就会立即被开枪打死。

（8）容貌姣好的女性会被指控为共产党员，用点着的火柴烧她们敏感部位的毛发，从她们的羞辱、躲闪和痛苦中取乐。

（9）删除段落。

上述罪行是根据日本人所犯下的大量非人道暴行中一小部分

的文件证据。

我在此作证,这个陈述是根据我亲身经历的事实或是我在亲自审判日本战犯时从法庭程序中所知事实。完全是真实的事实。

检方下面提出文件 1727 号作为证据,这是郑惠锡于 1946 年 3 月 27 日提供的宣誓证词,关于日军在华北的河北省犯下的暴行。

韦伯庭长:按惯例采纳。

法庭书记官:检方文件第 1727 号将作为证据被采纳,证据号 346。

(然后,检方证据第 346 号被采纳为证据。)

萨顿辩护律师:(宣读)

(1)"抗日爱国者敢死队"是由北平的一些年轻人成立的秘密社团,目的是从事地下抗日活动。1940 年 8 月 4 日,这个组织被发现了,分布在北平和天津两个城市的大约 100 名敢死队成员几乎全部被逮捕。

(2)这个社团的大部分成员都是 20 岁左右的青年男女,我的三弟郑通万(音)在加入时只有 17 岁。有 20 多名成员是女孩。

(3)那些在北平被抓起来的成员被关押在日本宪兵队,也就是学堂(北京大学内的建筑物),位于东城前门和煤渣胡同附近的珠市口。

(4)他们在被捕后受到各种折磨,6 个月后才被宣布处以死刑或是拘禁从事苦力。判监禁的人被押往位于城西南角的军队监狱。有一些人在判刑前就已经被折磨致死了。一些轻犯在不同的时间予以释放,但大多数的被捕队员都是在 1945 年 10 月国民党军队到达之后才重获自由。

(5)最常见的折磨是用竹棍或藤条鞭打犯人,直至棍被打折了,然后就换一条新的棍子继续毒打。只有在犯人身上被打得遍身流血,才会停止鞭打。

（6）另一种是剥去犯人的衣服，将他的双手反绑在一条板凳上。将一个木球放入他的嘴中，用一条手帕将他的鼻子和嘴巴捂上，然后通过毛巾向他的胃中灌水。如果使用煤油，就不用毛巾直接向鼻孔中灌。一直持续到犯人停止呼吸。

（7）还有就是将犯人的胳膊紧紧捆住，使他们无法动弹。然后用尖锐的金属工具在他们的手掌中央钻孔。

（8）另有一种是将犯人绑到一个木椅上。在靠近他的桌子上放一个缠着电源开关和电线的木头盒子。犯人的两个拇指都缠上电线。刚打开电流开关时，犯人只能感觉到轻微的颤动和热流，但当电流加大时，犯人就会眼睛发黑，双耳嗡鸣。这是一种令人无法忍受的酷刑，犯人常常会失去知觉，浑身大汗，而且大小便失禁。

（9）还有一种酷刑是在梁上悬挂两根结实的绳子，每根绳的下端有一个大夹子。犯人的两个拇指被紧紧夹住，慢慢往上拉，直到他悬挂在空中。

（10）还有是在房屋靠墙建一个水泥池子，大约6英尺深，6英尺宽，12英尺长。然后池子里注满冷水，犯人的手脚都被捆上后被扔入池中，直到他窒息。然后失去知觉的犯人会被从池中捞出来，有一个人会过来踩在他灌满水的胃上，水就会被喷出来。

（11）还有一种酷刑是针对女犯，让她们在生理期时坐在一个炙热的炭火炉上。女犯被扒去下身的衣服，手脚都被捆住，然后强迫她们坐在炉子上。

（12）有时会让犯人趴在地上。在他的膝盖下面放一条长木板，再往他的脚踝上面也放一条木板。然后有两个人会踩在他的腿上。通常犯人的脚踝会因为承受不住压力而完全断裂。

（13）另外有些时候，他们用绳子把三根削尖的木棍绑在一起，将木棍从犯人的手指中间横插过去。当拉紧绳子时，犯人常常会立即痛昏过去。

（14）他们还会用一把钳子将犯人的指甲生生拔去。拔掉一根指甲的疼痛就足以让人晕厥过去。

（15）上述的各种酷刑都是由穿军装的日本人实施，通常会带一、两个朝鲜或台湾翻译。

（16）给犯人吃的食物也非常差。通常的食物包括豆饼和谷糠。有时会有"花生饼"。这些饼是用花生的外壳和里面的一层皮儿制成。

（17）大多数被释放队员的健康都受到了严重损害。一般的症状都是胃部和神经的疾病。有一个女孩的一只眼睛由于受到重击而失明。还有一个女孩来自富裕家庭，当她被捕后家里人试图想各种办法把她放出来。最后，给了抓她的日本人10万元中储券。付了贿赂款后，女孩被释放了，但就在离开监狱前，她的胳膊上被注射了一针，她到家后不久就死了。这件事发生在1940年的冬天。

（18）在被捕的100人中，有30人已确认被折磨致死。还有20人的下落不明。只有42人活着被释放出来。

（19）以上陈述中完全是我本人确切知道的事实。还有一些酷刑方法，因为仅仅是道听途说，所以没有在这里列出。

检方下面提出文件2075A号作为证据，这是王仲夫的陈述，内容关于日军于1940年7月在北平和河北省犯下的暴行。

韦伯庭长： 按惯例采纳。

法庭书记官： 检方文件2075A将作为证据被采纳，证据号347。

（然后，检方证据第347号被采纳为证据。）

萨顿检察官： （宣读）

1940年7月，有两名日本军官被可能是一些中国爱国人士在北平地安门东的美国远东传教机构门前枪杀。日军被激怒,随即逮捕了1 000多名中国大学生和中学生。其中有一半都被折磨致死,其余人遭到枪杀。当时人们都处于一种难以用语言描述的极端恐惧状态。

检方下面提出文件2080号作为证据,这是日军华北第五兵站的一名商人木下政市的陈述,有关日本宪兵队于1937年12月在河北省所犯下的暴行。

韦伯庭长:按惯例采纳。

法庭书记官:检方文件2080号将作为证据被采纳,证据号348。

(然后,检方证据第348号被采纳为证据。)

萨顿检察官:(宣读)

1937年12月,日本宪兵支队在一名准尉山本万吉的带领下,驻扎在河北省邢台地区。他们抓获了7名被怀疑是游击队员的平民。经过了三天的饥饿和折磨,日本军官和士兵将这些人绑在树上,然后用刺刀把他们扎死。

萨顿检察官:我们下面提出检方文件2081号作为证据,这是王仲夫的陈述,他是1940年7月在河北省北平市遭到日本宪兵摧残和奸污的贝满中学女学生的一位亲戚。

韦伯庭长:按惯例采纳。

法庭书记官:检方文件2081将作为证据被采纳,证据号349。

(然后,上述文件被标以检方证据第349号,并被采纳。)

萨顿检察官:(宣读)

1940年7月,贝满中学的3名中国女学生,梁菁、梁璐和孙岚，在从北戴河返回北平的途中，在北平东站被日本宪兵抓走并被关押了两个多月。她们受尽了折磨、侮辱，并多次遭到强奸。由于身体虚弱，梁家姐妹在摧残和侮辱下相继死亡。虽然孙小姐后来被释放了，但身体上也落下了残疾。她说这类事件发生了不计其数。

萨顿检察官：如果法庭允许，这就结束了对河北省有关证据的陈述。

我们下面将陈述在广东省犯下暴行的证据。

我们下面提出文件2169号作为证据，这是黄显祥的陈述，内容关于日军于1944年在广东省屠杀中国平民的暴行。

韦伯庭长：按惯例采纳。

法庭书记官：检方文件2169将作为证据被采纳，证据号350。

（然后，上述文件被标以检方证据第350号，并被采纳。）

萨顿检察官：（宣读）

1944年7月4日，整个的日军Kojo部队到达了我管辖范围内的台山地区两洞村。日军大肆进行放火、抢劫、屠杀和各种其他暴行。造成的结果有：559家商店被烧毁，700多名中国平民被杀害。根据1944年进行的估算，造成财产损失总额高达2亿元中国货币。此外，还有100多名中国平民被日军士兵打伤。从村里逃走下落不明的人未包含在上述统计中。

清濑辩护律师：庭长阁下。

韦伯庭长：清濑博士。

清濑辩护律师：在刚才宣读的宣誓证词中使用的是日军Kojo部队。但在日语文本上有一个注释说原件中使用的是小屋部队。能否请萨顿先生向我们解释一下这个"Kojo 部队"?

萨顿检察官：我的中国同事告诉我，正确的用词应该是"小屋"。

韦伯庭长：更正进行了注释。

萨顿检察官：我们下面提出文件 2170 号作为证据，这是刘自然的陈述，内容关于日军于 1941 年在广东省屠杀中国平民的暴行。

韦伯庭长：按惯例采纳。

法庭书记官：检方文件 2170 号将作为证据被采纳，证据号 351。

萨顿检察官：（宣读）

农历 1941 年 12 月 21 日，日军进入了广东省惠阳。他们对中国平民大肆屠杀，无论男女老少都用刺刀刺死。我亲眼目睹了日军在西湖、五眼桥、沙下、晒布场、河边、府城、学宫、县城、朝西庵、西城门和北城门外、排沙等地点残杀了 600 多名中国人。还有很多人在其他地点被杀害。被日本人屠杀的人总共约有 2 000 人，全都是平民。我从城里逃出来，一直逃到五眼桥，在那里遇到了 10 名日兵，我的左腹部被他们用刺刀刺伤。我接受了 20 天的医务治疗。腹部的伤疤就是一个证据。

萨顿检察官：如果法庭允许，我们下面将陈述日军在广西省以及桂林市犯下的暴行。

检方提出文件 2119 号作为证据——

韦伯庭长：2219 号。

萨顿检察官：对不起，2219 号，这份陈述的日期为 1946 年 5 月 21 日，由桂林市委员会会长及副会长、桂林商会董事会主席和两名常务董事、桂林总工会主席及副主席签名，关于日军于 1945 年在该城市所犯罪行。

韦伯庭长：按惯例采纳。

法庭书记官： 检方文件2219将作为证据被采纳，证据号352。

（然后，上述文件被标以检方证据第352号，并被采纳。）

萨顿检察官：（宣读）

　　1945年7月28日，驻扎的日军由于担心广西和湖南之间的通讯可能会被当时正从义宁和灵川向前推进的中国军队切断，决定从桂林撤走。

　　大约在他们撤出的10天前，有一个自称是"关"的日本少尉组织了一个纵火分队，放火烧了整个桂东路（桂林的商业中心）、四惠路、乐群路西段（包括李子园的浸信会建筑）、桂北路南段、整个凤北路和龙珠路北段的建筑。老城区内省政府的图书馆也化为灰烬。被毁房屋总数量超过1万间。

我们下面提出文件2220号作为证据，这是桂林市9名平民的陈述，日期为1946年5月27日，内容关于日军在桂林市犯下的暴行。

韦伯庭长： 按惯例采纳。

法庭书记官： 检方文件2220将作为证据被采纳，证据号353。

（然后，上述文件被标以检方证据第353号，并被采纳。）

萨顿检察官：（宣读）

　　在日军占领桂林的一年时间里，他们肆无忌惮地实施各种暴行，如强奸、抢劫等，无恶不作。日本福冈县人长绳大尉是某个复兴支部的负责人。他是一个非常冷酷和奸诈的人，控制了桂林所有的报纸和文化组织，目的是通过他的出版物和宣传来麻痹奴役人们。他派傀儡政府官员对修建工厂和招募女工进行宣传。在那些妇女来了以后，他就把她们抓到丽泽门外的郊区，强迫她们对日军提供妓女服务。长绳的秘书是一个名叫铃木的日本女人，也参与协助了这些犯罪行为。

而且,还在李子园建立了一个以伊藤为负责人的日本军警部队。所有地方抓捕的战俘都被送交这支部队,在他们的看押下从事体力劳动;犯人被迫磨米、搬泥等等。犯了小错的人就会被杀死。这样被杀的犯人总计有100多人,包括两名盟军士兵,但不记得他们的名字了。日本人将他们的尸体扔在皇城(靖江王府)城墙上或是扔入漓江,场面非常凄惨。

检方下面提出文件2099号、2100号、2101号、2102号、2103号和2105号作为证据。

韦伯庭长:它们都是有关据称是日本人在中国犯下的暴行吗?

萨顿检察官:如果法庭允许,这些包含——每一份文件包括了两名不同的宣誓证人关于日军在1944年和1945年在广西省暴行的陈述。尽管这些文件被视为一个整体,但它们将分别被独立提出,并对整体内容有一个简短的陈述。没有必要将这些文件都宣读记入庭审记录中去。

韦伯庭长:有一些谋杀的情况没有进行披露。

萨顿检察官:这些文件总共包括了21例据称由日军犯下的谋杀证据,2例关于抢劫和破坏财物,1例是关于对女性的强奸和绑架。

韦伯庭长:按惯例采纳。

法庭书记官:检方文件2099号将作为证据被采纳,证据号354。文件2100号将作为证据被采纳,证据号355。文件2101号将作为证据被采纳,证据号356。文件2102号将作为证据被采纳,证据号357。文件2103号将作为证据被采纳,证据号358。文件2105号将作为证据被采纳,证据号359。

(然后,上述文件被标以检方证据第354号、355号、356号、357号、358号和359号,并被采纳。)

萨顿检察官： 如果法庭允许，这就结束了我们关于日军在广西所犯暴行的证据陈述。

我们下面将陈述关于热河省的证据。

检方下面提出文件 2077 号作为证据，这是刘钧儒的陈述，内容关于日军于 1941 年 8 月在热河省所犯暴行。

韦伯庭长： 按惯例采纳。

法庭书记官： 检方文件 2077 将作为证据被采纳，证据号 360。

（然后，上述文件被标以检方证据第 360 号，并被采纳。）

萨顿检察官： （宣读）

1941 年 8 月的一个晚上，几百名日军和傀儡军队的士兵，带着机枪和大炮，以搜查游击队为借口包围了热河省平泉县宽城西土地村。他们将 300 多户村民全部杀掉，并放火烧了整个村庄。据邻村的人讲，从几里外就能看到村里的大火，那些受难者的哭喊声让人听了非常恐怖和凄惨。

韦伯庭长： 那么，正好停顿一下。我们将休庭，直到星期二 9：30。

（16：00 进行休庭，直至 1946 年 9 月 3 日星期二 9：30。）

1946 年 9 月 3 日，星期二

日本东京都旧陆军省大楼内远东国际军事法庭

（根据休庭规则，本法庭于 9：30 开庭。）

出席：

出席法官，一切照旧。

检察部，一切照旧。

辩护部，一切照旧。

（远东国际军事法庭语言部准备好了英日互译。）

法庭执行官：远东国际军事法庭现在开庭，并已准备听取任何有关的事宜。

韦伯庭长：除了大川周明、松井石根和平沼骐一郎由其辩护律师代理外，其他所有被告都到场了。我这里有巢鸭监狱医疗负责人提供的证明，证实平沼骐一郎仍在病中。该证明将被记录并归档。

萨顿检察官。

萨顿检察官：如果法庭允许，在星期五休庭前，我们陈述了有关日军在热河省所犯暴行的证据。

我们下面要陈述的是关于日军1940年在绥远省所犯暴行的证据。检方提出文件2078号、2079号、2086号、2087号、2088号、2089号、2090号、2091号、2093号和2096号作为证据，这10份陈述是关于1940年在绥远省所犯暴行。

韦伯庭长：我们只有9份——至少现在手里还没有2078号文件。我知道2078号在星期五已进行了分发，尽管当时没有宣读。

……

韦伯庭长：我们现在已采纳文件2078号为证据，证据号361。

清濑博士。

清濑辩护律师：在文件2078中，英文版中的日本指挥官名字是"MITSUKAWA Teisuke"将军；而在日文版中名字却是"MITSUKAWA Yori-o"。我希望能有一个更正。

萨顿检察官：我的中国同事告诉我，这份文件中的"T-e-i-s-u-k-e"应该是"Yori"连字符"o"。

有关这些文件，我想仅需指出文件中包含了4例日军在绥远省纵火抢劫的证据和6份在绥远谋杀平民的证据。我将只从最后一份文件中宣读一段，证据文件370号。

（宣读）

1940年2月3日，黑田重德下属的第二十六师团第十三步兵联队的5名日军士兵到了贾仁的家里。他们找他要漂亮女人。由于他家没有，日军士兵就用一个烧得炙热的铁铲把他打死了。

检方之前已提供了云南省的徐节俊在1946年7月29日作证的证据，记录页码为2619。

检方下面提出文件1700号作为证据，它包含了由中华民国司法部门绘制的三张图表。这些图表显示了犯罪的不同类型；在图表1中，共为联合国战罪委员会远东及太平洋分会的审判准备了678份案件。

韦伯庭长： 那是一份被指控战争罪的列表，不是每个案例都显示了犯罪类型。

萨顿检察官： 如果法庭允许，这个图表的关键在第1页上，如果文件被采纳为证据，我将向法庭解释绘制这个图表采用了什么方式。

韦伯庭长： 这些犯罪是否已被起诉定罪？

萨顿检察官： 并不是所有的都已被起诉定罪。目前正处在审判阶段。这些案件已经过了调查，并提交给联合国战罪委员会远东及太平洋分会进行审判。

韦伯庭长： 在图表的第1页，的确是有犯罪的类型。

洛根先生。

洛根辩护律师： 如果法庭允许，我们反对采纳这个图表，因为它没有证据价值，也不包含任何实质性内容，所以不能作为证据。

韦伯庭长： 本法庭认为它没有证据价值。反对有效。

法庭书记官： 检方文件1700号将被标记为371号，仅作为识别。

（随后，上述文件被编为检方文件第371号，作为识别。）

萨顿检察官： 如果法庭允许，图表三，对不起，图表二显示了中华民国司法部门报告的从 1945 年 8 月至 1946 年 3 月期间中华民国的政府机构官方公布的案件数量。

韦伯庭长：你也许还会要我们把我们自己的法庭记录也作为战争犯罪的证据。

萨顿检察官：这个证据的目的是表明，简而言之，指控暴行在中华民国发生的时间以及据称发生地点的分布情况。

韦伯庭长：指控本身并不是犯罪的证据。不可能让全世界认为我们是根据这样的证据来进行审判，这些指控证据，不是吗？你不应当提出这些证据。

八、日本鼓励满洲、热河、朝鲜、华北毒品贸易相关证据提出

萨顿检察官：如果法庭允许，这就结束了检方关于日军在中国针对平民和其他人所犯暴行的证据陈述，这些证据所显示的行为构成了日本人进行战争的方式。

我们下面将陈述关于日本人在中国占领区支持鸦片和麻醉品生意的证据。其中的一些证据已经提交了。我们特别指出这些已提交证据包括：7月29日M.S.贝茨博士的证词，庭审记录页码2624；7月29日皮特·J.劳莱斯的证词，记录页码2676；以及8月28日哈罗德·弗兰克·基尔的证词，记录页码4407.

在本阶段案件，我要向法庭介绍一位我的同事，亚瑟·A.桑德斯基检察官，他是美国怀俄明律师协会成员和国际检察局助理检察官。他将陈述下面的证据。

韦伯庭长：桑德斯基检察官。

桑德斯基检察官：庭长阁下，在关于鸦片和麻醉品案件阶段陈述证据的开始，我希望首先向法庭指出三份有关的文件，这些文件被本法庭标记为证据文件17号、18号和19号。它们分别是1913年、1925年和1931年版本的有关鸦片与麻醉品国际禁烟公约，日本签署了所有这三份文件。为了更充分地了解这些证据的含义，为了清楚地表明日本与其他所有缔约国关于中国的禁烟问题应承担的特殊责任，我请求本法庭允许我简短地从检方文件191号，即《1913年公约》和《禁止鸦片和其他药品最终协议》，援引一些内容。

桑德斯基检察官：庭长阁下，这份文件的证据编号为17。
（宣读）

> 1913年公约的
>
> 第15条，缔约各国与中国有条约者，应会同中国政府设立必需之办法，以阻止在中国地方及各国之远东殖民地、各国在中国之租借地将生熟鸦片、吗啡、可卡因及其化合质料，并本约第14条所指各物私运进口。一面由中国政府设立相同之办法以禁止将鸦片及以上所指各物从中国私行运往各国殖民地、租借地。
>
> 第16条，中国政府应订颁制药律以施诸本国人民。将吗啡、可卡因及其化合质料并本约第14条所指各物之售卖散布一概政策，并将此项制药律通知与中国有条约之各国政府，由驻京公使转达。凡缔约各国与中国有条约者应研究此项制药律，如以为可允，即设立必须之办法，使此律实行于在中国之各该国人民。
>
> 第17条。缔约各国与中国有条约者，应从事于采用必需之办法，以限制及检查在中国之各国租借地、殖民地及租界内吸食鸦片之习，并与中国政府同时进行，以禁绝现在尚有之烟馆及与烟馆相类之所，其公众娱乐所及娼寮内，亦禁止吸食鸦片。
>
> 第18条。缔约各国与中国有条约者，应设立切实办法与中国政府所设办法同时进行，务令在中国之各国租借地、殖民地及租界内现在尚有之售卖生熟鸦片烟店逐渐减少，并采用有效力之办法，以限制及检查租借地、殖民地及租界内之零碎鸦片营业，其已有办法以规定本条所指之事项者不在此例。

为了表明日本知道其他国家都正在关注着她采取的行动而非所谓中国的自治政权采取的行动，我希望引用一下检方文件9559，这是美国政府对一份国联通知的答复，包含在1940年5月国联关于鸦片与其他危险药品走私顾问委员会的第 25 届大会的会议纪要中。

我现在提出文件 9559 号作为证据，请允许我引用其中的一部分内容。

韦伯庭长：按惯例采纳。

法庭书记官：检方文件 9559 号将作为证据被采纳，证据号 372。

（然后，上述文件被标以检方证据第 372 号，并被采纳。）

桑德斯基检察官：摘自文件第 4 页：

（宣读）

美国政府于 1939 年 6 月 1 日收到日期为 1939 年 5 月 15 日的文件，作为答复，我们做出以下声明。

下接文件第 5 页。

美国政府观察到，日本政府允许向其军队控制下的中国地区进口大量的高吗啡含量鸦片，并试图找借口说是用于国际禁烟公约所允许的技术目的，希望以此来逃避全世界其他国家针对这种严重犯罪的起诉或对他们的干涉。美国政府坚持认为，日本政府应与美国政府以及其他政府一起，共同承担国际公约下的公认的禁止生鸦片生产和销售的义务，有效地将麻醉药品的生产限制在只用于合法的医疗和科学用途上，努力控制或呼吁控制所有生产、进口、销售、经销和出口麻醉药品的人，并以其他合作方式为这些公约的实施提供支持。然而，那些在中国日战区发生的有关麻醉药品的行为却无法被视为是限制麻醉品生产或控制销售的行为。

如果法庭允许，向检察官在开场陈词中概述的指控罪行的证据，大部分都是以美国政府官员对中国及远东地区鸦片和麻醉品情况的官方调查报告形式。虽然这些报告具有官方文件的特征,但这些调查是美国财务部和国务院派出代表在一段时期内进行的调查,它是美国政府为了抵制鸦片和麻醉毒品进入美国而实施的项目的一部分,因此,也许能为本法庭收集证据提供一些背景资料。为此,我们提出文件 9568 号作为证据。

韦伯庭长:按惯例采纳。

法庭书记官:检方文件 9568 将作为证据被采纳,证据号 373。

(然后,上述文件被标以检方证据第 373 号,并被采纳。)

桑德斯基检察官:这份文件是 1934 年 10 月 20 日美国财长助理发给海关专员的信函,内容如下:

(宣读)

  我在此提及的是由驻上海财政公使尼克尔森提交的一份报告以及 1934 年 8 月 17 日副专员戈尔曼发来的备忘录。

  这份报告是财政部迄今为止读到过的有关中国鸦片现状的最全面的一份调查。

  麻醉品专员希望与我一起对尼克尔森先生的优异工作成果表示赞赏,这对我们制定出一份应对目前局势的计划将有不可估量的价值。我们将对尼克尔森先生提出的所有建议都进行认真考虑。

谨上,
(签名)斯蒂芬·B. 吉太斯
财长助理

  附后是副专员发给财长助理吉本斯的备忘录,日期为 1934 年 8 月 17 日,内容如下:

（宣读）

附件是驻上海财政公使就目前东方的麻醉品形势所进行的一份非常全面的调查报告。这次调查是根据去年12月在你办公室召开的一次会议而决定开展的，当时出席会议的有国务院、劳工部、麻醉品管理局以及海关部门。

虽然这份报告很长，但却应该仔细阅读，因为它从各种角度对东方的麻醉品局势描述了一幅非常清晰的画面，尤其是关于我们在把走私挡在美国之外这件事上能从日本官员方面得到多大程度的合作。这份报告是我所读过的关于远东地区鸦片局势的最为全面的一份报告。

我建议将尼克尔森先生的报告复印件提供给国务院和麻醉品专员，在他们阅读后，再由你召集一次会议，对尼克尔森先生在报告最后提出的建议进行讨论。

（签名）托马斯·J. 戈尔曼

史密斯辩护律师： 如果庭长阁下允许，我要反对刚才宣读的这份文件，理由是完全没有证据价值。

韦伯庭长： 反对无效。

桑德斯基检察官： 在几周前，本法庭曾经暂时改变了常规的陈述顺序，先听取了必须马上返回中国的几个证人提供的证据。这些证人中有一位是M.S.贝茨博士，他关于鸦片和麻醉品的证据在庭审记录的第2648页开始。为了使记录能够体现原计划的连续性，我想向本法庭指出，贝茨博士的证词原本安排在这个时间提出。

韦伯庭长： 这种联系是我们要求和鼓励你们来做的，这是一种最为有效的方式。

桑德斯基检察官： 是的，阁下。我们希望在这个案件阶段一开始就使法庭了解鸦片和麻醉品走私的秘密性质,尽管这在中国现有的体制下披着合法的外衣。

韦伯庭长:你是在提出另一份文件,是吗?

桑德斯基检察官:是的,阁下。我希望下面提出另一份文件。

韦伯庭长:是 9525 P1 吗?

桑德斯基检察官:是的,阁下。

韦伯庭长:按惯例采纳。

法庭书记官:检方文件 9525 将作为证据被采纳,证据号 374。

(然后,上述文件被编为检方证据第 374 号,并被采纳。)

韦伯庭长:包括 P-1 到 P-10。

桑德斯基检察官:如果法庭允许,我希望指出,我们试图按时间和地理顺序来对证据进行排序,所以我们将首先陈述满洲的鸦片和麻醉品形势,这包含在文件 9525 中。在这个文件和其他文件后都附有类似于财务部和国务卿之间的书信传送文件,显示了报告在不同部门间的传递。如果法庭允许,我会提及这些文件,但不在法庭上宣读。

韦伯庭长:本法庭同意在类似情况下使用这种方式。

桑德斯基检察官:我现在翻到报告正文,第 3 页,日文版也是第 3 页。

(宣读)

> 海关专员,海关代理处,华盛顿
>
> 关于"满洲国"辽宁省的毒品形势。
>
> 阁下:在过去几年中,辽宁省("满洲国")的毒品形势已发生完全改变,从原来的鸦片吸食转变为使用吗啡和海洛因等鸦片衍生品。

下接第 4 页第一段的第三句,日文版的第 3 页上。

（宣读）

本报告是根据我们派往满洲的人员进行的特别调查,报告将试图对辽宁"三角地区"的真实情况进行描述。

(1) 第一阶段——(从1931年10月至1933年3月)

(A) 安东、凤城、岫岩、庄河的鸦片情况。

很多年以来,安东一直是一个非常重要的鸦片中心,但局限于日本租界内。满洲事变爆发后,城里所有的主要街道都开设了鸦片烟馆,如前后聚宝街、中富街、大道口等。许多烟馆雇佣年轻女孩当服务员,这些地方很快就发展成了社交中心,尤其是吸引了很多商人和官员。烟馆里使用的鸦片多数是从新义州和马连洞进口的朝鲜鸦片,质量比热河鸦片好。朝鲜鸦片的成本大约为每两3.5元,通常是同鸦片灰和麻醉药品混在一起制作。这样,每两鸦片可分为70份,每份卖30分,利润几乎是600%。从七道沟的一家鸦片烟馆得知,通常每天这种制成的鸦片能卖出价值400元的数量。

至于安东的鸦片烟馆数量,满洲事变爆发前,中国城区的私人烟馆数量不超过20家,而日本租界内则开设有500多家。但到1932年7月,中国城区注册的烟馆达到80多家,到1933年春天又增加为145家。而这段时期日本租界内的鸦片烟馆已增加为684家。安东县的总人数约为26万人,其中一半住在城区。现在住在城里的13万人口中,超过2万的人已成为鸦片和麻醉毒品的瘾君子。他们每人每天消费3钱(十分之三两)鸦片。每年消费的鸦片总量大约为216万两,按每两3元计算,总成本至少为648万元。在农村,由于有中国志愿者不断地抵制非法贩毒和吸食鸦片,情况基本没有什么变化。但从1933年1月起,中国志愿者逐渐分散到其他地区,而且使用鸦片开始公开化,因此,目前在大东沟和其他村里共有超过100家鸦片烟馆。鸦片吸食者可能已增长至人口的15％。

下面翻到第6页的第一段,日文版的每7页。

在这段时期,在这四个县的90万总人口中,有8万人已经开始对鸦片上瘾。平均每个吸毒者每天需要3钱鸦片。因此,一年的鸦片总消费量就超过了864万两(一两等于一又三分之一盎司),每年浪费的金钱将在2 500万元左右(按每两3元钱计算)。

下接第7页的最后一段,日文版的第10页。

安东、凤城、岫岩、庄河的毒品情况。第一阶段(从1931年10月至1933年3月)安东。在满洲事变前,吗啡的毒害对安东的影响非常小,因为它仅在日本租界内偷偷出售。中国政府执行了严厉禁烟措施来制止这种邪恶的增长,在那段时期他们的努力也获得了很大的成功。但在日本吞并了满洲后,情况发生巨变。日本和朝鲜浪人(无赖)利用他们的政治影响力从鸭绿江东岸的新义州公开进口吗啡和其他麻醉品到这个地区。他们还在七道沟设立了批发总部。日本人和朝鲜人开的妓院被当作销售机构。同样,当铺也被用于这个目的。贫穷的吸毒者由于需要获得麻醉毒品来满足自己的欲望,可能会拿衣服或其他财物在这些当铺换取鸦片。于是,这个地区所有的当铺都把销售麻醉毒品作为自己的一个副业。此外,贩毒者还鼓励当地无赖、受日本人雇佣的中国汉奸以及其他不良分子加入销售毒品的行列,把这作为一个良好的收入来源。

于是,到了1932年上半年,整个县区都完全受到了这种非法交易的毒害。我们的调查显示,由一个位于辻山精米所附近的日本机构出口至安东县东部几个县区的吗啡数量每天不少于 200 磅。这还不包括卖到安东城内的数量。据估计，使用吗啡的人数，包括那些用吗啡作为鸦片代替品的人，仅在这个城市就有 1 万多人。还有至少 5 000 人在农村地区，如浪头和其他地方。如果每位吸毒者每天只需要注射一针吗啡，每次成本为 20 分，每年在这上面的总花费就将超过 100 万元。

桑德斯基检察官：下面我将宣读第 9 页的第一段，日文版是第 13 页。

（宣读）

如果将这四个县区加在一起——共有 6 万名吗啡瘾君子，在这上面的每年花销共计 430 万元。

关于这些地区的海洛因情况，这是一个比较新的问题。在满洲事变前，只有一小部分人偷偷地使用海洛因，也仅限于城市和沿铁路线的几个村。但"战争"爆发后，这个恶魔也开始影响到农村地区。而且，由于非法使用海洛因在"满洲国"士兵中很普遍，随着中日战争爆发后军事活动的增加，也使得对这种毒品的需求增加。于是，这些地方的人就受到了影响，开始将其作为一种鸦片的替代品。安东的情况最为严重，然后是凤城和庄河。岫岩是受影响最小的地区。这种毒品大多是由鸦片烟馆、吗啡窝点和鸦片零售店进行销售。

跳到下一句话：

很难可靠估计出需要习惯性吸食这种毒品的瘾君子数量，因为他们中的大多数都是鸦片吸食者。他们使用海洛因只是作为鸦片的替代品。但是可以肯定地说，吸食这种毒品的人数在不断上升。

在这个第一阶段，据估计，四个县区的90万总人口中至少有13万人对麻醉毒品成瘾。每年与此相关的总花销不少于900万元。

如果本法庭允许，我想把这份文件中的剩余部分推迟到稍后再宣读，这样就可以与同一时期相关的其他文件结合起来宣读。

韦伯庭长：那样会保持文件的逻辑顺序吗？

桑德斯基检察官：是的，阁下。此外，如果法庭允许，为了使陈述更有连贯性，我希望提请法庭注意一个已被采纳的证据，作为下一份将要提出文件的背景。我指的是文件613号中的一份声明，证据编号227，这是1932年6月4日由关东军参谋长发给陆军次官的一份电报，在庭审记录的第2844页。考虑到这份声明与在"满洲国"建立鸦片专卖制度的相关性，我十分恭敬地请求允许我从庭审记录第2838页上引用一小段话。

韦伯庭长：从庭审记录上引用内容不是件好事，但我们试一下，看看这种情况会发生什么。也许能为法庭成员节省掉很多麻烦。

桑德斯基检察官：我引用："满洲国"的财政目前遇到很大困难，由于在维持和平与秩序上面临的困难，很难实现在"建国"时估计的6 400万元收入。由于这个数字中包括了1 900万元海关收入和1 000万元鸦片专卖收入，而"满洲国"的估计支出为9 300万元，除非能迅速找到一种方法增加收入，否则"满洲国"将会处于困境中。

韦伯庭长：这段陈述是谁说的？

桑德斯基检察官：那是由关东军参谋长发给军部的一份电报。

为了说明关东军参谋部提出建议后日本政府采取的行动，我们下面提出文件2173号作为证据。

韦伯庭长：按惯例采纳。

法庭副书记官： 检方文件2173将作为证据被采纳，证据号375。

（然后，上述文件被标以检方证据第375号，并被采纳。）

桑德斯基检察官： 这份文件是关于承销"满洲国"政府发行国债的合同。

文件附录了日本兴业银行有限公司提供的一份证明，内容如下：

东京，1946年8月15日。致国际检察局。

我们在此证明日本兴业银行于1946年6月12日通过日本政府财政部向贵局提交了以下文件。

（1）为满洲政府建设债券进行承销的合同。（副本）

（2）教令编号109.《建设债券法》。院令编号17.《发行建设债券规定》。由日本兴业银行行长伊藤谦二签名。

（宣读）

"满洲国"政府的"国家"建设债券承销合同

"满洲国"政府（以下简称为"甲方"）与日本兴业银行（以下简称为"乙方"）关于承销"满洲国"政府即将发行的3 000万日元国家建设债券签署以下承销合同。乙方代表日本国家兴业银行、横滨正金银行、朝鲜银行、安田银行、川崎第一百银行、三十四银行、住友银行、鸿池银行、山口银行、名古屋银行、爱知银行、三井信托公司、三菱信托公司、安田信托公司和住友信托公司。

第1条 甲方应遵照1932年11月16日颁布的《国家建设债券规定》根据下列基本要求在日本发行总价值为3 000万日元的国家建设债券；乙方应承销全部金额的债券。

接下来看第2页上的第4条。如果法庭允许，我只宣读相关的部分。第4条,第2页。

这些债券将以鸦片专卖局和吉林——黑龙江公路收费局的利润作为担保。专卖的利润应优先偿还债券的本金和利息。

接下来是第3页上的第9条:

有关这些债券,除了上述条款,还应适用1932年11月16日颁布的《"满洲国"建设债券规定》和1932年11月19日颁布的《"满洲国"事务委员会条例》。

本合同以日文起草,一式两份,由甲、乙双方代表签字后生效。正本由乙方持有,副本由甲方持有。

日期:1932年11月19日。

"满洲国"政府代表　财政部总务处处长　星野直树(签名)

满洲中央银行副行长　山成乔六(签名)

上述银行及信托公司的代表　日本兴业银行　行长结城丰太郎(签名)

请注意,庭长阁下,此文件中提到的名字星野直树是本案的被告。

我们将刚才宣读的贷款合同第1条中提到的债券法和相关法规提出作为证据,但不在法庭宣读。

韦伯庭长:按惯例采纳。

法庭副书记官:检方文件2120将作为证据被采纳,证据号376。

(然后,上述文件被标以检方证据第376号,并被采纳。)

桑德斯基检察官:检方现在提出文件9524B号作为证据,这是美国财政部针对文件9524进行验证的一份证明。文件9524是驻上海财政公使的一份报告,带有签名的证明原件被附在那份文件的后面。

韦伯庭长：报告及其证明按惯例视为一份文件采纳。

法庭副书记官：检方文件9524和9524B将作为一份证据被采纳，证据号377。

……

法庭执行官：远东国际军事法庭现在继续开庭。

韦伯庭长：桑德斯基先生。

桑德斯基检察官：检方文件9524B，证据编号377，这是大藏大臣证实9524号文件的一份证明。

现在宣读9524号文件第6页上的标记部分：

（宣读）

新开鸦片零售所的新闻每天都会出现在满洲的各种报纸上。下面是几个例子。

东丰县

根据省局的指令，东丰县警察局委任施钱一、王兰芳、岳营阁和其他人作为第一批官方鸦片零售商。警察局总部在公告中表示："由于他们已经为获得许可证支付了必要的存款，按要求完善了组织，而且他们的代理人实力也非常雄厚，相信他们将生意兴隆。"据称，很快将为第二批和第三批零售商发放许可证。

根据省警察分局对昌图县下发的第26号令，居住在本城西街的王宪章已被任命为鸦片零售商，并获准开设一家鸦片零售所。零售所开业典礼时，很多人都到场祝贺。

下面翻到文件的第11页：

吉林市大约有40家鸦片商行，每家每天销售价值200元的鸦片，这样每天销售总额大约为8 000元。在哈尔滨，鸦片行每天的销售收入总计达到 1.6 万元；长春有 60 家鸦片商行，每天总收入约为 1 万元；在兴安、热河和黑龙江的省会城市，每个城市每天的收入约 1 万元。这些大城市每天销售鸦片的总收入接近 5 万元。

根据"满洲国"民政部的官方报告，在满洲的 3 000 万总人口中，超过 900 万人吸食鸦片成瘾，也就是总人口的三分之一。其中 13% 的瘾君子不足 15 岁，23% 在 25 岁以下，33% 在 30 岁以下。每个瘾君子平均每天需要吸食 4 钱（十分之四两）鸦片，总量约为 29.25 万磅。1 钱（十分之一两）鸦片的成本约为 4 角钱。一年的总消费量超过 50 000 万元。

奉天

自从"九一八"事变后，奉天城内新开了很多家鸦片行，如日本人开的颂茂、三义、永义、永盛、永昌等。从去年 3 月开始，大多数以前从事纯商业活动的日本商行都转成了鸦片行。总数量超过 600 家；它们除了提供吸食鸦片的场所，还销售鸦片和其他麻醉品。在奉天城外的大西关、小西关、公爷处、公府师以及南北两市场，我们发现了超过 150 家鸦片行，其中 50% 的店是朝鲜人开的，40% 的店是日本人开的，还有 10% 是中国人的。在日本租界内和南满铁路区的情况更严重。每家中国人经营的鸦片商行必须最少雇佣一、两名日本人或朝鲜人，以防范可能出现的麻烦，每人的日工资为 2~3 日元。如果这样做了，商行就可以享有悬挂日本国旗的特权。

从 1933 年 5 月的第二个星期开始，为招徕顾客，大多数鸦片烟馆都雇佣了年轻女服务员来侍奉烟客。在引入这个服务项目后，烟馆的生意增加了 3 倍。

哈尔滨的情况

自从日本人占领哈尔滨后，他们在 Kitasky 街和大正街所在的区域开设了 500 多家鸦片商行，超过了开在其他区域的鸦片行总数。以前鸦片是从松花江和绥芬河的下游走私进入，但自从日本人占领这个地区后，鸦片必须从长春进口。为防范强盗和损失，通常会雇佣日军士兵对鸦片运输进行保护。

哈尔滨的烟馆也招募了女服务员来侍奉烟客。哈尔滨有1000多家烟馆，每家烟馆里都有几个女孩，每个女孩的日薪从1.5到3日元不等，此外每天还有8至20日元的小费收入。

吉林市有900多家烟馆，黑龙江市有500多家，安东和营口各有400—500家烟馆。所有这些店都在"满洲国"鸦片专卖局进行了注册。每家商行的许可证费用为500日元。另外，无论销售了多少鸦片，都必须从鸦片专卖局以每两0.6日元的价格进货。

这些烟馆的女服务员实际上是打着幌子的妓女。由于提供了这种服务项目，很多二、三十岁的青年男性就成了烟馆的常客。

"满洲国"政府从鸦片专卖中获得收入的第一年预算为500万日元。鸦片专卖局出售的鸦片总金额为3 300万日元。

下面我要再返回到9525号文件，证据文件编号374：调查第二时期的情况。关于这个时期的报告从第6页第二段开始，日文版第7页，宣读如下：

（宣读）

第二时期——（从1933年4月到1934年12月）。

安东、凤城的鸦片情况

安东。在1933年上半年，"满洲国"政府颁布了一条旨在鼓励农户种植鸦片罂粟的法令。由于农户们被种植这种产品所能实现的高额利润所吸引，该法令得到了广泛响应。同年秋天，日军和满洲军队针对分布在农村地区的义勇军展开了一场战役。日本和朝鲜毒贩跟随日军来到这些村庄，在这些地方开设了很多鸦片烟馆。

此外，在"满洲国"设立新省份后，安东成了一个重要的政治中心，那里的人口数量也迅速增长。更多的鸦片烟馆开业，为了吸引生意，都雇佣了女服务员侍奉烟客。位于安东市中国政府旧址的海关督察办公室也被改为省鸦片专卖局的办公地点。日本租界内的鸦片烟馆增加到 860 家，中国城区的烟馆也激增为 346 家。在安东16 万总人口中，有超过 4 万人吸食鸦片成瘾，也就是说，这座城市中至少 25% 的人是鸦片瘾君子。以每人每天使用 3 钱鸦片估算，该地区每年消费的鸦片不少于 700 万两，总成本合计超过 900 万元。

我接下来宣读第 9 页的最后一段，在日文版的第 15 页。

韦伯庭长：我这儿没有第 9 页的内容。第 9 页——等一下，现在有了。

桑德斯基检察官：（宣读）

　　第二时期的麻醉品情况

　　（1933 年 4 月至 1934 年 12 月）

　　安东。1933 年 9 月以后，随着满洲军和日军对中国义勇军战役，吗啡的罪恶也迅速蔓延。此外，由于大量的朝鲜人移民到这个地区，他们除了销售麻醉毒品以外没有什么固定工作，这种罪恶也自然被扩大到更广泛的区域。根据最近的数据，有毒瘾的人数已超过了 3 万人，每年的总花费估计超过 216 万元。

现在翻到第 10 页最后三段，关于第二时期的结论，在日文版的第 17 页：

　　这一时期，这四个县区共有 14 万多人对吗啡成瘾，他们一年的花费保守估计为1080万元左右。

至于这些地区的海洛因局势,情况不如吗啡这么严重,但作为鸦片替代品使用海洛因成瘾的人数在这些城市不断增加。从吗啡消费的快速增长情况来看,两年之内海洛因也将成为一种常见的祸害。

在第二时期,随着四县人口超过了100万,吸食鸦片和麻醉品的人数也增长到近34万人,大约占总人口数的三分之一。每年浪费在鸦片、吗啡和海洛因上的花费总共大约为8 000万元。这对于那些在满洲以外的人而言,也许显得有些夸张,但对那些亲眼见到这些事实以及那些了解日本人实施他们的麻醉政策目的的人来说,都会赞同上述的估算。

谨上,

(签名) M.R.尼克尔森

财政公使

检方下面要提出文件9510号作为证据,这是驻上海财政公使日期为1935年4月1日的一份报告。

韦伯庭长: 按惯例采纳。

法庭书记官: 检方文件9510将作为证据被采纳,证据号378。

(然后,上述文件被标以检方证据第378号,并被采纳。)

桑德斯基检察官: (宣读)

上海,中国

1935年4月1日

海关税务司,

报关部,

华盛顿特区。

关于——日本倾向于鼓励在热河种植鸦片

阁下：

对于种植粮食的农户，每亩地贷款0.3元，年利率是7%。但对于种植鸦片的农户，每亩地贷款2元，年利率只有2.3%。同时，还将汤玉麟将军时期对每亩征收的10到20元鸦片税减少为每亩5元。于是，那些希望多贷款、少付息的农户都开始重新种植鸦片。

1934年，日本人在热河各县为鼓励农户种植罂粟而提供的小额贷款总额如下：

下面是一个按县划分的图表，14个县的总金额达141万元。

很多期待着能从种植罂粟中获得丰厚利润的农户最后发现，由于强制他们将种植的鸦片，按照比市场价低得多的固定价格悉数卖给日本的大满堂公司，他们根本没有任何利润。收获后，由于很多农民无法偿还贷款，他们的土地就被日本人没收了。

谨上，

（签名）M.R.尼克尔森

财政公使

我们下面要提出文件9528号作为证据，这是美国驻奉天总领事日期为1936年10月31日的一份报告。

韦伯庭长：按惯例采纳。

法庭书记官：检方文件9528将作为证据被采纳，证据号379。

（然后，上述文件被编为检方证据第379号，并被采纳。）

桑德斯基检察官：（宣读）

美国总领事，

奉天，满洲，1936年10月13日

机密——仅供内部使用。

主题：关于麻醉品的近期观察报告。

尊敬的阁下

纳尔逊·特拉斯勒·约翰逊，

美国大使，

北平，中国。

阁下：

我很荣幸地转发给您一份鸦片专卖局公告的翻译件，内容是关于1937年获准种植罂粟的地区。

请注意，"满洲国"官方去年指定合法种植罂粟的总面积超过15万亩（约2.5万英亩）。但没有任何迹象显示非法种植会受到限制。

在下面几段中提到的针对鸦片零售商的法规，它们看起来不过是在粉饰过失。

10月27和28日，美国大藏大臣的特别助理B.M.汤普森先生来到奉天。在他停留期间，为了避免遭到当地政府的批评，他要我派人带他去看一下这些麻醉品场所。10月27日，我手下的一名职员陪同他去了一家有许可证的鸦片零售所，这家店位于奉天的一条主干道上，旁边就是一家当地很多中上阶层的人光顾的说书馆。显然任何人都可以进入这家鸦片零售所。汤普森先生和我的下属官员一进去，服务员没有问他们任何问题就直接将他们领到一个吸食鸦片的房间，就像去一家餐馆被领到一张餐桌前一样。没有问任何问题。当他们说不需要鸦片时，服务员露出了一丝惊讶，但仍然没有表现出怀疑或任何不安。如果在这家零售所吸食，出售的鸦片价格为每剂2角钱，如果外卖，同样剂量的价格是2角5分。他们待在那里时，瘾君子们进进出出，店员除了礼貌地询问需要哪种级别的鸦片外，不会问其他任何问题。

现在翻到文件第 5 页的最后一段，也就是下一页：

从上述内容可以明显看出，自从 A. S. 蔡司领事去年秋天就这一主题提交了基本报告后，在控制麻醉品方面没有取得任何进展。

谨上

威廉·R. 兰登

美国领事

由于公告的实质内容已在这封信的正文部分，我就不宣读文件第 7 页上的翻译了。

韦伯庭长：你是否有意略去了兰登先生报告第 5 页的倒数第二段关于拾荒者市场的内容？这种贸易或者说所谓的贸易所造成的后果和它本身相比也同样重要，即便不是更加重要的话。

桑德斯基检察官：如果庭长阁下允许，我将很愿意来宣读这部分内容。

韦伯庭长：我认为那应该被记入庭审记录中。

桑德斯基检察官：是的，阁下。

（宣读）

在拾荒者市场旁边有一条散发着臭气的露天阴沟，附近有大约 50 多间简陋房屋，里面居住着最低等的妓女，同时她们还出售麻醉品。警察都不会去那个地方。那种环境非常令人嫌恶。也许是显示了从因到果的奇妙力量，在这些吸毒妓院后面的灰堆上，躺着 7 具赤裸的尸体，显然他们的毒友剥走了他们的破烂衣服。这种场面每天都能见到，尽管世界红卍字会定期来将这些尸体运走。只能说，这些人是因为吸毒而最终落到这个下场。

检方下面要提出文件 9530 号作为证据，这是美国驻朝鲜汉城的总领事日期为 1937 年 2 月 4 日的一份报告。

韦伯庭长： 按惯例采纳。

法庭书记官： 检方文件 9530 将作为证据被采纳，证据号 380。

（然后，上述文件标以检方证据第 380 号，并被采纳。）

桑德斯基检察官： 发自美国总领事，汉城，朝鲜，1937 年 2 月 4 日；主题：关于从总督府专卖局增加对"满洲"专卖局的鸦片供应。

（宣读）

尊敬的阁下，国务卿，华盛顿。

阁下：关于威廉·R. 兰登领事于 1935 年 6 月 14 日发来的密函第 64 号，有关从朝鲜发往满洲的麻醉品货物事宜，我很荣幸地转给您一份 1937 年 2 月 2 日出版的《京城日报》（总督府下的一份日语刊物）上文章的翻译件，内容是关于总督府专卖局增加了对"满洲"专卖局的鸦片供应。

如附件中媒体文章所显示，每年向满洲出口 41 335 磅鸦片，但在满洲政府的要求下，这一数量将会增加。为满足这些增加的出口需求，朝鲜的鸦片年产量将由 57 870 磅增加到 82 670 磅。另一个事实是，这个国家生产的鸦片中有 71% 是运往满洲。

谨上，

O. 盖洛德·马什，美国总领事

以下是《京城日报》在 1937 年 2 月 2 日刊登报道"鸦片产量将增长"的全文翻译：

（宣读）

当从东京的商务旅行返回后，总督府专卖局董事栋居在第一时间向媒体作出以下声明：

我们每年向满洲出口约 41 335 磅鸦片。最近在东京召开的部门鸦片秘书会议上,决定根据满洲的需求以及提高咸镜南道和咸镜北道鸦片种植的需要,相应地增加出口量。

我计划于三、四月份访问满洲,关于此事签署一份合同。

目前支付给鸦片种植农户的价格大约是每贯(8 267 磅)120 日元。如果产量从 7 000 贯(57 870 磅)增加到 10 000 贯(82 670 磅),鸦片种植农户可最少获得 100 万日元。

检方下面要提出文件 1043 号作为证据,这是从日本外务省条约局的一份出版物《1938 年商业报告》中摘录的内容。

韦伯庭长:按惯例采纳。

法庭书记官:检方文件 1043 将作为证据被采纳,证据号 381。

(随后,上述文件被标以检方证据第 381 号,并被采纳。)

桑德斯基检察官:我现在只打算宣读一下文件第 8 页上第 8 节的内容,是有关在朝鲜持续扩大的鸦片种植。同时,这份文件还有一个目的是,为了显示关于鸦片和麻醉品的决定并非简单地由当地或所谓的自治国民政府来决定,而是由日本人决定——在内阁层面的决定。

(宣读)

Ⅷ. 关于朝鲜的鸦片种植面积扩大

根据昭和八年(1933)4 月 11 日的内阁决定,在朝鲜总督府托管下的生鸦片可以暂时转交给"满洲国"政府。此后根据上述内阁决定,为了配合它的专卖制度,朝鲜生产的生鸦片除了向台湾总督府鸦片专卖局和关东专卖局供应原料外,也可以向"满洲国"政府转让。随后,昭和十三年(1938)12 月 12 日向鸦片委员会建议,向台湾总督府、关东租界地和"满洲国"政府供应或转交的生鸦片数量以及为了生产出要求数量鸦片而需要种植鸦片的面积都应当在

同有关政府磋商后决定。委员会于同一天批准了这项建议,随后,内阁也于同年12月23日在考虑后作出了以下决定:

昭和十四年(1939年)的鸦片种植面积将增加2 000町步(4 000英亩),这一年总的鸦片种植面积预计将达到7 000町步(17 150英亩)。

我们下面要提出文件1045号作为证据,这是"日本外务省条约局第三课的1939年官方报告。"

韦伯庭长:按惯例采纳。

法庭书记官:检方文件1045将作为证据被采纳,证据号382。

(然后,上述文件被标以检方证据第382号,并被采纳。)

桑德斯基检察官:我希望宣读一下第1页上标注为1的段落,从中可看出,根据日本内阁的决定,朝鲜的鸦片种植面积在1940年连续第三年呈增加趋势。

(宣读)

日本外务省条约局第三课的1939年官方报告。

内部的鸦片问题。

第五章第3节。

1. 朝鲜的鸦片生产增长计划

从1939年起的朝鲜鸦片生产情况如下:

在增加了2 000町步(4 900英亩)种植面积后,1939年的鸦片种植总面积被扩大到了7 060町步(17 297英亩),从中可提炼出78 366公斤生鸦片,分配方案如下:

"满洲国"	62 000公斤
关东租界地	13 000公斤
台湾	5 000公斤
	合计 80 000公斤

同时，为了满足不断增加以至于超出朝鲜、"满洲国"和关东租界地总生产能力的鸦片需求，并根据内阁于 1938 年 12 月 12 日的决定，内阁管理局于 1939 年 11 月 9 日通过了一项决议，批准朝鲜在 1940 年再增加 5 000 町步（12 250 英亩）鸦片种植面积。在这次增加后，加上之前的 7 060 町步，总种植面积将提高到 12 060 町步（29 547 英亩）。

检方下面要提出文件 9558 号作为证据，这份文件摘录了 1937 年 5 月 24 日至 6 月 12 日在日内瓦召开的国联鸦片与其他危险药品走私顾问委员会第 22 届大会的会议纪要。

韦伯庭长： 按惯例采纳。

法庭书记官： 检方文件 9558 将作为证据被采纳，证据号 383。

（然后，上述文件被编为检方证据第 383 号，并被采纳。）

桑德斯基检察官： 从打印文件原标记的第 56 页开始宣读，这是我们摘录部分的第 2 页。

（宣读）

富勒先生（美国代表）作出以下陈述：

"关于生鸦片的生产，我们从国内收到的信息显示，没有受日本人影响的中国省份为减少生鸦片生产做出了认真的努力，且这些努力已取得了令人瞩目的成功。委员会应当记得，在中国长城以南地区，鸦片的主要生产省份历来是云南、四川和贵州。委员会还应记得，在以往的几年里，云南的产量估计每年有 4 500 吨，四川的产量也差不多，贵州通常在 400 吨左右。"

"我很高兴地告诉大家，根据我所得到的信息，在上述三省（占长城以南鸦片产量的大部分），中国政府所采取的严格限制措施现在已开始有了明显收效。云南在 1936～1937 年作物年的产量估计已减少了50%，四川也有差不多幅度的减产，目前停留在通常产量的一半左右。"

"然而，当我们来到日本人控制或影响下的省份，我们发现了截然不同的情况。在东北三省——也就是满洲——我们发现当地政府在1937年指定的合法鸦片罂粟种植面积是156 061英亩，比1936年的133 333英亩增加了17%；而非法种植也已达到了一定程度，以至于政府认为有必要在1937年2月6日向非许可种植者发出一个公共警告令。1937年满洲政府鸦片销售的毛收入预计比1936年增加28%。由于人民的福祉与这种向他们销售更多鸦片的政策相互矛盾，因此人们自然会认为这种遏制非法鸦片种植的措施只是为了阻碍商业竞争。"

现在翻至第3页和第4页上的标记部分：

1937年1月下旬，在满洲"中央政府"所在地新京（以前称作长春），召开了一次省长会议。

在省长会议上发表了演讲之后，《盛京时报》（南满铁路管理下在奉天发行的一份中文日报）的日本籍主编M.T.菊地公开批评了政府的麻醉品政策。他指责说：① 鸦片许可零售制度并没有遏制毒品使用的蔓延；② 大量年轻人开始对毒品上瘾；③ 政府一方面倡议改善公众健康，但另一方面又允许使用麻醉品来毒化人民，这是相互矛盾的；④ 鸦片及其衍生物是对"满洲国"荣誉的一个污点。

如果委员会允许，我将读一下发表在菊地的报纸上的三篇很有勇气的文章。

如果法庭允许，我想只宣读其中的一篇，在第3页的最末端：（宣读）

(1937 年 1 月 27 日《盛京时报》社论。)"鸦片零售制度和保护健康"

从鸦片零售制度建立开始，我们就发表了相关社论作为警示。与预期相反，经过几年鸦片零售制度的实施，没有任何鸦片成瘾者停止吸食，而且有大量年轻人也开始吸食。因此为了保护人民的健康，在省长会议上提出了重新研究许可鸦片烟馆的问题。

近年来，政府对人民的健康非常关注，努力进行改善。但采纳许可鸦片烟馆的制度以及允许人们随意进入有许可的烟馆吸食鸦片要比不卫生的环境对他们的健康影响更加严重。鸦片，以及海洛因和吗啡，已导致了很多人死亡（在满洲）。

也许有人会说，既然已为公众治疗毒瘾开设了戒毒所，如果人们自己想要麻醉品，那就如同飞蛾扑火，政府也没有其他办法。但我们认为，如果购买鸦片需要经过适当的程序，如果减少获得许可的鸦片烟馆数量，就有可能减少吸食鸦片的人数。毕竟，对任何文明国家而言，允许公开出售麻醉品是一种耻辱。为减轻过错，也许有人会说他们国家采取这种鸦片零售许可制度只是一种临时措施，他们已决定逐年减少鸦片种植面积。但比较现实的做法还是为戒除毒瘾规定一定的年限，即使不是出于对公众健康的考虑，至少也是坚持执行原定的减少鸦片消费的目标。

这次省长们在重新研究鸦片问题上与我们的观点一致。也就是说，人们必须享有健康的普遍权力。目前这种保护健康的可笑形式留下了一个污点。而且，一方面讨论公众健康，另一方面却任由人们受到毒化，这种逻辑似乎是相互矛盾的。目前情况也许是去劣存优的一个计划。但是，尽管存在鸦片戒毒所和公众健康组织，但允许人们继续视毒品如甘饴一样食用是一种耻辱。如果政府颁布了法令，没有吸毒者敢违背。但如果要等到局势发展到最严重时才进行控制，那就会太迟了。

有人说，既然鸦片吸食者已不可能恢复正常健康，最好由他们自己选择或生或灭。我们要问，如果严格禁止他们吸食鸦片会造成什么危害吗？由于政府禁令而死亡的人只是少数。但如果有了这些禁令，对毒品上瘾的年轻人数量就会得到遏制。这自然会极大地保护了人民的健康。

有人说鸦片是政府收入是一个重要来源。如果突然将这一来源切断，政府将无法填补损失。但我们认为，"满洲国"地大物博，用其他农作物代替鸦片将能够弥补这一损失。

为什么要继续留下这个耻辱，让这个"国家"到处充满身体不健康的人呢？我们已建议省长会议对鸦片零售的问题进行重新研究。虽然我们还没有听到有任何结果，但我们觉得"中央政府"为了人民的身体健康，必将认真考虑这一问题并采取适当的解决措施。

现在翻至第5页上的社论评论，打印件标记的第65页，在日文版的第10页：奉天和哈尔滨的灰土堆已经变得如此臭名昭著，以至于菊地被触动后写了下面的一篇社论，我将引用它的翻译件。

如果法庭允许，我相信翻译官手里没有这部分内容，所以，如果允许，我将引用富勒先生在这一页中间开始的最后两段所做出的结论。富勒先生说：（宣读）

政府已经——

韦伯庭长：我认为你应该读得更多一些。我们将暂时休庭，使译员可以确保拿到翻译件。

桑德斯基检察官：好的，阁下。

韦伯庭长：你遗漏了最重要的东西，虽然不是故意的。

（11：55休庭。）

（据休庭规则，本法庭于13：30开庭。）

法庭执行官：远东国际军事法庭现在继续开庭。

韦伯庭长：桑德斯基检察官。

桑德斯基检察官：我继续宣读检方文件9558，证据文件编号383，摘录文件第5页上的标注部分，打印页标注的是第61页：

（宣读）

奉天和哈尔滨的灰土堆已经变得如此臭名昭著，以至于菊地被触动后写了下列一篇社论，我将引用它的翻译件：

（《盛京时报》，奉天，满洲，1937年2月18日）孔符石[1]（音译），土堆上的死尸。

每个人都知道吗啡的危险。每年都有很多人死于吗啡。这些对吗啡上瘾的人实际上是在自掘坟墓，这是非常可悲的事。位于大西城门外面的孔符石（音译）土堆是奉天的吗啡中心。每天都会有几个吗啡成瘾者死在那里，这已成为尽人皆知的一件事。

据说农历新年的几天后，在那座土堆下面又发现了13位年龄约在20岁左右年轻人的尸体。他们的头发蓬乱，面容肮脏，一眼就能看出是吗啡成瘾者。他们的上衣和裤子都被从身上扒走了。有几个脸朝上躺在地上，还有几个的脸被东西盖上，另外一些尸体躺在臭水沟里。场面非常凄惨。直到当月的16日，这些尸体仍然在那个地方。

为表现人道精神和改善市容，希望市政府和慈善组织尽快为这些尸体穿上衣服并进行安葬。

---

[1] 英文版为"Kung Fu shih"。日文版为"ユン・ワーシー"。

继续宣读富勒先生的演讲。

　　对满洲人民的福祉负有责任或应当负责的政府就这些问题都做过什么事情？在这次省长会议上，没有听说实施了任何纠正措施。政府1937年的鸦片计划销售量比1936年增加了25%。针对可耻的吗啡和海洛因生意没有任何采取遏制的打算。主席先生，我要说的是，这是一个非常悲哀但又最能说明问题的例子，它显示出贪婪的后果，显示出为获取利润而大规模地毒害自己的同胞，而且完全不顾对其他政府负有的实际或是法律上的义务，这些是任何一个希望得到尊重、信任和认可的政府都应尽到的义务。

　　在座的许多人也许还记得不久前，就在这个委员会，对某个国家的非法鸦片生产以惊人速度突然增加的现象进行了揭露——当时我们有一位最年长也最受人尊重的同事说："欧洲脸上的这一癌症必须被根除。"我们做到了。现在我们又遇到了另外一个癌症，这次是在亚洲脸上。这些应该对哈尔滨、奉天、山东、天津和北平的灰土堆负责的人能否在对他们的惩罚来临之前采取什么行动仍有待观望。但这些惩罚是倾其所有非法所得收入也无法避免的结果。

　　（主席感谢富勒先生所作的详细陈述。）

　　（罗素·帕沙（埃及）进行了以下陈述：）

　　我们都已经听到了富勒先生关于长城以北日占区和部分"中国本土"目前情况的全面和真实的陈述。

　　我不知道那些第一次听到这些事的委员会成员会有什么印象。如果反应是怀疑或自我满足地希望事实并非像描述的这样严重，那么，我所能告诉他们的就是，我这里也有目击者提供的全面和充足的报告，可以充分证实富勒先生和其他人所讲述的内容。

由于海洛因的生产和销售在满洲和热河显然属于一种完全公开和获准的生意,任何聪明的旅行者都有能力判断出这种生意目前已达到的巨大规模,亲眼目睹它对民众所产生的可怕影响以及对文明世界的其他国家带来的威胁。

我并不想试图向你们完整讲述满洲和热河的麻醉品行业与情况,而是引用一些报告中的段落:

在哈尔滨市,目前有不少于 300 家海洛因烟馆,其中不包括实际上也属于哈尔滨一部分的富家店市里的烟馆。

每天来这些烟馆的大约有 5 万人,包括中国人、俄国人和日本人。

除了这些海洛因烟馆,哈尔滨和富家店还有 102 家获许可的鸦片会所,也销售海洛因。每天光顾这些场所的客户数量大约有 20 位欧洲人和 300 位中国人。

这两个城市的 100 万居民中事实上有四分之一的人有毒瘾。

在过去两年中,哈尔滨有许多日本嗜毒者,尤其是日本军队中的士兵和军官。

在哈尔滨非常寒冷的冬天,有很多吸毒者曝尸街头;尸体经常躺在街上很多天,因为没有人愿意将尸体运走;甚至有时候连狗也不愿意吃这些尸体。

毒品供应并不是在哈尔滨本地生产的,完全来自奉天的日本租界地或大连。从大连有几千封装有毒品的信件被寄往美国、埃及和其他地方。

在富家店颇朵而〔1〕(音译)地区到处都是海洛因烟馆,那里肯定有一千多家。顾客都是来自最底阶层的劳苦大众;这个地

---

〔1〕 日文版为「ポドル」,英文版为 podol。

区的旁边就是一个市场，那里可以出售二手货物和偷来的物品，以换取海洛因……在这里每天都能见到吸毒者的尸体；只需付10元钱，其他瘾君子就会把尸体运走掩埋……没有任何仪式。

农民每天来富家店出售他们自己种的东西，付给他们的是海洛因，吸毒在他们中间也很普遍；他们把自己的马、牛甚至房屋都典当出去换成海洛因，直到彻底沦为乞丐，然后他们的土地就会被鸦片专卖局接管。

罗素·帕沙：（继续）这些引证可以一直进行下去。正如大家可以看到的，这些地区的情况让任何对自己同胞怀有尊敬和怜悯心的人都会感到非常惊愕。

然而，这种罪恶是如此普遍，蔓延到非常广泛的地区，让我们这些生活安逸的人很难集中精力来想象这些事情意味着什么。

富勒先生刚才已经进行了描述，而且其他一些目击证人也对天津的日占区情况进行了书面陈述。有一些目击证人向我进行了如下描述：

天津的日租界现在已成为全世界海洛因制造和吸食的神经中枢。以洋行命名的鸦片和海洛因烟馆的数量已超过了1 000家，此外，还有几百家旅店、商店和其他机构公开销售白粉。在面积仅有4平方英里的日租界内，最少分布着200家海洛因工厂，有1 500名日本专家和1万中国工人在从事海洛因制造。由于这种生意的利润很高，而且原料供应充足，每天都有新的工厂开业；工厂经营也是完全公开的。

桥立街是中国海洛因地带的中心。那里有50多家店，在所有的店都可以自由地购买到海洛因。优质的海洛因没有掺入杂质，物美价廉，每克的零售价格是1元中国钱，批发价格为每公斤500

元（约 45 磅）。

（为了进行比较，罗素·帕沙补充说，目前在开罗1公斤纯海洛因的售价为1 500元到1 600元之间。）

继续引用：

每天晚上，我们都能看到苦力和商人在街上兜售海洛因。继著名的满洲及热河的烟馆和工厂之后，天津的日租界成了中国本土与世界的海洛因中心。不仅中华民族，而且世界上所有其他国家的人，都因为这个地方而变得虚弱和堕落。

当然，对贩毒者来说，与外国尤其是美国的生意是最有利可图的。大部分在国外截获的麻醉品上都带有中国的原产地标记。原因很简单：日本法律不允许向国外出口毒品，因此有必要通过上海将货物运往外国港口，有时也会直接从天津发货。

我认真地做过一个计算，每星期直接从天津发货的海洛因估计超过500公斤。这个数量大致可以进行以下细分：60%直接运往美国，30%经由欧洲国家和港口运往美国，剩下的10%运注包括埃及在内的其他国家。

我们的估计应该不会有太大误差，世界上所有的非法毒品中有90%的原产地是日本。无论在天津日租界、天津附近、大连及其附近或是满洲、热河或是中国的其他城市生产，总是由日本人制造或在日本人的监管下制造。至于日租界内的烟馆情况，我无法用语言来描述那里令人厌恶和恐怖的情景。烟馆内灯光昏暗，即使对一个像我这样见多识广的人而言，那种污秽的场面也非常令人恶心和恐惧；在烟馆旁边的妓院，年轻女孩为了多卖一些海洛因而进行淫秽表演；中国人、俄国人以及其他国家的人都躺在肮脏的木板上，像是两、三岁的小孩子。他们的头部臃肿、皮包骨头，已经由于毒瘾而变得像白痴一样。

在进入烟馆的第一个房间，朝鲜妇女（她们自己从不吸毒）一直在忙着往海洛因中掺入杂质。一小份剂量卖 1 角钱，质量较好的或是注射用的吗啡一剂卖 5 角钱。注射使用肮脏的针管，一般是自制的；针头从来不进行清洗、消毒或更换，因此梅毒会通过针头轻易地从一个人传染到另一个人。我见过一些吸毒者，他们的整个胸部都是烂肉和坏疽，身上的洞足以让人把整个手掌放进去。吸毒的针头就是从这些腐烂的、行尸走肉般的身体上推进去。

我引用完了。

桑德斯基检察官： 检方下面要提出文件 9532B 号作为证据，这是对文件 9532 来源的证明文件。

韦伯庭长： 按惯例采纳。

法庭书记官： 检方文件 9532B 将作为证据被采纳，证据号 384。

（然后，上述文件被标以检方证据第 384 号，并被采纳。）

桑德斯基检察官：（宣读）

财政部副部长，华盛顿，1946 年 5 月 31 日，致尊敬的战争部长，尊敬的部长阁下：1945 年 11 月 30 日，财政部曾向华盛顿的陆军军法署署长办公室下的战争犯罪办公室的陆军中校威廉·T. 霍纳迪发出一封信，内容是关于霍纳迪中校向海关局提出的授权使用某些保管在海关局档案室的文件正本的请求，这些文件将在某些战争罪犯在日本接受审判时作为证据使用。

在此知悉霍纳迪中校，财政部不反对他使用这些文件。

我们注意到，战罪办公室特别提到了一份由前美国驻上海财政公使尼克尔森于 1937 年 10 月 27 日提交的标题为《"满洲国"鸦片专卖公署的组织、活动和 1937 年"满洲国"的鸦片情况》的报告，并希望被告知这是否为一份正式报告。

请知悉,标题为《"满洲国"鸦片专卖公署的组织、活动和1937年"满洲国"的鸦片情况》的报告是由美国驻上海财政公使办公室提交的一份正式报告,该文件从海关局的档案室中提取出来,目的是在日本的战争犯罪审判庭上作为证据。

敬启,O. 马克斯·加德纳,财政部副部长

文件9532的标题如上所述。

尽管有很多关于"满洲国"的反鸦片和反麻醉品的"整肃"活动的讨论,但"'满洲国'鸦片专卖公署"的组织和活动并没有发生什么变化。唯一明显的变化是它在1937年的活动增多以及收入增加。

根据我的谨慎判断,任何由"满洲国"总理张景惠颁布的、旨在"整肃"国内鸦片和麻醉品毒瘾的新法律,在当时的环境下都只是一种"掩饰"而已,下面将对这一点作出解释。

迄今为止(至1937年10月初),"满洲国"鸦片专卖公署仍然与它在1932—1933年建立时基本一样,只是组织范围更广泛。如诸位所知,在将该"国"划分为省份前,"满洲国"鸦片专卖公署只有五个区域办公室,但在划分为14个省、后来(1937年)又划分为16个省之后,"满洲国"鸦片专卖公署在所有的省份都开设了区域办公室。

目前,"满洲国"鸦片专卖公署已发展为一个健全的管理系统,因此可以比以前更方便地来观察和研究它的工作。

除了省级和区域办公室外,"满洲国"鸦片专卖公署还在哈尔滨建立了一个实验室,在奉天和承德建了麻醉品工厂,并在新京、奉天、齐齐哈尔、吉林和承德各设一个专门治疗鸦片和麻醉品成瘾者的戒烟所。实验室和工厂的设立是根据"满洲国"政府于1933

年10月25日颁布的法令,而成立戒烟所是根据1935年1月15日发布的政府令。

无论是政府还是"满洲国"鸦片专卖公署,都从未允许开设制造麻醉毒品的私营工厂。而且,"满洲国"鸦片专卖公署及其设在全国的办公室还要认真检查,确保在"满洲国"内没有这样的私营工厂,因为这些工厂的存在意味着政府和"满洲国"鸦片专卖公署的收入损失,同时也会影响那些从"满洲国"鸦片专卖公署获得了许可证的各种组织和个人的营业收入。

然而直到1937年7月前,"满洲国"内存在的私营工厂和麻醉品制造厂多数都设在奉天的日租界和关东租界地内,这些工厂在当地日本警察和宪兵队的保护下"经营"。

"满洲国"鸦片专卖公署多次要求"满洲国"政府和关东军关闭这些"非法的"工厂,但直到1937年7月前,所有这些工厂仍继续存在。

当国联开始公开指责日本政府和"满洲国"政府应当对远东地区"非法"麻醉毒品的生产负责时,"满洲国"鸦片专卖公署利用国联发起的"反对声音",最终成功地使政府同意了它的要求,1937年7月19日"满洲国"枢密院通过了新的法律,1937年7月22日"满洲国"政府正式颁布了这些法律。

新法律共包括了32条,根据这些法律,在没有获得"满洲国"政府许可的情况下,各种麻醉毒品的生产、销售和进出口被严格禁止。违反新法的人将被处以7年以下监禁或不超过7 000日元的罚金。

也许你们已经注意到了,这些新法律主要是针对麻醉毒品的生产和使用。瘾君子中发现有一些日本人。另外,由于吸食鸦片需要携带专用工具,鸦片相对比较容易控制,但几乎无法去识别出麻醉品成瘾者，例如海洛因吸食者，因为他们只需要一支香烟就行了，而且也不会留下任何气味。

韦伯庭长：这里漏掉了一些内容。你跳过了第3页，所以不对。

桑德斯基检察官：阁下，我相信我正在读的就是第3页。

韦伯庭长：不，你漏掉了。也许你故意想这样，只是没有说。

桑德斯基检察官：对不起，庭长阁下。我看到了，我的确是漏掉了第3页。非常抱歉。从第3页最上面开始：

（宣读）

新法律规定，希望生产、进口或出口麻醉品的人必须获得政府许可。这些法律还禁止普通公众使用麻醉品，除了以下四种情况以外，不允许出售麻醉品：

（1）麻醉品的生产、进口和出口获得了有关政府部门的许可。

（2）当医师、牙医或兽医认为有必要使用麻醉品时。

（3）如果麻醉品购买者为一名执业医师、牙医或兽医。

（4）当麻醉品将用于科学目的时。

从上述可看出，新法律的颁布主要是为了协助"满洲国"鸦片专卖公署控制麻醉品的使用，而不是如"满洲国"总理张景惠于1937年8月11日在新京发表的官方声明上所称的，为了遏制对鸦片和麻醉品的毒瘾。

此外，政府还依照新法律关闭了奉天、哈尔滨以及后来在大连和邻近地区的几家私营工厂，日本和朝鲜的工厂老板也被处以罚金。因此，据我所知，目前在"满洲国"和关东租界地都找不到私营工厂了。

然而，众所周知的事实是，当政府关闭上述工厂时，曾半公开地"暗示"这些工厂主，当华北和察哈尔的政局稳定之后，他们可以在这些地区重新恢复"工作"。我希望向您提交一份这些在华北和内蒙古新开工厂的详细报告，因为我已得到消息，许多原先在"满洲国"和大连经营工厂的日本人和朝鲜人，为了继续进行他们的"生意"，现在已移民到了上述这些地区。

最新报告显示，到目前为止，"满洲国"鸦片专卖公署已发放了大约2 000张鸦片零售的许可证。

也许你们已经注意到了，这些新法律主要是针对麻醉毒品的生产和使用。瘾君子中发现有一些日本人，另外，由于吸食鸦片需要携带专用工具，鸦片相对比较容易控制，但几乎无法去识别出麻醉品成瘾者，例如海洛因吸食者，因为他们只需要一支香烟就行了，而且也不会留下任何气味。

这样，新的法律也帮助了日本政府打击吸毒的日本人。据报告，尽管对吸毒者采取了严厉的惩罚措施甚至驱逐回日本，但吸毒的日本人还是明显增加。

关于鸦片的种植和使用，新的法律并未规定新限制，而仅仅是给予了"满洲国"鸦片专卖公署更多权力，从附件中的详细报告和地图中可以看到，鸦片的种植面积和使用人数都增加了。这些增加的另一个原因是，1937年春天，在华北开设了很多日本人保护下的麻醉毒品工厂，从而对生鸦片的需求量大幅提高。

目前只有哈尔滨的"实验室"和奉天政府下的麻醉品工厂在制造麻醉毒品，包括吗啡、酯类、吗啡酯、可卡因等。我现在还不知道在这个哈尔滨"实验室"中生产的麻醉品数量，但我得到确切信息说"满洲国"鸦片专卖公署的奉天工厂每天的产量是75到100公斤，其中一部分将出口到欧洲和美国。

"满洲国"鸦片专卖公署在承德的工厂目前只为华北和察哈尔的巨大需求生产"基础原料"。据报告，8月下半月和9月上半月期间，日本军队向天津运输了大约20万公斤的"基础原料"，1937年10月份将进一步增加这些运输货物。

然后看第 5 页上的标注部分。

在接下来的 12 页中,我提交了一份关于"满洲国"在 1937 年种植罂粟情况的详细报告。

从上面可以看到,罂粟的收获情况非常好,根据我所得到的确切信息,至 7 月底和 8 月初,从"满洲国"的各省收购了约 180 万磅的生鸦片运到新京的一个中央仓库。另有大约 100 万磅被留在各省办公室作为"当地"使用,也就是,出售给获得"满洲国"鸦片专卖许可的零售商。

从这份详细报告中您将看到,"满洲国"的罂粟种植面积已增加了 30%～35%,鸦片收购成本大约提高了 50%。

在丰收之年,尽管每公顷收获的生鸦片平均产量从 1936 年的 40 磅下降为 1937 年的 36.5 磅,但事实是罂粟的种植面积要比 1936 年增加了 3 万公顷,从而使 1937 年的总产量大大增加。

韦伯庭长:你读得够多了,桑德斯基先生。再继续提出证据的话就要出现堆积了。

桑德斯基检察官:如果法庭允许,我们还有另外两份文件,但都没有刚才宣读的那份文件那样长。这两份文件是关于满洲,然后我们就会进行华北部分。剩余的文件涉及了不同的时间阶段,阁下。

韦伯庭长:列文辩护律师。

列文辩护律师:庭长阁下,我想提请法庭注意证据文件 383 号中已经被宣读过的内容。我已检查了证据文件的原件,这些刚才宣读的内容被用铅笔划了出来,正如我们手上副本上显示的一样。我们认为,在没有法庭的允许下,不应在证据文件的原件上作任何标记。但如果检查证据文件原件,就像我们这次所做的这样,就会发现原件上做了与我们手中副本一样的标记。

韦伯庭长：但上面的铅笔标记是检方在向本法庭提出证据之前做的，他们当然可以根据自己的意愿行事。如果你们想要提出文件中被删去的、未被纳入证据文件的内容，你们有这样做的自由。我们不会被铅笔标记误导，列文先生。

桑德斯基检察官：庭长阁下，我想也许我能就辩方提出的问题进行一下澄清，原件中只有作了标记的内容被提出为证据文件，这是我们可以识别这些内容的唯一方式。

韦伯庭长：史密斯先生。

史密斯辩护律师：如果庭长阁下允许，关于今天上午法庭采纳的几份证据文件，我的理解是，虽然提出的是整个文件，但本法庭并没有采纳整份文件，检方也仅仅读了其中一部分。如果事实不是这样，那就是不公平的。

韦伯庭长：如果提出的一方希望只将文件中的一部分内容采纳为证据，这在所有的法庭都是很常见的一种做法。另一方，在本案中也就是辩方有机会在适当的时间将余下的文件提出为证据。这非常普遍，事实上，在大多数案件中也是无法避免的。

史密斯辩护律师：庭长阁下，请允许我用一点时间陈述我的观点，今天上午采纳的一份文件其实只是对一场讨论的记录。我相信，他们是将帕沙先生的话摘录出来，而且只有他的话。但是删去了日本代表回答时所说的所有内容，而且——

韦伯庭长：我注意到日本代表的话也被标注了，但没有被宣读，不过也没有理由宣读这些内容。辩方可以以后找机会宣读，而且，如我之前所述，也许那样我们可以更清晰的理解到日本代表说了什么、然后另一个人又说了什么。辩方没有什么好抱怨的。

列文辩护律师：庭长阁下，我不想过分地拖长这个讨论，但我希望关于这件事有一个澄清。我的理解是，当提出一份文件作为证据时，整份文件都将被纳入证据，但检方只宣读了其中他们希望引起本法庭注意的那部分内容。

韦伯庭长：我们的规则是，在处理文件翻译的问题时，检方或辩方可以只使用文件中的部分内容。这里遵循的是这种规则。这也是很常见的做法。

现在，这些图表中包含了如每亩平均产量这样的信息。这对我们没有任何用处。逐年的种植面积扩大和产量增加当然是很重要的信息。但"满洲国"各省的产品销售量对比对我们也没有什么帮助。我已经快速浏览了一下你还没有宣读的内容，在我看来并不值得宣读，但是也许你可以提出建议这样做。这里面有没有你希望引起本法庭注意的任何特别内容呢？

桑德斯基检察官：如果法庭允许，我不打算宣读图表的细节。这些图表被包含在证据文件中，是为了帮助本法庭了解这些调查的细节，从而对调查的证据价值有一个更好的认识。

韦伯庭长：这些图表表明这个调查很全面、详细，因此是可靠的。

桑德斯基检察官：是的，阁下。如果法庭允许，我们下面将提出检方文件9533号作为证据。

韦伯庭长：这是关于什么内容？关于同一主题吗？按惯例采纳。

法庭书记官：检方文件9533将作为证据被采纳，证据号385。

（然后，上述文件被标以检方证据第385号，并被采纳。）

桑德斯基检察官：提出这份文件是为了显示贩卖鸦片和麻醉品对满洲国政府财务上的重要性。

（宣读）

    美国驻满洲奉天总领事，1939年1月27日。"满洲国"的鸦片政策。

  尊敬的国务卿阁下，华盛顿。阁下：

  我很荣幸地在此提及近期有关"满洲改革后的禁烟禁毒政策"

的信函。您也许还记得,关于新政策的目的是政府真正地希望根除或至少是减少毒品罪恶,还是仅仅为了使政府加强控制鸦片和麻醉品收入的措施找一个合理借口,本办公室对此一直存有疑虑。

通过研究1938年专卖特别账户的预算,逐渐消除了关于政府发起所谓禁烟政策改革的动机的不确定性。从下面对比之前预算和目前预算的统计数字显示出:

1937[1]年购买生鸦片2 900万日元;1938年的数据是3 200万日元。1937年鸦片销售额为4 785万日元;1938年销售7 104.52万元。

生鸦片的价值没有上涨,但加工鸦片的费用有略微增长。因此,上面的数据表示鸦片销售呈现增加趋势,这与政府所称的遏制毒品使用的意图是不相符的。

谨上,

小约翰·戴维斯

美国副领事

韦伯庭长:史密斯先生。

史密斯辩护律师:在刚才宣读的信中,我手上的副本显示出最后一行被划掉了,很难辨认出上面写的是什么,但我注意到最后的一个词是"欺诈",我觉得应该要求检方宣读整封信函。

韦伯庭长:在本法庭任何成员以这种方式中断法庭程序之前,他应当先查看原件。那是你应当已经做的事。如果原件不清楚,你才有权做你现在做的事情,但你应当去看一下原件是否能辨认出来。

史密斯辩护律师:是的,庭长阁下。今天上午宣读的这一大堆文件以及接下来要宣读的文件在上星期五下午都堆在我们的桌子上,当时我不在办公室。直到今天早晨才看到这些文件。我甚至还没有机会读

---

[1] 原文是1938年,据日文版订正。——译者注

完副本。

桑德斯基检察官：庭长阁下，我相信这些文件是周四3点钟从检方办公室发出去的。

韦伯庭长：这和那没有关系。把原件给我，让我们来马上解决这个问题。作为一份美国的文件，它应当是英文的。

（然后，有一份文件交给了庭长。）

韦伯庭长：这是原件，它非常清晰。

史密斯辩护律师：庭长阁下，原件显示出信的最后一句被一条线划掉了，我希望询问一下为什么检方没有把这句话读出来。

韦伯庭长：这表示改变了想法。检方没有理由读出这句话。

史密斯辩护律师：我想向庭长阁下解释一下，我的当事人与贩卖鸦片并没有主要关联。我想坐在桌子中间的其他律师可能会提出这些反对意见。我不希望被理解为因为我当事人与本案有主要关系，所以我才会站出来请法庭注意这些事情。因为这封信很短，我认为应当把整封信都宣读出来。

韦伯庭长：我们已经白白地浪费了10分钟和很多纸。

桑德斯基检察官：检方现在提出文件9534号。

韦伯庭长：是关于同一主题的事件。按惯例采纳。

法庭书记官：检方文件9534将作为证据被采纳，证据号386。

（然后，上述文件被标以检方证据第386号，并被采纳。）

桑德斯基检察官：如果庭长阁下允许，这份文件是为第2页上的数据而进行的相关研究的陈述。我不打算宣读上面的表格。

检方现在提出文件9535号。

韦伯庭长：关于同一主题的事件。按惯例采纳。

桑德斯基检察官：是的，阁下，它同样是关于贩卖鸦片和麻醉品的预算这一话题，但时间是在一年之后。

法庭书记官：检方文件9535将作为证据被采纳，证据号387。

（然后，上述文件被标以检方证据第 387 号，并被采纳。）

桑德斯基检察官：这份报告是来自驻上海的财政公使——更正：美国驻奉天的总领事馆，日期为 1939 年 3 月 20 日。

翻到报告正文，它摘录自 1939 年 3 月 20 日美国驻奉天总领事馆关于"满洲国"1939 年预算的一份函电。专卖特别账户。这个账户值得进行研究。它显示的毛收入如下：鸦片销售，1939 年为 9 090.84 万日元，而 1938 年为 7 104.52 万日元。

我不宣读表格中的其余部分了。

（宣读）

> 鸦片销售仍然是"满洲国"主要的收入来源之一，仅次于海关收入。考虑到鸦片专卖的收入，很难相信"满洲国"所宣称的在根除鸦片罪恶上的利益。去年，专卖机构购买鸦片的成本为 3 265.3 万日元；今年将达到 4 347 万日元，这相当于平均满洲的每一位男性、女性和小孩子预计都要从微薄的现金收入中拿 3 日元出来用于鸦片。
>
> 去掉向总账、储备基金和国家贷款基金支付的近 1 500 万日元后，今年专卖的净利润预计超过 5 600 万日元。

如果庭长阁下允许，这就结束了检方对满洲鸦片和麻醉品阶段的证据陈述。

我们下面将陈述有关华北的类似情况。检方提出文件 9557 号作为证据。

韦伯庭长：那是什么文件？

桑德斯基检察官：1939 年 5 月 15 日至 6 月 12 日国联关于鸦片与其他危险药品走私顾问委员会的第 24 届大会的会议纪要。

韦伯庭长：按惯例采纳。

法庭副书记官： 检方文件 9557 将作为证据被采纳，证据号 388。

（然后，上述文件被标以检方证据第 388 号，并被采纳。）

桑德斯基检察官： 从摘录的第 2 页上标注作为证据的部分宣读：对远东局势的研究。胡世泽博士（中国）进行了以下陈述：

（宣读）

中国政府采取的措施已经产生的非常令人满意的效果，来自中立来源的官方信息和证据证实了这一点，我将引用其中的一、两段。

（1）在印度有关 1937 年非法贩毒的报告中，我们看到了以下评论："由于中国政府对亚洲中部地区的大麻种植采取了禁止措施以及对大麻出口的禁令，在旁遮普省和西北边境省份的走私大麻已大幅减少。"

（2）1938 年上海公共租界的年度报告中说："在今年的最后一个季度，流通中供本地消费的海洛因几乎已经没有了，海洛因烟馆也实际上停止营业了。在这方面，值得一提的是今年共抓获了 85 名瘾君子，而 1927 年抓获的瘾君子数量为 329 名……警察局从根本上将这个令人满意的成绩归功于公共租界内的中国法庭对 1936 年 6 月 1 日颁布的《禁毒条例》的严格执行，该条例使中方加紧了对海洛因烟馆经营或毒品贩卖的查处。"报告在后面补充说："在租界内红丸贩卖一直未发展成为严重问题，到去年也基本上都消失了。这也要归功于公共租界内的中国法庭执行《禁毒条例》，其中规定生产麻醉品者可获死刑或终身监禁，贩毒者将被处以 12 年到 15 年的监禁。"

（3）1937 年印度支那年度报告中关于老挝的非法毒品贩卖的阐述是："随着云南省禁烟计划的实施，流入的云南鸦片越来越少了。"关于东京（越南北部地区的旧称）的非法贩卖，报告说："山区和偏远地区不再有关于大量毒品货运的报告了：现在只有非常少的货运量……数量已大幅减少。"报告还指出"云南禁烟计划的努力"是走私减少的原因之一。

继续宣读下一页，胡博士的评论第(3)条：

(3)在行政院做出这些决定后，出台了具体的实施条例：(a)在各省、市和区为吸毒者开设讲习所的条例。这些条例为已经或将要参加戒毒的吸毒者提供住宿、食物和治疗，并对他们进行一系列的身体培训和道德修复过程。他们在那里将学习使用当地生产的原材料制作各种物品，这些东西必须能在附近地区可以很容易地出售。在讲习所里待的时间为3个月到6个月。

(b)对划拨给各省、市和区的禁毒特别基金进行控制的条例。将在各省、市和区建立一些委员会对禁烟基金的使用进行监督，规定中包括了对这些委员会的组成和工作内容的要求。上述基金来源于从发放各种使用鸦片许可证的收入中收取的一定比例费用，以及对违反禁烟法律的人收取的罚金和财产罚没。基金将通过向戒毒医院和吸毒者讲习所拨款等形式，全部用于禁烟运动。这些条例中还对提取基金也进行了规定，同时还设立了中央政府的监督机构。

关于罂粟的种植，可从中国年报的表16中看出，自从实施了6年规划后，种植面积已逐渐减少。

鸦片种植在不同地区已被其他作物分别替代，如棉区、粮食、蔬菜、大麻、果树、烟草、油料作物或甘蔗。在6年规划下，所有的鸦片罂粟种植将于1940年终止。然而，鉴于已经取得的满意成果，中国政府现在宣布将从1939年底开始停止一切罂粟的种植。

同时，中国政府还决定，之前日军允许种植鸦片罂粟的地区被收复后，这些种植将立即被禁止。和过去一样，将向禁止种植的所有地区派去检查员，以确保没有进行秘密种植。中国政府在打击鸦片种植方面所做的努力收到了令人鼓舞的进展，并且证明，如果下定决心打击贩毒，这个问题不是无法解决的。幸运的是，那些一直是长城以南地区最大鸦片生产基地的地区还没有被敌人占领；因此在这些省有可能根据时间表去禁止鸦片种植，甚至能够比预期更快速地完成目标。

继续宣读打印副本的第 37 页，在下一页：

富勒先生（美国）做出以下陈述：

请恕我首先对我在去年，也就是 1938 年 6 月 13 日和 21 日，所陈述的信息简单地做一下总结，内容有关 1937 和 1938 年在满洲、热河和中国其他地区的麻醉毒品贩卖情况。当时我强调了以下几点：

（1）关于满洲和热河，有关吸毒、非法进口、非法贩卖或鸦片生产的问题，上一年的情况没有真正或有效地改善。

（2）在曾经被驻华北日军控制的黄河与长城之间的地区，情况比前一年更差。1937 年 8 月法律失控，非法贩卖显著增加。北平的"临时政府"在成立后不久就开始对麻醉形势进行掌控。通过 1938 年 2 月 24 日的第 33 号令，废除了中国中央政府临时的禁烟、禁毒法律法规；并立即释放在这些法律法规下被抓获的所有人。麻醉品的局势进一步恶化了。

（3）在 15 个月内，一个专门从事这个生意的组织从日本的天津租界地向美国出口了 650 公斤海洛因。要知道这个数量足以供应 1 万人在一年中的吸食量。

(4)在上海,除了法租界和公共租界区,其余地区看起来完全失去了控制。

(5)据可靠消息,大量的伊朗鸦片已被运到华北、上海和华南,收货人是日本商社,有时甚至是日本军官。还有很多的鸦片在同样的保护下正在运输途中,此外还有很多后续订单。

在这种情况下,我建议日本代表根据1931年《限制制造及调节分配麻醉药品公约》的规定,要求其政府进行调查和报告这些事实。但是我非常遗憾地说,日本政府至今都没有提交报告。

韦伯庭长:第41页上还有一处标记过的内容。你打算宣读吗?

桑德斯基检察官:如果庭长阁下允许,报告第41页上的内容和我们在以后提到的问题密切相关,如果允许的话,我们希望在讨论那一问题时再进行宣读。

韦伯庭长:我们暂时休庭15分钟。

(14:45休庭,到15:00重新开庭。)

法庭执行官:远东国际军事法庭现在继续开庭。

韦伯庭长:桑德斯基先生。

桑德斯基检察官:现在检方要传唤下一位证人及川源七。

(及川源七作为检方证人出庭,首先宣誓,然后通过日本译员作证。)

直接询问(由桑德斯基检察官询问及川源七证人)

问:你的全名是什么?

答:及川源七。

问:你讲英文吗?

答:我不讲。

问:你能读英文吗?

八、日本鼓励满洲、热河、朝鲜、华北毒品贸易相关证据提出

答：不，我不能。

问：我向你出示日文的检方文件9575号，这是否是你提供的宣誓证词？

答：是的，这是我的宣誓证词。

问：文件上的签名是否是你的？

答：是我的签名。

问：你在这份日文文件的英文版本上签名前，是否用日语向你翻译了内容？

答：是的，为我读了一遍。

桑德斯基检察官：如果法庭允许，我要提出检方文件9575号作为证据，这是及川源七的宣誓证词。

韦伯庭长：按惯例采纳。

法庭书记官：检方文件9575将作为证据被采纳，证据号389。

（然后，检方证据第389号被采纳。）

桑德斯基检察官：（宣读）

美利坚合众国等

指控

荒木贞夫等人

我叫及川源七，在此凭良心发誓以下所述真实无误：

1940年4月至1941年4月，我在中国上海的兴亚院华中联络部担任次长兼政务局长，从1941年4月至1942年11月，我在东京的兴亚院总部担任政务部长兼总务长官。兴亚院创建于1938年12月，总部设在东京，下面有4个分院，分别在上海、北平、厦门和张家口。还在广州和青岛设有两个支院。东京办公室下设4个部：政务部、经济部、文化部和技术部。分院下设有三个部门：政务部、经济部和文化部。兴亚院主席由首相担任，副主席由军部大

臣、海军大臣、财务大臣和外务大臣担任。其他部门在委员会中也各自派出非大臣级别的代表。兴亚院的成立目的是改善中国的经济、文化、政治和科技局势。当兴亚院总部做出一项决定时，它会与分院进行沟通，再由分院向当地的中国政府提出。当双方就实施东京的决定达成协议后，兴亚院的技术顾问就会帮助中国政府来执行这些决定。在1940年11月成立南京政府后，沟通事宜交由外务省和中国政府处理。但由于外务省没有技术专家，因此兴亚院继续承担它在南京政府成立前所担任的职责，帮助实施东京做出的决定。

在兴亚院分院和当地军队指挥官之间设有联络官。当我在兴亚院上海分院任职时，东京决定在上海地区的执行会与上海分院进行沟通。此外，与军事有关的决定还要通过军事渠道与当地的军队指挥官沟通。因此，在兴亚院和军队之间就有一些相互交叉。当地的军队指挥官下面还设有一个特务组织，负责实施经济、政治和文化方面的决定。

我对鸦片和麻醉品的知识仅限于蒙古的鸦片生产。蒙古政府的主要收入来源是该地区的鸦片生产。兴亚院研究了中国不同地区对鸦片的需求，并安排从蒙古销售到华北、华中和华南地区。销售是通过中国组织。

（签名）及川源七

辩方可以进行交叉询问了。

盐原辩护律师： 我是盐原律师。

交叉询问（由盐原辩护律师询问及川源七证人）

问：在"蒙古政府"成立前后，鸦片生产有什么不同？

请回答。

韦伯庭长：（对证人）戴上耳机。

（对法庭执行官）告诉他如何戴耳机，上尉。

问：（继续）我是否应该重复一下问题？

答：不戴耳机我也听懂了那个问题。我不知道这个问题。

问：你是否注意到了有任何迹象表明，日本政府对蒙疆政府下命令或进行指导，鼓励政府生产更多鸦片？

语言监督官：在"鼓励"一词后面，我想作一下更正：鼓励民众去吸食鸦片。

答：他们从来没有鼓励过这件事。

问：政府是否采取了一种放任政策，或者说它采取了使鸦片使用逐渐减少的政策？

答：他们采取了逐渐减少鸦片使用的政策，如果可能的话，再完全禁止。

答：他们所采取的政策，也就是逐渐减少民众对鸦片的使用，这种政策的基础是减少的程度不至于影响到和平与秩序以及人民的健康。

语言监督官：略作更正：采取这种逐渐减少政策的原因是否为，根据中国人的传统，如果禁止使用鸦片，从维护和平与秩序的角度可能会造成严重的问题？

答：政府采取这个政策的原因正如你所述。

问：从表面上看吸食鸦片的人增加了。然而，你是赞同还是否认，这种所谓的增加是由于很多以前秘密使用鸦片的人逐渐开始公开地使用了？

答：我相信实际的使用者减少了——逐渐减少。

问：最后一个问题，请回答：我的理解是，华北、华中和华南的情况都是这样的，对吗？

答：我相信情况正如你所述的那样。

盐原辩护律师：我问完了。

鹈泽总明辩护律师：如果本法庭允许，由于被告铃木贞一的代理律师高柳贤三博士是议会贵族院宪法委员会的成员，今天无法出庭；如果法庭允许，助理律师戒能将代替他进行交叉询问。

韦伯庭长：他可以代替高柳博士。

交叉询问（继续，由戒能辩护律师询问及川源七证人）

问：东京兴亚院的哪一个部门负责鸦片问题？

答：经济部。

问：你作证说，兴亚院采取了一种逐渐减少鸦片使用的政策。它是否在这个政策下有任何具体措施？

答：采取了适当的政策措施。

问：这些政策是什么？

答：兴亚院的总务长官柳川平助和政治部负责人铃木贞一采取了这个逐渐减少的政策。我相信是在1940年，发明了一种叫"I. M."的注射剂，并被制造出来专门用于治愈鸦片成瘾者。使用这种注射剂就是为了实施他们逐渐减少鸦片使用的政策。

语言监督官：更正一下：我相信是在1940年，当时柳川平助是兴亚院负责人，铃木贞一是兴亚院政治部负责人。有一种名叫"I. M."的注射剂被发明出来，据信能够治愈鸦片成瘾者。

问：柳川平助和铃木贞一是否使用了这种药的发明人酒井由夫博士的服务？

答：酒井博士作为南京政府的顾问被派往南京。

语言监督官：派往南京国民政府。

答：（继续）在中国，在中国的医院，酒井博士使用这种药物，在病人身上使用这种药物，收效非常好。

问：兴亚院是否对酒井博士的工作提供了大力协助？

答：兴亚院不仅给予酒井博士财务资助，还建立了一个研究所，帮助酒井博士完成或是进一步研究这种药物的生产。

语言监督官：此外，兴亚院建立了一个名为兴亚医学研究所的机构，以进一步完善这种药物。

问：酒井博士的药物，"I.M."，在治愈鸦片成瘾者方面是否有效？

桑德斯基检察官：证人不具备医学专家的资格。在本方询问中没有任何内容说明他能够对治疗鸦片瘾的功效做出合格的判断。我认为他在这方面的观点将是不合格的。

韦伯庭长：你忽视了一点，就是他可以陈述他所听说的内容。如果他想说有任何医生告诉过他，他就可以提供证据。而且这与他在宣誓证据中的最后一句话也有相关性。

问：是否有任何医生说——告诉过你这种药物是有效的？

答：关于酒井博士的活动，我本人向他在这方面提供指导和帮助。所以，关于这个名为"I.M."的注射剂，我知道完整的——全部的细节。

语言监督官：因为我收到了详细的报告。

问：如果你知道任何关于酒井博士的事情，能否告诉我们？

韦伯庭长：兴亚院是否像销售鸦片一样销售药品？

答：它销售那种药物。

问：当你在上海时，你是否认识一位名叫里见甫的鸦片商人？

答：我见过他一次，和他交谈了几分钟。

问：你是否和他谈了关于鸦片问题的事情？

答：我和他见面是为了其他事情，没有和他谈关于鸦片的事。

问：那么，据你所知，兴亚院的上海联络办公室与博士——与里见先生没有任何关系——根据你在职责范围内所了解的信息？

答：在我在任期间，我与他没有什么联系。

问：你说过，即使在兴亚院上海联络办公室建立后，军队继续保留了一个特务小组，是吗？

答：存在着特务小组。

问：它当时是被称为特务小组吗？

语言监督官：我想将"特务小组"更正为"特务组织"。

答：它也被称为特务机关。

问：这个特务组织做什么工作？

答：大多是指导、执行有关上海及周边地区的政治、经济和文化政策。

问：兴亚院的想法是否与特务组织的想法发生过冲突？

答：在我就任该职务前，我的确听说过有这样的冲突。但在我就职后，没有发生过这种冲突。

语言监督官：关系非常和睦。

问：在兴亚院成立后，除了上海以外，其他城市是否也有特务组织？

答：在大城市都有办公室。在内地的每一座大城市和小一些的城市也有办公室。

语言监督官：有很多这样的办公室，不仅在大城市，甚至在农村地区的偏远乡镇。

列文辩护律师：庭长阁下。

韦伯庭长：列文辩护律师。

列文辩护律师：尽管戒能教授是我下面的一名助理律师，我还是要宣布，辩方没有其他交叉询问问题了。

韦伯庭长：好。

是否有再次直接询问？

再次直接询问（由桑德斯基检察官讯问及川源七证人）

问：证人先生，酒井博士治疗鸦片瘾和毒瘾的药物是否经过了日本药物权威机构的批准？

列文辩护律师：庭长阁下，我们要反对这个问题，原因是这个问题不适宜。

韦伯庭长：我不能说这个问题不是在交叉询问的范围内，但在我看来，它没有抓住重点。证人说过他所在机构的确销售那种药物，不论价值如何。

列文辩护律师：那正是我要反对的原因，庭长阁下。

韦伯庭长：那应当澄清一下。

桑德斯基检察官：庭长阁下，我们想指出，销售的药物也许不是一种适当的药物，并且——

韦伯庭长：药物的价值完全不是重点。问题是，这是一位可信的证人吗，或他是否在讲述某个可信的组织？这些才是重点。

桑德斯基检察官：没有其他问题了，庭长阁下。

韦伯庭长：那么，很可惜。我认为我们应当介入一下。

桑德斯基检察官：阁下，有一些可能被视为不利的证据将在我们今后向本法庭提出的证据中得到解决。检方传唤本证人的主要原因是说明兴亚院的组织架构，这对以后的证据非常重要。

韦伯庭长：关于他所说的该机构销售鸦片的问题，你是建议不将他视为一个可信证人吗？如果你要求我们关于他的部分证词将他视为可信证人，但关于其他证词不要视他为可信证人，这是一种非常奇怪的情况。

桑德斯基检察官：证人的宣誓证词中提到，他关于鸦片的知识仅限于蒙古的收入大部分都来自鸦片这种普通知识。他并没有资格对鸦片销售提供专家意见。他没有作证——

韦伯庭长：有一个更短的答复。辩方没有对他有关组织构成的证据提出质疑。

这就行了。将他带离证人席吧。

（证人离席。）

桑德斯基检察官：庭长阁下，因为我们将在后面提出的很多文件中会出现对"Ko-A-In"这个词的不同翻译，我们请求法庭译员或语言监督官指明对这个词可能的英文翻译。

韦伯庭长：把问题再读一遍。我不理解它的意思。

（然后，桑德斯基检察官的上一个问题由法庭书记官宣读了一遍。）

韦伯庭长：这是一个有关证据的问题。我们不能让译员对这个词进行翻译。这是关于证据的问题。

九、华北地区毒品贸易相关证据提出

1946 年 9 月 3 日,星期二
日本东京都旧陆军省大楼内远东国际军事法庭

桑德斯基检察官:如果法庭允许,检方现在希望从我们今天上午提交的检方文件 1045 号、证据编号 382 的文件中再次引用内容。我们将从文件的第 3 页第 4 节中引用。

韦伯庭长:好。

桑德斯基检察官:在第 3 页的中部:

(宣读)

第 4 节 中国的鸦片控制制度

国民政府于民国 18 年(1929)颁布了禁烟法律(自 1929 年 7 月 25 日起颁布并生效;修订版于民国 22 年(1933)3 月 16 日颁布并生效),在那之后,从鸦片控制的角度而言,实施了完全禁止的政策。但是在日军占领区,自从事变爆发后,根据当地特殊环境,在某些情况下吸食鸦片也得到了认可,尽管普遍执行了完全禁止麻醉品的政策。然而,在某些地区制定并实施了控制措施,而另一些地区则在上面提到的国民政府禁烟法基础上执行临时法律。还没有建立一个统一的控制制度。

(1) 华北。

(a) 1929 年 4 月 28 日,"临时政府"在北平与亚洲发展委员会的华北联络处就禁烟法和在华北的实施规定草案进行了讨论,目的是在华北建立一个统一控制鸦片的制度。但还没有生效。

(b) 在青岛,一直由税务办公室颁布的禁烟实施细则控制鸦片的使用,尽管青岛特别市老城区由于它的特殊环境,被划为一个例外的严格禁止区域。1934年7月,成立了青岛特别市禁烟调查委员会,作为一个控制管理机构;同年的8月1日,开始实施禁烟调查临时条例。

(c) 在济南,1939年1月26日颁布了药剂师贸易协会临时条例,贸易协会也于同一天建立。

(d) 在天津,根据天津税务征收办公室禁烟调查临时条例,限制毒品流通控制办公室的临时规定从1938年1月起开始执行。

如果法庭允许,我就不宣读有关华中、汉口和华南的类似数据了。

韦伯庭长: 那么蒙古呢?你忽略了蒙古吗?

桑德斯基检察官: 对不起,请再说一遍好吗?

韦伯庭长: 你忽略了蒙古吗?

桑德斯基检察官: 哦,还有蒙古。

庭长阁下,我不宣读这些部分,是因为这份文件的目的仅仅是为了表明政府——日本政府——在内阁层面一直都了解鸦片控制的情况——鸦片和麻醉毒品控制——中国所有地区的活动。一直都有联络及完整信息。

检方下面提出文件9514号作为证据,这是一份由驻中国上海的财务公使于1940年6月3日起草的报告。

韦伯庭长: 按惯例采纳。

法庭书记官: 检方文件9514将作为证据被采纳,证据号390。

(随后,上述文件被标以检方证据第390号,并被采纳。)

桑德斯基检察官:(宣读)

在察哈尔和绥远的鸦片种植

但当 1936 年日军从满洲到达这里后,他们强迫为每位官员(县长)安排一名日本顾问,鸦片种植也被引入到所有地区。开始时,并没有严格限制,因为道德上的压力使他们想办法去引诱农民赞同。当时有很多例外情况,尤其对在天主教信徒,因为这被他们的良知所不容。去年,异教徒们也开始赞成在 1940 年实行禁烟,因为他们不得不以非常低的价格将鸦片卖给政府。因此,最近政府(1940 年春)开始强迫所有农户,包括天主教徒在内,每 100 亩土地必须最少种植鸦片 8 亩,所有的人必须遵守(1 亩等于六分之一英亩)。

M.R. 尼克尔森,财务公使

韦伯庭长:我想基督徒的人数一定非常少,这些例外加起来也没有多少,根本就不值一提。

桑德斯基检察官:检方下面提出文件 9517 号作为证据,这是一份由驻中国上海的财务公使于 1936 年 5 月 9 日起草的报告。

韦伯庭长:按惯例采纳。

法庭书记官:检方文件 9517 将作为证据被采纳,证据号 391。

(然后,检方证据第 391 号被采纳。)

桑德斯基检察官:(宣读)

在察哈尔和热河的鸦片种植

在满洲事变爆发后,东北四省相继失守,最后汤玉麟被迫辞职。因此,海洛因公司也被日本公司"坂田组"接管。同时,还成立了"大满公司"从事鸦片收购。不仅从热河大量收购鸦片,还从甘肃、绥远、察哈尔和陕西也购买了很多鸦片。鸦片种子发给那些被迫种植的农户。与几年前的数字相比,目前在热河生产的鸦片和海洛因数量增加了三四倍。热河生产的海洛因被运送到大连、天津和上海出售。

自从日军入侵察哈尔的北部六县后，坂田组在张家口设立了分公司，拥有170名工人，每天可以生产80包海洛因，每包净重18两，价值600美元。张家口分公司的资金共有10万美元，被分为10股，每股1万美元。另外还有一股股份作为礼物送给了日本领事馆。

根据一份对陕西、甘肃、绥远、热河和察哈尔生产的鸦片分析，甘肃鸦片最适合制作海洛因，因为它的味道好，价格便宜，而且能制造出更多的海洛因。陕西和绥远的鸦片味道也不错，但其中包含的海洛因成分不如甘肃鸦片多。察哈尔和热河的鸦片价格使其无法广泛用于制造海洛因。而另外三个省的鸦片经常被掺入其他杂质，生产者必须在收购前进行检查。

这就结束了对这份文件的宣读。

韦伯庭长：现在16:00了。我们将休庭，直到明天9:30。

（16:00休庭，直至1946年9月4日星期三9:30。）

1946年9月4日，星期三
日本东京都旧陆军省大楼内远东国际军事法庭

（根据休庭规则，本法庭于9:30开庭。）

出席：

出席法官，一切照旧。

检方，一切照旧。

辩方，一切照旧。

（远东国际军事法庭语言部准备好了英日互译。）

法庭执行官： 远东国际军事法庭现在开庭。

韦伯庭长： 除了大川周明、松井石根和平沼骐一郎由其辩护律师代理外，其他所有被告都到场了。我这里有巢鸭监狱医疗负责人提供的证明，证实平沼骐一郎仍在病中。该证明将被记录并归档。

有没有律师希望提出任何问题？

桑德斯基检察官。

桑德斯基检察官： 庭长阁下，我希望继续陈述有关华北地区鸦片和麻醉毒品的证据。

我们提出检方文件9512号作为证据，这是一份由驻中国上海的财务公使于1936年6月8日起草的报告。

韦伯庭长： 按惯例采纳。

法庭书记官： 检方文件9512将作为证据被采纳，证据号392。

（然后，上述文件被标以检方证据第392号，并被采纳。）

萨顿检察官：（宣读）

察哈尔北部六县沦陷后遭遇的毒品威胁

在指挥官李守信率领下的傀儡军队不仅鼓励农民增加他们的鸦片种植面积，而且还按照日本人的要求开始执行"毒化政策"。察北六县的每个县都有贩卖海洛因的烟馆，并在多伦开设了制造吗啡和海洛因的制毒工厂。

最近，在张家口新开设了一家名为"板垣组合"的烟馆，目的是向察哈尔南部地区的10个县销售毒品。张家口守军司令官张元荣先生对此也毫无办法。

毒品从察北向张家口和察西运输是通过张家口——多伦铁路和张家口——库伦铁路，由傀儡军队派兵保护。在这些地区销售毒品的大多是当地的无赖。

如果法庭允许，我会省略不读这些统计数据，而仅指出日本人经营的贩烟馆共有 55 家。

我们下面要提出检方文件 9516 号作为证据，这是一份由驻上海的使馆财务公使于 1937 年 4 月 8 日起草的报告。

韦伯庭长：按惯例采纳。

法庭书记官：检方文件 9516 将作为证据被采纳，证据号 393。

（然后，上面提到的文件被编为检方证据第 393 号，并被采纳为证据。）

桑德斯基检察官：（宣读）

上海，1937 年 4 月 8 日。

日本人鼓励在察北种植鸦片。

近期，为鼓励鸦片种植，日本当局在察北六县区以当地县令的名义发布通知，敦促人们按要求种植毒品，并针对种植者制定了以下奖励措施。

（1）按指定亩数种植的农户，免征地租。

（2）对种植 5 亩以上者，除（1）规定的奖励外，还可免除兵役。

（3）对种植 20 亩以上者，除（1）、（2）规定的奖励外，由县政府颁发名誉证书。

（4）对种植 50 亩以上者，除上述（1）、（2）、（3）规定的奖励外，授村及地区长老资格，并登记为县公职后补。

（5）在日本商社与当地县政府的联合支持下，察北六县将建立"鸦片配给协力协会"，以向农户收购鸦片，定价为每两 6 毛钱，在日本人的保护下转而输向华北。傀儡政权称，这种方式将使这些县的财政大大受益。

日本人还在六县设立了收购鸦片的机构，以固定的价格从农户手中购买鸦片。种植者的每亩罂粟必须卖给专营机构 100 两生鸦片。傀儡政权辖区内的吸食鸦片者也不允许减少他们的消费量。任何轻微违反规定的鸦片种植者或吸食者都将受到严厉处置。很多鸦片种植者被处以死刑，因为他们在出售给专卖局的鸦片中掺杂了其他物质。

我们下面要提出检方文件9515号作为证据，这是一份由驻上海的财务公使于1940年7月16日起草的报告。

韦伯庭长：按惯例采纳。

法庭书记官：检方文件9515将作为证据被采纳，证据号394。

（然后，上述文件被标以检方证据第394号，并被采纳。）

桑德斯基检察官：这份文件也是关于察哈尔的情况，只是比前一份文件的时间晚了三年。

（宣读）

察哈尔和绥远的鸦片种植

由于在之前曾大量种植鸦片的甘肃，现在已由常规农作物替代了白罂粟种植，绥远的鸦片生产逐渐取代了甘肃的地位。因为粮食短缺，很多绥远的农民宁愿种植粮食，但尽管如此，他们在今年年初先是被鼓励，继而被强迫，种植鸦片。

日本当局鼓励种植鸦片的方式有：从飞机上向中国的农田抛撒宣传单，鼓动农户种植罂粟；免费发放种植鸦片的种子；延展鸦片运输至归化的便利交通，归化有许多中国人经营的烟馆，他们在收到鸦片后会转运到张家口，那里是蒙古地区主要的鸦片输送中心。在归化大约有40家类似的贩烟馆。日本人不向种植罂粟的农户征收任何特别税，只收普通的土地税，这是农户无论如何都要支付的税项。农民每交付给归化烟馆一盎司鸦片，可收到4元——这里是指蒙疆银行发行的货币，等价于华北地区中央储备银行使用的元。罂粟就在这一年的7月份开始收获。

给我提供情报的人说他不知道绥远的鸦片到达张家口的日本人手上后又被运往何处,但他认为,在蒙古地区的鸦片产量如此巨大,肯定会有大量的鸦片用于出口。生产鸦片的是居住在绥远、察哈尔等地的中国人,而不是蒙古人。蒙古人不信任日本人,而日本人也不信任蒙古人。

鸦片在北平出售的价格从18元到24元(中储券)不等。这种交易的公开程度在著名的东安市场可见一斑。很多外国人会去那个市场,那里有一个公共烟馆,任何路过的人都可以进去,旁边就是一个大饭店。

检方下面要提出检方文件9518号作为证据,这是一份由驻上海的财务公使于1936年7月30日起草的报告。

韦伯庭长:按惯例采纳。

法庭书记官:检方文件9518将作为证据被采纳,证据号395。

(然后,上述文件被标以检方证据第395号,并被采纳。)

桑德斯基检察官:(宣读)

日本在华北的毒化政策

自从签订了《塘沽协定》和建立非军事区后,中国政府就不能再使用军队打击贩毒行为了,整个河北省沦为日本在华北实施毒化政策的地区。

河北所有的农村人口估计为2 700万人,据信其中有500万吸毒者。唐山、石家庄、清远、新苑、泊镇、固安和永清[1]销售的毒品要比其他地区更多。仅在5月份,就有70名毒贩被处死。从1月

---

[1] 据日文版庭审记录。

至 4 月的短短四个月中，北平就有 700 多例涉及烈性毒品的案件。

以前在华北销售的毒品大多是来自绥远和察哈尔。来自绥远的毒品被称为"奖子"，而产自察哈尔的则称为"比土"。最近，这两种毒品都被一种新的品种取代，这种来自大连的毒品价格更低且效果更强。日本人在新域、东鹿、涿县和石家庄都设立了商社，专售这种大连的毒品，并通过陇海和北平至汉口的铁路将毒品运往内陆城市。这种毒品的价格在每两 2.50 至 3.50 元不等。据报告，每月销量大约有 100 万两，总价值超过 300 万元。仅在天津，每月就有价值 30 万元的海洛因被运往内陆城市。制毒的朝鲜人在北平几乎到处都是，而且中国警察除非在特殊情况下否则不能对他们进行搜查。但即便在这种权力受到极大限制的条件下，北平的警察还是在 3 月份发现了 4 起毒案，4 月份发现 5 起。

这份文件宣读完毕。

检方下面要提出检方文件 9520 号作为证据，这是一份驻中国济南的美国领事于 1940 年 12 月 9 日起草的报告。

韦伯庭长： 按惯例采纳。

法庭书记官： 检方文件 9520 将作为证据被采纳，证据号 396。

（然后，上述文件被标以检方证据第 396 号，并被采纳。）

桑德斯基检察官：（宣读）

致：尊敬的国务卿，华盛顿。阁下。

接到第 2 页：

1940 年 4 月《政治月报》：

准官方媒体近期登载了一篇文章，以下是摘要内容：

根据省政府的调查结果发现，尽管三令五申禁止种植鸦片罂粟，但去年的实际种植面积却有所增加。为彻底清除鸦片种植，政府起草了有关的新条例，并分发至各级管理机构……此行动不是为了筹集资金或增加税收，而是为了根除鸦片毒害。

上述引用中的最后一句使人们想起了一个谚语故事，说一个小男孩在被指责偷了李子之前自己先否认这一点。

根据外国旅行者的报告，鸦片罂粟种植大多集中于日本人控制的山东地区。

1940年5月政治月报：

最新报告指出，该地区唯一茂盛的作物就是鸦片罂粟。一名在山东济宁[1]的美国居民说：

只有一种作物长势良好，这就是提炼鸦片用的罂粟。我在中国以前这么多年所见过的罂粟放在一起也没有我们今年见到的这么多。我们的城市周围全是，甚至是在郊外的墙内也有。不管你去国内何处，你总是能看到开满罂粟花的农田。这些农田全都进行了灌溉，没有受到旱灾影响。

据可靠消息来源，由于来自中国各界的强烈谴责，傀儡政府的省长曾认真考虑过禁止鸦片种植，但他遭到了日本特务机构的反对（毫无疑问，是成功的反对）。日军在选择傀儡政府官员时对嗜毒者的偏好也是显而易见的，明显地体现在公职人员中"大烟鬼"的数量上。

又据报道，新民会已起草了一些鼓励种植鸦片罂粟的新措施，将其与缴纳税赋挂钩，此项新措施将于近期开始实施。

继续到第5页：

---

[1] 据日文版庭审记录订正。

1940年8月政治月报：

据一名在当地的外国商人估计，每月在济南销售的鸦片价值达500万元中储券。由于鸦片的价格超过了一般苦力工人的购买力水平，所以通常是被中上层阶级购买。但是一般的苦力工人可以在他的购买能力内买到海洛因和其他种类的毒品，所以，即使是他们也可以获得麻醉剂带来的兴奋。在这个城市中，有几百名日本人和朝鲜人的部分或全部生活都要依赖于这些毒品的销售。

如果本法庭允许，我将省略不读文件中的统计数据。

检方下面要提出检方文件9522号作为证据，这是一份驻中国济南的美国领事于1941年3月28日起草的报告。

韦伯庭长：按惯例采纳。

法庭书记官：检方文件9522将作为证据被采纳，证据号397。

（然后，上述文件被标以检方证据第397号，并被采纳。）

桑德斯基检察官："致：尊敬的国务卿，华盛顿。"如果法庭允许，我将省略不读第2页上标出的这部分内容，因为它主要是关于鸦片罂粟种植的程度叙述，然后接下来读文件第3页上的内容：

（宣读）

日军通过向中国伪军销售海洛因从中谋利

根据可靠的外国来源报告，与日军合作的中国伪军中使用海洛因非常普遍，尤其是在山东省的东北部。他们将海洛因掺杂着面粉一起出售，而这种行为受到了日军的支持，其利润也主要归日军所有。这样一份剂量的价格为3元中储券，毒客吸食时通过燃烧吸入毒品烟气。据说一名吸毒者吸食这种掺假后的海洛因在一天中的总花费可达45元中储券。就这样，鲁东北的人受到了这些傀儡中国军队（中国同胞也称他们为"帮凶"）的无情掠夺，以满足他们对海洛因的欲望,并为日军提供资金。

美国副领事,谨上

检方下面要提出检方文件 9523 号作为证据,这是一份驻中国青岛的美国领事于 1941 年 2 月 26 日起草的报告。

韦伯庭长:按惯例采纳。

法庭书记官:检方文件 9523 将作为证据被采纳,证据号 398。

(然后,上述文件被标以检方证据第 398 号,并被采纳。)

桑德斯基检察官:(宣读)

主题:青岛成立新的禁烟局。对限烟实施情况的批评。
尊敬的国务卿,华盛顿。

文件第 3 页:

随函附上一篇登载在 1941 年 2 月 13 日《大青岛报》"小评论"专栏上文章的翻译件,其中对青岛的毒品局势进行了批评。由于这份报纸由日本人所有,而且本文很可能由一位日本人撰写,因此这可能显示出,即使是当地的日本居民对日本当局现有的毒品政策也不是很满意。

美国领事保罗·W. 迈耶,谨上

附后的翻译:

目前最繁荣的生意就是在县城开鸦片馆。它们不需要打广告,也不需要名人推荐。稳定的客户群会日复一日地光顾这些生意兴隆的地方。店老板和店员一直都非常忙。很多最初注册为三级的鸦片馆已升级成为二级,而二级鸦片馆已重新注册为一级。还有很多原先是三级的店跳过二级直接晋升为一级。这一事实使我们可以大致了解鸦片馆的繁荣景象。

我们试着分析一下光顾这些店的不同客户类别。平心而论,大部分客户都是商人。但是,还是有相当多数量的公职人员、二十出头的小伙子和风华正茂的年轻女子。可惜由于没有准确的统计数字,我们无法给出这些"烟客"的精确数字。

根据华北地区正在执行的法规,年龄不足30岁的人禁止吸食鸦片;同时还规定,公职人员、教师和民众领袖也禁止吸毒。因此,看到那些公职人员以及年轻男女走入烟馆,我总是感到非常难受。如果我们的官员能够更加认真地对待这件事,如他们自己所说的那样采取行动,情况就将大为不同。

我们下面要提出检方文件9519号作为证据,这是一份由驻上海的财务公使于1937年1月13日起草的报告。

韦伯庭长: 按惯例采纳。

法庭书记官: 检方文件9519将作为证据被采纳,证据号399。

(随后,上述文件被标以检方证据第399号,并被采纳。)

桑德斯基检察官:(宣读)

日本人在通县和北平的毒品走私机构

根据北平政府经常披露的内容,日本和朝鲜的浪人已至少建立了一个毒品走私机构,并请了驻华北的日军派兵进行保护。当通县的日军被召集进入北平时,他们携带了大量的毒品,以逃避中国警方的搜查。在毒品被带入北平后,浪人们会将毒品利润的35%分给日军。

上述机构于1936年9月在北平和通县成立。北平设立的机构被称为"东亚同乐分社",地点设在使馆区日本兵营的一处建筑内,而通县的机构被称为"东亚同乐社",地点位于马家胡同。会员除经营毒品的日本人和朝鲜人之外,不准外人参加,每人每月要交会费5元,其非法贩毒利润的5%也交为会费。上述设在通县和北平的机构负责人分别是本田祯助先生和早川五郎先生。

我们下面要提出检方文件9521号作为证据,这是一份由驻上海的财务公使于1941年3月19日起草的报告。

韦伯庭长:按惯例采纳。

法庭书记官:检方文件9521将作为证据被采纳,证据号400。

(然后,上述文件被标以检方证据第400号,并被采纳。)

桑德斯基检察官:(宣读)

在大北平地区负责海洛因专卖的"大老板"是两名中国人。

两位非常有影响力的中国人,即刘省三(Liu Sheng-san)和常滨乡(Chang Han-ching),目前对中国人在北平经营的众多海洛因烟馆进行控制。他们两人都是河北省本地人,都由于日本人对鸦片生意的垄断而放弃了鸦片生意。根据知情的中国人透露,他们现在已经发现了海洛因的利润可观。由于他们和日本人的关系密切,他们负责对在北平经营海洛因烟馆的中国人发放营业执照并安排"保护"。据说,如果没有与他们二人中的一位进行合作,没有任何中国人可以在北平市内经营海洛因烟馆。刘和常是海洛因零售业的"老板"。

据说他们使用的方法如下:想开海洛因烟馆的中国人先要向刘或常申请。刘或常会介绍一名日本人作为合伙人加入;日本人将安排从工厂购入海洛因和保护事宜。他们将一同租赁房屋,但分别在警察局进行注册,中国人通常会说自己是日本人的租户或寄住者或是佣人。双方在烟馆内各占据一边。烟客从日本人那里购买海洛因，然后到中国人占据的那一边吸食——中国人相当于东道主的角色，如果需要，他还可以拿更多的毒品供应，通常是在烟馆隔开的两边中间开一个小门。那些没有现金支付毒品的吸毒者有时会拿来一些贵重物品或衣服，中国合伙人对这些物品进行评估，类似于当铺的功能，但这些物品还是会交给日本合伙人进行处置，因为这些东西通常是偷来的。

如果日本合伙人逃匿了，刘或常将赔偿中国合伙人的一切损失。如果烟馆被查封（很少发生，除非是发生了误会），中国合伙人被拘押，日本人以及刘或常将一起安排释放事宜。

但另一方面，如果中国人愚蠢地没有向刘或常交保护费就经营烟馆，就必定会受到查封，而且被拘押后也不容易脱身。据说这两位"老板"定期地向警方提供这类非正规烟馆的地址。这样的查封事件有时还会在地方报纸上进行报道。

据说刘和常还通过向北平周边的农村地区零售商供应海洛因获得了大笔金钱，由于这些地方有共产党军队活动，因此很难开设海洛因的工厂。

据报告，日本的领事警察向经营海洛因的日本人和朝鲜人提供保护。这些烟毒贩，如果由于向日本人出售毒品或其他形式的犯法，他们可能会被领事警察逮捕，但生意却不受影响。通常交一点罚金就可以摆脱了。

据说日本人以及中国人，都在想方设法地利用常和刘的"影响力"在海洛因生意中占得一席地位。

桑德斯基检察官：检方的萨顿先生现在将进行证据陈述。
韦伯庭长：萨顿先生。
萨顿检察官：如果本法庭允许，检方下面要提出文件1714号作为证据,这是一份与兴亚院组织有关的森冈皋的陈述。

韦伯庭长: 按惯例采纳。

法庭书记官: 检方文件1714将作为证据被采纳,证据号401。

(然后,上述文件被标以检方证据第401号,并被采纳。)

萨顿检察官:(宣读)

我叫森冈皋,从儿时起就经常在日本和中国之间来往旅行。我的上一次旅行(从日本到中国)是在1942年11月。我在军队中服役了35年,曾经担任京都第16师团的指挥官。当满洲事变爆发时我正在汉口。马可波罗桥事变(卢沟桥事变)爆发时我在东京。1938年4月,我被派往中国,在日本派遣军司令部北平特务机关工作,由委员会的会长喜多将军领导。后来委员会重组为兴亚院北平办事处,喜多担任联络主任,我仍在他的领导下。从1940年3月至1941年3月,我自己也担任了上述办事处的联络主任。

特务委员会完全由军队建立,它的继任组织兴亚院设置有日本政府所有的行政管理部门,负责向占领区的傀儡政府传达日本政府的命令,目的是进行有效控制。

所谓的"新民会"是1937年根据华北的日军总部的明确指令而建立的。当时所谓的"临时政府"主席被任命为协会的会长,而一位名叫安藤市三郎[1](音)的日本人担任副会长。协会的最初目的是让人民了解傀儡政府的政策,并向傀儡政府报告人们的想法。但后来,它的工作重点更多放在了政治和经济事务上。

自从1937年中日开战后,入侵华北的日军统帅(包括寺内将军、杉山将军、多田将军和冈村将军)都强烈要求在中国进行这场战争。但是对美国和英国的战争是由东条英机提出的。

---

[1] 日文版为"安藤シサブロウ",英文版为ANDO Sisaburo。

在傀儡政府统治下,鸦片在所谓的"鸦片禁烟局"控制下可以公开买卖。该委员会的成员包括有日本特派委员。而另一方面,日本总部颁布了一项法令,不允许任何日本人进入鸦片烟馆或吸食鸦片。

韦伯庭长: 洛根先生。

洛根辩护律师: 如果法庭允许,辩方希望知道是否该证人仍在东京。鉴于该证人所作出的内容广泛和笼统的指控,我们认为应当传唤他出庭接受询问。

萨顿检察官: 如果法庭允许,证人的证词是在中国的北平采集的。据检方所知,目前他仍在中国。

韦伯庭长: 那么,我们在要求他来这里出庭前必须先有进一步的材料和论点。

关于被告东条英机的情况可能有所不同。他的名字被明确地指出来。

萨顿检察官: 检方下面要提出文件 1707 号作为证据,这是在北平经营鸦片烟馆的郭余三和官海亭关于北平当时的鸦片和麻醉毒品情况的陈述。

布鲁克斯辩护律师: 如果法庭允许,关于这些陈述,我们下面将开始进行的一系列陈述,其中的第一份刚才我们已提出了反对,我现在关于这一份也要提出反对。我认为,如果没有给辩方机会对证人进行询问,所有的这些陈述都应该被反对。我们几天前在这里已经证明了对其中一名证人进行交叉询问是非常有效的,如果不进行交叉询问,就不会收到这样的效果。

韦伯庭长: 我们不能因为期待交叉询问的效果,就以此为理由来反对证据。必须根据证据所具有的证据价值决定是否采纳。

证人将不会来这里出庭,根据我的理解?证人将不会来这里出庭,是吗？

萨顿检察官：检方没有打算传唤这些证人。

布鲁克斯辩护律师：如果法庭允许，我们提出反对的基础是，由于这些事情涉及的范围很广，如果不传唤证人出庭而使用他们的宣誓证词，我认为法庭，本法庭，就应该知道为什么证人无法出庭接受交叉询问的原因。被告有交叉询问的权利，我相信他们的这种权利并没有被剥夺。我的反对同样适用于今后提出的所有此类证词，它们甚至没有给出一个正当理由来解释为什么要免除被告进行交叉询问的权利。

韦伯庭长：布鲁克斯上校似乎是基于某些原则，即有一些法庭在证人不出庭的情况下不会对其宣誓证词进行采纳。但让所有宣誓证人都出庭作证的权利必须基于具体案件的相关事实，这里并不适用。

布鲁克斯辩护律师：法庭已正确地叙述了我的观点，我只补充一点，就是当证人不能出庭时，为了在他不出庭的情况下仍然使用他的宣誓证词，检方必须至少向本法庭提供一些理由，说明这个人生病或是卧床不起或是绝对无法出庭的其他情况，然后再豁免对他们进行交叉询问。我提出反对的基础正是如此。

韦伯庭长：宣誓证人目前在中国，而且我的一位同事提醒说，已多次告诉你，已多次告诉过辩方，可以进行书面质询。

反对无效。

萨顿检察官：检方已提出文件1707号作为证据。

韦伯庭长：按惯例采纳。

法庭书记官：检方文件1707号将作为证据被采纳，证据号402。

（然后，上述文件被标以检方证据第402号，并被采纳。）

萨顿检察官：我先宣读郭余三的陈述。

（宣读）

我从1944年5月至1945年1月任北平信义栈的经理。据我所知,在日本人占领期间,北平大约有247家鸦片烟馆,2.3万名注册或获许可的鸦片吸食者,8万名未注册的鸦片吸食者,还有10万名偶尔吸食的烟客。在卢沟桥事变前,鸦片不能公开销售。但在日本占领的几个月后,也就是所谓的地方维持会时期,鸦片销售合法化了。进入开烟馆行业需要获取许可,最初许可证由烟酒统税局发放,后来转由禁烟局管理。上述委员会从蒙疆鸦片公司拿货。北平的鸦片烟馆被划分为 A、B、C 三个等级。我曾担任经理的信义栈烟馆属于 B 级。每个月必须缴纳 100 元中储券(傀儡政府使用的货币),后来逐渐增加为每月 1 200 元中储券。A 级鸦片烟馆的付费加倍,而 C 级只需支付一半费用。

所有的鸦片烟馆都收到了日本宪兵队通过行业协会下达的命令,禁止日本人到烟馆吸食鸦片。日本宪兵队会经常进烟馆搜查。如果在那里发现有任何日本人吸食鸦片,就会将他拖出去,有时甚至会毒打一顿,而烟馆经理也会受到严厉警告,要求今后永远不再发生此类情况。

在日本人占领前,北平的鸦片吸食者数量很少,而且他们只在自己家中吸食。但日本人占领之后,吸食人数肯定是以前的十倍之多。

受日本顾问支配的禁烟局根本就不是为了禁止鸦片,而是为了使鸦片销售合法化。

尽管蒙疆公司中也有中国人,但日本人控制着一切。关于上述公司我了解不多,因为我管理的烟馆是从行业协会购买鸦片,与这家公司没有直接联系。

关海亭的陈述在英文版的第 2 页,宣读如下:

我从1943年9月起受雇于北平的永岁(Jubg-fa)烟馆。我在此证明信义栈鸦片烟馆的前经理郭余三上述有关日本占领时期鸦片销售情况的陈述完全属实。

检方下面要提出文件1711号作为证据,这是一份由里奥·坎德尔医生提供的有关1939年他在北平城中观察到的情况的陈述,他是奥地利国籍,当时在北平从事牙医工作。

韦伯庭长: 按惯例采纳。

法庭书记官: 检方文件1711号将作为证据被采纳,证据号403。

(然后,上述文件被标以检方证据第403号,并被采纳。)

萨顿检察官:(宣读)

我叫里奥·坎德尔,现提供以下证词。我是奥地利国籍,于1939年3月20日来到中国。我先在上海待了两个月,然后来到北平并居住下来,自那时起就一直从事牙医职业。

当我居住在北平直到日本投降期间,鸦片一直在日本人控制的傀儡政府默许下公开出售。海洛因也有销售。鸦片生意只针对中国人开放。如果政府遵照执行规定,鸦片不允许出售给日本人。我听说,甚至医院都会随意地给中国病人使用吗啡——但其他病人就不行。

非常明显,在中国公开销售鸦片得到了日本政府的许可和支持,其目的是削弱和遏制中国人的力量。

桑德斯基检察官下面将代表检方继续提出证据。

韦伯庭长: 弗内斯少校。

弗内斯辩护律师: 我们能否要检方提供森冈皋先生的目前地址?森冈皋先生提供了证据号为401的宣誓证词。我认为法庭在一般情况下,当采纳宣誓证词文件作为证据时,会提出这样的要求。

韦伯庭长：我们对这方面有通常的要求。我想我可以有把握地代表我的同事说，我们关于这方面有通常的要求，因此不需要在每一次特别进行申请。

为什么在目前这个阶段要换律师呢？

桑德斯基检察官。

桑德斯基检察官：检方现在提出文件 1712 号作为证据，这份文件是北平市政府进行的禁烟禁毒情况汇总图表。

韦伯庭长：按惯例采纳。

法庭书记官：检方文件 1712 号将作为证据被采纳，证据号 404。

（然后，上述文件被标以检方证据第 404 号，并被采纳。）

桑德斯基检察官：（宣读）

（1）敌人占领时期的盛行情况。

A. 鸦片烟馆数量：247[1]

B. 鸦片吸食者。

  a. 有许可的吸食者　　　　23 000

  b. 无许可的吸食者　　　　80 000

  c. 偶尔吸食者　　　　　　100 000

韦伯庭长：我们这里是"230 000"，但你宣读的是"23 000"，哪一个是正确的？

桑德斯基检察官：庭长阁下，正确的数字应该是"23 000"。

韦伯庭长："23 000"后来出现了。

---

[1] 根据国民政府 1930 年实施禁烟政府的决定、相关禁烟措施条例以及在特定时期禁烟和在一定时间内戒除烟瘾的相关法令，至 1937 年 3 月，地方政府已在改革实施方面做出重大进展，基本完成了禁烟工作。但七七事变后，日本人彻底改变了国民政府的政策，使鸦片吸食合法化，同时，有 247 家鸦片烟馆获准开放，无论是否有许可也无论年龄，只要是烟客都可以随意进入。结果，吸食鸦片的人数每天都在增长。

桑德斯基检察官：（宣读）

伪政权通过在中部和便利的地点开设大量鸦片烟馆来鼓励鸦片吸食，他们向2.3万个吸食者发放了许可，另外还有8万位未获得许可的烟客。偶尔吸食的烟客比前者的总数还要多，这样每天的总吸食人数就有20万左右。

  C. 每天消费的鸦片总量达3 000"两"（中国盎司）[1]。

  D. 毒品的来源

    a. 蒙疆协会

    b. 生鸦片行会

    c. 鸦片烟馆行会

    d. 鸦片烟馆

    e. 鸦片制成品公司[2]

（2）自从现任市政府成立后的情况。

  A. 收缴和销毁的鸦片、海洛因、白粉等的数量。

a. 海洛因		104 604 两
b. 白粉		575 025 两
c. 鸦片		958 855.43 两

洛根辩护律师： 我可以插一句吗，庭长阁下？现在宣读的是关于所谓的阴谋终止后发生的事情，对本案不重要。

---

[1] 这个数量是对有许可的鸦片烟馆每天销售量的官方估计数字，不包括鸦片商人偷偷运输和销售的鸦片，那个数量大约有十倍之多。因此，每天实际的消费量估计可高达30 000"两"。

[2] 除了上述机构，其他机关都是在"北平禁烟分局"的保护下成立的。生鸦片行会与鸦片烟行会负责运输鸦片，鸦片烟馆负责销售，鸦片制成品公司负责出售预制好的鸦片，而主要的供应来源都是伪蒙古政权控制下的蒙疆协会，而它种植鸦片得到了日本人的支持和鼓励。海洛因和吗啡的运输与销售主要由日本和朝鲜的浪人从事，他们的生意就是向中国人供应这些毒品，然后使这些因为吸毒而致贫的人们发展为毒友。

韦伯庭长： 我认为这是关于处置这些毒品，显然这是与检方案件相关的内容，而且是最重要的内容，不受时间的限制。

反对无效。

桑德斯基检察官： 如果法庭允许，我想再多读一行这份文件的内容，表明了当中国人重新占领这座城市时，他们发现的毒品总数量。文件其他内容是关于他们消灭毒品所做的努力。

韦伯庭长： 我们将暂时休庭15分钟。

（10：45休庭，直到11：00重新开庭。）

法庭执行官： 远东国际军事法庭现在继续开庭。

韦伯庭长： 桑德斯基检察官。

桑德斯基检察官： 我将继续宣读检方文件1712号，法庭证据编号404，文件的第2页。

（宣读）

收缴和销毁的鸦片、海洛因、白粉等的数量。

a. 海洛因　　　　　　104 604 两

b. 白粉　　　　　　　575 025 两

c. 鸦片　　　　　　　958 855.43 两

如果本法庭允许，华北地区的证据到这里就结束了。中国其他地区的证据将由我的同事、纽约律师协会的约翰·F.汉默尔少校进行陈述。

十、华南地区毒品贸易相关证据提出

韦伯庭长：汉默尔少校。

汉默尔检察官：如果本法庭允许，检方现在将提出有关华南地区鸦片和毒品情况的证据。

检方提出文件 9507 号作为证据，这是由驻上海公使于 1934 年 11 月 9 日起草的一份报告。

韦伯庭长：按惯例采纳。

法庭书记官：检方文件 9507 将作为证据被采纳，证据号 405。

（然后，上述文件被标以检方证据第 405 号，并被采纳。）

韦伯庭长：让我们看一下是否拿到了正确的文件。这些副本标记为 1680 号，它们是有关华北的内容。

汉默尔检察官：如果庭长阁下允许，那份文件并没有被提出作为证据。我们认为没有必要把它提出来了。

韦伯庭长：我们现在有 9507 了。

汉默尔检察官：（宣读）

关于台湾和厦门的鸦片交易。

根据昨天从我们厦门的情报人员发来的报告，日本人的台湾政府与厦门的鸦片联合企业目前正在谈判一桩金额巨大的鸦片交易。厦门的鸦片联合企业由臭名昭著的鹭通公司董事会主席保罗·雅普率领，他是福建省鸦片专卖局的主要鸦片代理。这个消息是我们的厦门情报人员通过对毒贩团伙的活动认真观察而发现的。同时，这也得到了他的一个熟悉台湾军界日本人的日本朋友证实，这位朋友在最近从厦门到台湾的轮船上见到了保罗·雅普。考虑到保罗·雅普在过去几个月中与日本人的亲密关系，以及从其他渠道收到的信息判断，这份由我们的厦门情报人员发来的报告是非常有根据的。

在台湾政府鸦片专卖局的日方邀请下，保罗·雅普对台北进行了访问，随行的还有一个有名的骗子、厦门台湾协会的主席陈长福。他们于 10 月 17 日乘坐蒸汽船"凤山丸"号离开厦门，22 日乘同一轮船从台湾返回。他们此行的任务是和在台湾的日本方面关于购买一大船波斯鸦片进行谈判，购买的鸦片将销售到华南地区并加工为毒品。

继续第 2 页。

自从满洲事变爆发后，在台湾的日军计划通过收买汉奸以及支持内陆省份的叛乱匪贼军队，作为他们扰乱和平与秩序的工具，从而制造一种有利于他们进行干涉并最终将福建省吞并的气氛。这自然会需要一大笔钱。在军队的请求下，日本政府同意出售这一大船的波斯鸦片，其收入将被用于为福建的军事行动提供资金。当 19 路军战败后，杜起云将军被派往福建，一个名叫岩崎的日军代表来到厦门，与杜将军一起对关于在福建建立一个日本傀儡政权之事进行谋划。他带来了大量的波斯鸦片，总价值超过 1 000 万日元，打算帮助杜将军对内地匪贼力量进行重组。岩崎及其手下将这批波斯鸦片从台湾走私运入厦门的过程导致了台湾无赖与中国海关人员之间发生了几次武装冲突。这几次事件使公众记忆犹新。杜将军的卖国阴谋很快被政府高层发现，他随后被逮捕并被押送南京执行死刑。日军代表岩崎不久后也死了。这个计划就这样破产了。

在上述计划失败后，日军通过在厦门的著名骗子陈长福向保罗·雅普提出报价，愿意以500万日元的低价将原价为1000万日元的上述波斯鸦片货物出售，然后将在华南地区销售并制造麻醉毒品。交易的所有相关条件都已在双方之间达成。根据协议，保罗·雅普必须首先支付100万日元预付款，日本人将保证使用护卫舰将鸦片运到厦门。余款400万日元将由保罗·雅普的联合企业在一定时间内付清。保罗·雅普的台湾之行是以非常秘密的形式进行的。回来之后，他就开始积极地与同谋进行商议，为这次交易筹款。据信，这次鸦片交易除了有商业方面的考虑，同时也具有重大的政治意义。

财务公使M.R.尼克尔森，谨上

检方下面要提出文件9506号作为证据，这是由美国驻上海财务公使于1936年4月20日起草的一份报告。

韦伯庭长： 按惯例采纳。

法庭书记官： 检方文件9506将作为证据被采纳，证据号406。

（随后，上述文件被标以检方证据第406号，并被采纳。）

从第3页开始宣读：

（宣读）

在福州的廉价波斯鸦片。

波斯红鸦片在福州的出售价格仅为每两2.30元，这是在近20年来报的最低价。这个倾销政策来自姓张和岳姓两个鸦片大毒贩，他们是以前的鹭通公司和阿丰（Hai Feng）公司中非常有影响力的大人物。他们希望通过倾销打击竞争对手，并阻止省政府实施对鸦片销售和运输的新计划。

下接第 5 页。

福建的危险加剧了。

尽管日本人不承认,但福建的傀儡组织即将建立。据可靠消息,坊间谣传很久的从台湾运来 3 000 只枪支的货船已于几天前到港,秘密地从惠安和诏安[1](Chaosan)卸货。同时还听说,已有大量军火连同大量鸦片和吗啡到达了惠安和莆田[2]。销售毒品的收入中将拨出一部分用于福建自治委员会的费用。

秘密活动仍在进行中。

所谓的自治运动得到了厦门和汕头日本领事的积极支持。近期,一个名叫黄翔琪的台湾间谍先是被派入汕头进行秘密活动。3 月初,他又和一位著名的李姓海盗以及一位声名狼藉的陈姓汕头人一同返回厦门。听说他们也要加入这个傀儡军事组织。3 月 15 日,在日本领事馆外交秘书的一次秘密讨论后,决定将自治委员会的执行委员人数减少为 13 人,同时军事事务委员会的执行委员人数不受限制,当需要时可以任意增加。自治委员会办公室从鼓浪屿的中华宾馆搬到日本领事馆附近。该委员会的资金来源有三个:销售走私商品和毒品的利润;各种部门缴纳的所得税;日本的支持。计划在福州、厦门和汕头建立大型毒品公司,同时在漳州,泉州,潮州[3]和莆田设分支机构。出售的毒品种类主要为鸦片、吗啡和海洛因。据估计,从第三个月起,每月的净盈利将达 7 万元。

日本"二·二六"政变的第二天,厦门金融市场的生意暂停。根据日本领事馆传来的信息,这次政变的目的是以一个军人内阁

---

[1] 日版庭审记录为"沼安",疑误。
[2] 日版庭审记录为"蓝田",疑误。
[3] 日版庭审记录为"徐州",疑误。

替代旧内阁，并开始实施改革措施。日本的少壮军官集团打算将中国一举拿下，同时还准备在近期与苏联作战，通过以上步骤，日本将成为亚洲的唯一大国。

检方现在要提出文件 9504 号作为证据，这是由美国驻上海财务公使于 1936 年 11 月 24 日起草的一份报告。

韦伯庭长： 按惯例采纳。

法庭书记官： 检方文件 9504 将作为证据被采纳，证据号 407。

（随后，上述文件被标以检方证据第 407 号，并被采纳。）

汉默尔检察官： 从英文版的第 3 页最后一段开始读，日文版第 3 页最后一句话：

（宣读）

  据密报，厦门官方鸦片销售的首席代表保罗·雅普已开始运作一家生产红丸的秘密工厂，但为了避免被人发现，他并没有和他派去的人直接联系。

检方下面要提出文件 9503 号作为证据，这是由美国驻上海财务公使于 1937 年 4 月 15 日起草的一份报告。

韦伯庭长： 按惯例采纳。

法庭书记官： 检方文件 9503 将作为证据被采纳，证据号 408。

（随后，上述文件被标以检方证据第 408 号，并被采纳。）

汉默尔检察官：（宣读）

  南台是福州的商业中心。在这片区域的宽敞街道外有很多小巷子，这里聚集着很多日本人和台湾人开设的毒品烟馆。每家烟馆门前都会悬挂标牌，上写："由日本人管理的某某店。"在标牌下面还会有广告招贴，写着"烟馆楼上现在营业。我们的鸦片味美价廉，欢迎品尝。"走入这些小巷子，你在每个街区都会看到一家烟馆。还有一家广告写得比较引人注目："高品质波斯鸦片，一流鸦片专家制作，每钱（十分之一两）仅 0.10 元。有漂亮服务员。"所有这些烟馆都有海洛因和吗啡出售。

下接英文版第 3 页：

　　加入了日本籍的保罗·雅普先生被人们称为福建的"鸦片大王"，他开设了裕闽鸦片公司，长期从事鸦片走私。最近有一件涉及他的走私案。3 月 16 日，裕闽公司雇用的车像往常一样停到门口，随即就有永成鸦片商行的检察人员走过来要对他们进行搜查，因为他们提前收到消息，说在车里藏了四罐违禁鸦片，但裕闽的人在车上拒绝被搜查，拒不交出违禁品。因此，检察人员试图以武力夺走鸦片，双方发生了冲突。最后，检察人员缴获了大量鸦片，但有一些人受伤。

检方下面要提出文件 9502 号作为证据，这是由美国驻上海总领事馆的财务公使于 1937 年 7 月 27 日起草的一份报告。

韦伯庭长：按惯例采纳。

法庭书记官：检方文件 9502 将作为证据被采纳，证据号 409。

（随后，上述文件被标以检方证据第 409 号，并被采纳。）

汉默尔检察官：（宣读）

　　"福建鸦片大王"保罗·雅普和福建禁毒局的前特派员程蓝珊（Cheng Wun-shan）以及一些轻犯被押往汉口，他们将由禁毒总检查局审判，罪名是从事非法贩毒和违反政府的禁烟令。我们在之前的报告中已多次提到，保罗·雅普已加入日本籍，并在去年开始用一个新名字叶振声，但根据最新的调查，他的入籍并没有按照正常的合法程序进行。

但是在厦门，保罗·雅普在社交活动中仍然使用他的原来中文名，叶清和。日本领事几次要求释放他，但省政府否认了他正在被拘押中。鉴于保罗·雅普是一个臭名昭著的毒贩，还卷入了几起国际贩毒案，日本人没有理由坚持将他引渡，尽管他使用了一个假名。

检方下面要提出文件9505号作为证据，这是由美国驻上海的财务公使于1936年7月10日起草的一份报告。

韦伯庭长： 按惯例采纳。

法庭书记官： 检方文件9505将作为证据被采纳，证据号410。

（随后，上述文件被标以检方证据第410号，并被采纳。）

汉默尔检察官：（宣读）

厦门的台湾工会。

在厦门的台湾人想尽办法地对中国人造成伤害。他们不择手段地从事各种非法活动，例如煽动骚乱，走私鸦片、毒品和军火等。为了保护汉奸和台湾浪人进行走私的利益，在厦门成立了台湾工会，其中一些条例规定如下：——

如果法庭允许，我忽略不读这些条例，但是希望指出第4条：

工会应遵照日本领事馆的指导和监督。

在厦门的台湾人合作工会。——

我省略不读这些具体条例，但希望指出英文版的第 3 页第 2 条，关于管理工会商业部门的条例：

商业部门应全力致力于鸦片的买卖。

汉默尔检察官：检方下面要提出文件 9508 号作为证据，这是由美国驻上海的财务公使于 1938 年 2 月 2 日起草的一份报告。

韦伯庭长：按惯例采纳。

法庭书记官：检方文件 9508 将作为证据被采纳，证据号 411。

（随后，上述文件被标以检方证据第 411 号，并被采纳。）

汉默尔检察官：（宣读）

根据刚从广东台山回来的一位朋友提供的消息，在日本海军占领了广东的上川山和下川山后，侵略者开始利用护卫舰向这两个岛走私大量的红丸（海洛因丸）、鸦片和糖等物品。为了在军事行动的同时实施他们的毒化政策，日本人以非常低的价格向当地中国人出售货物。台山中国政府专卖的鸦片售价为每两 7 元至 8 元，但日本人在这两个岛同样的量只卖 2.5 元，100 个红丸只卖 5 角钱。日本人还同意用食物来交换他们的货物。据报，每 30 品脱大米（1 品脱相当于 12 盎司）可以换一袋白糖（50 斤）。毒品交易大肆盛行，因为它的低价使大多数的当地无知民众都愿意购买。

（继续）：

检方下面要提出文件 9501 号作为证据，这是报告——由美国国务卿发给大藏大臣的信件，附录了美国驻厦门领事的报告副本，日期为 1939 年 9 月 20 日。

韦伯庭长：按惯例采纳。

法庭书记官：检方文件9501将作为证据被采纳，证据号412。

（随后，上述文件被标以检方证据第412号，并被采纳。）

汉默尔检察官：（宣读）

尊敬的阁下

国务卿，

华盛顿。

阁下：

  我很荣幸地向您报告有关在厦门鸦片使用合法化的信息。那座城市从1938年5月后一直被日本人占领。

  在该城市被日本人占领前，中国政府禁止鸦片的销售和使用，据了解，他们在根除贩毒方面也取得了一定的成功。但在日本人入侵不久后，鸦片交易就出现了明显增加，据说大部分交易是由台湾人（受日本统治的中国人）从事，他们肯定是得到了日本海军的默许。日本海军在中国傀儡政府的幕后实际控制着城市。

  1939年春，中国事务委员会设立了厦门联络处，这是它在中国各地设立的联络处之一，其主要目的是重建和发展中国，以支持日本人建立"东亚新秩序"的目标。厦门联络处受日本海军的控制，而华北地区的联络处则是由日本陆军控制。自成立伊始，这个组织就在一些合法企业中占有利益，如厦门市政府成立的公司、水利工程和电厂等。

  由于下面将讨论的原因，这个组织决定在厦门鼓励鸦片的使用，并开始对鸦片烟馆发放许可证。最近从可靠消息来源获知，目前在总人口约为5万人的厦门城内有50家左右这样的烟馆，而外国方面估计的要少得多。

对一个已基本杜绝了贩毒现象的城市实行鸦片"合法化",其明显的原因就是厦门的傀儡政府需要资金,而且没有其他快速获取收入的来源。同时,根据日本人的传言,有一些无良的中国商人"劝说"联络处的海军军官支持这种许可制度。

(继续):

如果法庭允许,我想指出这里提到的中国事务委员会翻译成日语是 koain(兴亚院)。

检方下面要提出文件 9509 号作为证据,这是由美国国务卿向大藏大臣提交的报告,附录了美国驻广州总领事的报告副本,日期为 1940 年 3 月 11 日。

韦伯庭长:按惯例采纳。

法庭书记官:检方文件 9509 将作为证据被采纳,证据号 413。

(随后,上述文件被标以检方证据第 413 号,并被采纳。)

汉默尔检察官:(宣读)

尊敬的国务卿阁下,华盛顿。

阁下:

虽然贩毒活动在广州公然地大行其道,但有关对它的支持、收入分配、表面经营者与其他人之间的实际关系等信息却非常不容易获得,再加上日本人控制媒体的误导宣传,更使这些秘密只有与交易相关的人才知道。下面的评论是基于多种来源的信息,包括医生、与日本人和傀儡政权来往密切的中国人、官员的个人观察以及同澳门的外国观察员和其他很多人之间进行的谈话等,我相信它能对贩毒情况有一个合理、可靠的描述。

下接第 3 页。

贩毒组织：

1939年初，由于法律和秩序的改善以及逃出城市的很多人经济情况相对好转，城市人口出现了显著的增加，很多中下阶层的人也纷纷返回城中。1939年5月，成立了一个名叫福民堂的贩卖鸦片的公司。尽管当地政府宣布这个公司已被授予了进口、销售和分销鸦片的垄断权，但对这个公司的活动没有进行任何形式的控制，直到9月份，才宣布福民堂的垄断经营活动将由市政府控制。据说福民堂是由一位台湾人陈思齐与日军总部的特务部密切合作下建立的，陈获得了两年的垄断经营权，并一次缴纳了20万日元（军票），军票相当于现在的约0.104美元——这笔钱可能一直留在特务部。除了这个初始费用，福民堂每月还要向特务处缴纳1 000元。

在向日军支付垄断经营费用的同时，福民堂每月会从经销商和零售商（垄断指定）收到以下费用：

生鸦片经销商(7)	每月100元
	5 000元"存款"
制成品鸦片经销商(10)	每月100元
	2 000元"存款"
获许可零售商（烟馆）(329)	每月10元
	50元"存款"

除上述费用外，每个烟馆每消费1两（1—1/3盎司）鸦片还要支付30钱的"税"。虽然没有消费量的准确信息，但据报，在1939年10月、11月的两个月内，就销售了约12.9万两毒品。从以上数据可看出，不包括出售鸦片的利润，在广州每月仅从鸦片的分销渠道就可获得约8.265万日元收入。

据报，在周边人口密集的南海（包括大城市佛山）、番禺、顺德、新会、增城、东莞和三水，共设立了7家分支机构。没有关于这些地区经销商、烟馆数量或总销售量的信息,但保守估计,上述这些区域的消费量至少是广州市的两倍。

据了解,上段中提到的收入到目前为止全都缴纳给了日军的特务部,并归入一项"特别基金"。但是,据说目前也在考虑允许地方"傀儡"政府来征收这笔收入,可能会留下至少一部分资金,而特务部可能会继续从进口鸦片以及向垄断企业出售鸦片中谋利。

价格:

据说特务部目前向垄断企业出售生鸦片的价格为每箱(160磅)1.8万元,垄断企业向经销商的售价为每箱2.3万元。而经销商对烟馆的价格是每磅198元或每箱3.168万元。

制成品鸦片据说只能从福民堂购买,对经销商的价格是每两16.92元,再卖给烟馆的价格是每两18元。对烟客的官方价格是每两20元,但据说很多烟馆会以按照成本价稍微加一点就卖给烟客,因为销售毒品的利润要高得多。烟馆据说有超过25%的利润率。

供应来源:

尽管不可能准确知道当地的供应都来自什么渠道,但一位在澳门的观察员报告说,广州的日军军官经常光顾澳门的鸦片垄断企业,因此,他相信早期的供应主要是来自那里。据说,第一批波斯至上海的直接货轮是由三井商社采购的,然后于1940年1月通过军队转运至广州。那批货据说有200箱鸦片,每箱160磅。报告说以后的供应很可能也是通过类似方式。

对吸毒者的控制:

据目前所知,没有对吸毒者有任何法规或控制,任何人都可以随意地购买毒品。对吸毒者也没有任何登记要求。

衍生品:

在多数鸦片烟馆内,可以用20钱的价格买到一颗海洛因药九。这些药丸据说是来自澳门。海洛因的贩卖与垄断企业或日本政府的关系看起来不明显。据我们所知，尽管毒品也可以不受官方干扰地任意公开销售，但没有向海洛因销售者征收任何许可费或税收。经销商的购买也没有受到过垄断企业的干扰，尽管其主要来源很可能是通过个人与垄断企业的关系。据推测，海洛因目前只是被毒贩当作是一种增加个人额外收入的方式。无法确定对这种毒品的上瘾程度，尽管可以肯定程度非常深。这里销售的毒品将进行粗糙加工和掺入杂质。

由于失误，第7页的第1段没有包含在英文版的副本中。这段内容是日文的，我们希望将它也纳入证据。

根据大多数观察员的观点，吗啡在广州很少见，如果有的话价格也非常昂贵。

韦伯庭长：你读的是哪一页？
汉默尔检察官：第7页第1段。
（宣读）

鸦片种植：
虽未经证实但很可能是准确的信息表明，自从1939年下半年起，在从化和番禺地区开始大面积地种植鸦片。据说在番禺有3 400亩（约550英亩）土地已差不多要收获了。当地政府对每亩征收40元税。没有关于这些作物销售方面的信息，也不知道这些种植是被唆使还是出于自发。

总结：
共有329家获许可的鸦片烟馆和可能一、二百家秘密烟馆。

后者可能除了只有几家烟馆提供从国外走私进入的高品质成品鸦片外，其余的主要是提供鸦片残渣。假设平均每家烟馆每天向 50 名客户销售鸦片，广州市每天购买鸦片的总人数将达到至少 2 万人。根据可能比较保守的大致估算，广州市每天的鸦片消费量约 50 磅，总价值约为 1 万元。周边其他地区的消费量可能也差不多。

从现有的信息看，日军的特务部控制了鸦片的贩卖并鼓励鸦片消费。

尽管据说至少有一部分许可证收入会留给中国的傀儡政府，所有信息均表明丰厚利润中的绝大部分都进入了日本的"特别基金"。广州市仅许可费用和税收每月就有约 9 万元，整个城市的销售量每月可能远远超过 30 万元。从众所周知的日本人对贩毒的态度以及在关东军占领区的经济消耗，完全可以推测出，鸦片贩卖将继续得到支持，从而成为军饷的一种最容易获得、最持续和最佳的资金来源。

美国总领事迈尔斯·M.S.，谨上

十一、华中地区毒品贸易相关证据提出

汉默尔检察官：这就结束了我们关于华南地区的证据陈述。如果法庭允许，我们现在将陈述有关华中地区的证据。检方下面要提出文件9537号作为证据，这是由美国国务院向大藏大臣提交的一份报告，附录了美国驻上海总领事的报告副本，日期为1937年2月16日。

韦伯庭长：按惯例采纳。

法庭书记官：检方文件9537将作为证据被采纳，证据号414。

（随后，上面提到的文件被编为检方证据第414号，并被采纳为证据。）

汉默尔检察官：如果本法庭允许，我将省略不读美国总领事的信件部分，直接跳到附件部分，即第4页上的谈话备忘录。

（宣读）：

主题：上海的麻醉品、毒品和鸦片情况。
上海市警察局督察E.帕普及
副领事德鲁姆赖特。

　　我与在上海市警察局负责麻醉毒品和鸦片稽查工作的督察E.帕普进行了面谈，他负责起草提交给国联的关于鸦片和其他危险麻醉品情况的年度报告。我和他讨论了上海市政委员会向国联提交的有关1936年鸦片和其他危险麻醉品贩卖情况的报告。

　　帕普督察说，自从去年颁布并实施了《禁烟治罪暂行条例》和《禁毒治罪暂行条例》后，当地有关毒品的贩卖明显下降。关于这两个惩戒鸦片与毒品犯罪的条例,同它们颁布时(见每个条例的第25条)的各种报告以及近期有关1937年1月1日起加重处罚的宣传相反,仅仅在《惩戒麻醉毒品犯罪者暂行条例》第8条规定了1937年1月1日起对之前受刑较轻的各种毒贩实施死刑。

帕普督察提到了非法贩毒活动中引人注目的日本人参与,日本人与朝鲜人在上海的贩毒活动有所增多,他们中的很多人最近从天津搬到上海,因为天津的嗜毒者已经一贫如洗,这使他们的生意开始变得萧条。但上海是一个富裕而且未经开发的城市,许多日本人在这里都赚了很多钱。他们主要集中于娄沙(音)[1]地区,在那里租一些小房屋,并在当地中国黑帮团伙的默许下出售毒品。

帕普督察还抱怨了抓捕在上海贩毒的日本人时,经常缺乏来自日本领事警察的协助;只有在极少的情况下才能劝说日本警察一同在毒贩活跃的晚上进行搜查行动。日本人所持的态度似乎是,政府应当禁止房东向从事麻醉毒品交易的日本人租赁房屋或开"烟馆",随后贩毒行为就会自然停止了。帕普督察还批评了日本官方对所抓获的违反禁毒法令的日本人的惩罚太轻微。他说,通常对初犯只是警告一下就释放了,只有在第二次或第三次犯法时才会少量地罚一些款。日本人只有在最严重的犯罪情况下才会被驱逐出中国。帕普督察说他并未在年度报告中写这些情况,因为他不希望日本人关于他的报告向上海市政委员会提出抗议。

关于在执行了《禁烟治罪暂行条例》后公共租界的鸦片消费量是否有所减少的问题上,帕普巡视员持否定态度。他认为,在这方面,对麻醉毒品消费量的下降导致了很多瘾君子重新开始吸食鸦片。他接着说,中国政府在上海对鸦片销售采取了通过戒烟委员会进行垄断经营的方式,在委员会的许可制度下中国领土内共有

---

〔1〕 日文版为"老开地区",英文版为"Lousa"。

70家鸦片商行。但他最近听说,为了便于控制,近期可能会减少商行的数量。他还补充道,实际上没有鸦片通过私人渠道从内地走私进入上海,这已经被政府杜绝了。随着对吸毒者登记制度的完善,政府将进一步加强对鸦片贩卖的控制。

汉默尔检察官:接着读第6页:

总之,帕普督察认为,上海在1936年的麻醉毒品局势有明显改善,如果对日本人的贩毒行为有所遏制的话,1937年有可能会取得更多进展。但帕普督察认为,要准确地预测中国政府对鸦片控制的结果,现在还为时过早。

韦伯庭长:我们将暂时休庭到13:30。
(12:00休庭。)
(根据休庭规则,本法庭于13:30开庭。)
法庭执行官:远东国际军事法庭现在继续开庭。
韦伯庭长:清濑博士。
清濑辩护律师:庭长阁下,今天早上陈述了森冈皋的宣誓证词,并被采纳为法庭证据401号。当提出这份宣誓证词时,辩方询问为什么仅提出了宣誓证词而没有传唤证人出庭。作为回答,检方说宣誓证人目前在北平。从那时起,我们就设法寻找,发现宣誓证人森冈目前正在东京,我们甚至得到了他的地址。现在我希望询问,如果我们将宣誓证人的地址提供给检方,检方是否将传唤此证人出庭?
萨顿检察官:如果法庭允许,今天上午我的回答是说,当采集这个宣誓证词时,证人当时在北平。检方并不知道他目前在何处,检方也没有打算传唤他作为证人出庭。
韦伯庭长:他是一个非常重要的证人,尤其是他明确地提到被告东条英机曾希望与英国和美国开战。如果他在东京的话，人们会希望检方传他出庭作证。他是一个部门的负责人。

萨顿检察官：我的观点是，检方并不打算问他有关宣誓证词内容之外的问题。如果法庭希望他出庭的目的是希望对他进行交叉询问，并且他也有可能出庭的话，我们将很乐意为此请他出庭。

韦伯庭长：我们认为应当传唤他进行交叉询问。

萨顿检察官：我们希望能有一些特权，在我们能请他来的适当时候再传唤他出庭，但这也许是在目前法庭进行的阶段结束之后了。

韦伯庭长：当然，他也许在也许不在东京，但是如果他在东京，应当很快就能传唤他了。如果你们可以的话，按顺序传唤他。

萨顿检察官：好的，阁下。我们将很乐意这样做。

韦伯庭长：汉默尔少校。

汉默尔检察官：如果法庭允许，现在我们再次引用一下证据文件388号，即国联关于鸦片和其他危险麻醉品委员会的第24届大会的会议纪要。在文件第37页，富勒先生作出以下陈述，下接第41页，日文版在第6页：

（宣读）

关于上海的目前局势，我希望大家注意上海的日本法庭和中国法庭对毒品犯分别采取的处罚措施的持续差异。这可以通过下列具体的案例进行说明。有一个名叫柳川铁藏的日本人，1938年4月12日在上海被抓获，因为她身上带有25盎司（710克）海洛因。她说是在日本的长崎购买的毒品，准备拿到上海出售，以获取丰厚利润。1938年4月7日，她携带毒品乘坐"长崎丸"号轮船来到了上海。1938年5月26日，她被日本的领事法庭罚款30元（27瑞士金法郎），罪名是企图销售25盎司海洛因。

而在另一案例中，1938年4月22日，有一位名叫董子连的中国人在上海被抓获，也是由于身上藏有25盎司（710克）日本生产的海洛因。1938年5月7日，他以携带海洛因企图出售而被上海特区法庭判处终身监禁。

检方下面要提出文件9538号作为证据，这是由美国驻上海财务公使于1938年1月2日起草的一份报告。

韦伯庭长：按惯例采纳。

法庭书记官：检方文件9538将作为证据被采纳，证据号415。

（随后，上述文件被标以检方证据第415号，并被采纳。）

汉默尔检察官：（宣读）

我们从可靠消息来源得知，经过日军和中国鸦片商人之间的长期谈判，上海的鸦片垄断经营问题现在得到了实际解决。鸦片商人拒绝接受任何规定有支付固定金额收入和限定鸦片最少销售量的计划。同时，通过特殊货物协会（也就是鸦片商会）作为中间人，他们向日本人提出了另外一份提议，根据目前形势下的生意情况对鸦片总量和收入金额进行浮动。鸦片商人的提议中包括了每月向日本人支付15 000美元的总金额作为许可费。预计在日本人控制下大约有60家公司和商行将恢复营业，他们将每家分摊一定金额的许可费用，以确保拿到必要的许可证继续经营生意。除了上述费用，鸦片商还要为出售的每两鸦片支付30分的税，但日本人不会再强制要求每月的最低销售量。鸦片商人的代表是特殊货物协会的会长贺幼吾先生，而日本人则是通过位于浦东的所谓"大道市政府"的官员进行安排，但实际的控制人是西椿先生，他才是真正位于幕后的日本官员。

鸦片商人相信日本人会接受他们的提议，因为鸦片贸易的情况非常复杂，日本将不得不暂时依赖于同鸦片商人的合作。日方现在正在考虑上述的提议以及由鸦片商人起草并提交的一系列建议规则。如果在原则上接受这个计划，代表鸦片商人的特货协会就将获得一定权力，如同在之前的中国政权管理下一样。这些生意老手们是唯一可以既给日本人一些合理的收入同时又能为自己赚些钱的人们。

据悉，热河、满洲和察哈尔将成为主要的供应来源，运输则通过天津。此外，来自台湾的波斯鸦片也将进入市场。人们也许还记得，在1929年国联的远东鸦片委员会的台湾之行不久，就发现了一个鸦片丑闻大案，涉及总量高达1 000万盎司的波斯鸦片。由于内部政局混乱，这批货由日军缴获后一直没有进行处置。1933年，福建叛乱期间，他们向一名中国的卖国贼杜起云将军提供了这批鸦片，希望为他的卖国活动提供资金，目的是为日本人的侵略计划铺路。有一部分鸦片运送给了杜将军，帮助他筹集资金进行卖国活动。但日本人和杜将军之间的秘密交易被泄露了，杜将军被逮捕，后被蒋介石将军处死，这个计划也遭到了挫败。而这批波斯鸦片的剩余部分，约600万盎司，被留在了台湾。这批存货可能会被运往上海，通过那里的鸦片商行进行处理。来自云南、四川和贵州的鸦片供应目前已被完全切断，鸦片商人的存货也日渐减少。总之，供应来源将如上所述。

麻醉毒品的问题目前还未涉及。据推测，日本人还没有将麻醉毒品公开地纳入在协议中，但预计他们将通过同样的渠道非官方地推动麻醉毒品的销售，正如他们在"满洲国"和天津所做的那样。

汉默尔检察官：检方下面要提出文件9561号作为证据。
韦伯庭长：这是关于波斯鸦片的进口。按惯例采纳。
法庭书记官：检方文件9561将作为证据被采纳，证据号416。
（随后，上述文件被标以检方证据第416号，并被采纳。）

汉默尔检察官： 如果法庭允许，我将不宣读整个文件，而是只引用第一、第二和第三列有关三井物产从1937年到1940年期间进口波斯鸦片的内容。

弗内斯辩护律师： 我们反对采纳这份文件，因为它不是任何的官方文件，而只是由一家私营公司显然是为了本审判才准备的一张纸而已。

韦伯庭长： 汉默尔少校。

汉默尔检察官： 庭长阁下，我认为，这些数据是由三井物产在我们的要求下向国际检察局提供的有关他们从波斯进口鸦片的数据。

韦伯庭长：（对弗内斯辩护律师说）请说。

弗内斯辩护律师： 我想这是有关适当证据的问题，正如其他数据也会遇到适当证据的问题。据我看，这并不是一份官方文件。

韦伯庭长： 它看起来是符合《远东国际军事法庭宪章》第13-C4条的情况。

弗内斯辩护律师： 它也许根据《远东国际军事法庭宪章》可以采纳为证据——在那条规定下，但我认为本法庭不应当接受这样的数据，除非这些数据是来自官方来源。

韦伯庭长： 有什么数据还能比由进口商自己提供的进口数据更好呢？

弗内斯辩护律师： 我的观点是，它应该以证词形式，而不是仅仅提交一张表格，关于这些数字应当有一些官方基础。

韦伯庭长： 当然，如果这些数据是进口商的宣誓证词，将会更好、更可靠。但是，如果我们坚持使用宣誓证词，我们就超出了《远东国际军事法庭宪章》的意图，而是从重要性角度——只是从重要性角度——如果他们是以宣誓证词形式，当然会具有更多的重要性。但这并不涉及是否采纳的问题。

弗内斯辩护律师： 而且证人显然是在东京。我要指出这一点。

韦伯庭长： 我们必须根据陈述本身的证据价值决定是否采纳，但是我也支持你的观察。反对无效。

汉默尔检察官： 如果法庭允许，我们将撤回这份文件，并将以宣誓证词的形式再次提出，同时将传唤三井物产的总经理出庭作证。

韦伯庭长： 你们还有其他此类文件吗？

汉默尔检察官： 是的，阁下。我们的另一份文件也是同样的情况。我们也暂时不提出，而是在稍晚时间以宣誓证词的形式提出。

现在适合再次引用证据382号，"外务省条约局第三课的1939年官方报告"。引用部分在英文版的第2节，日文版的第3页。

（宣读）

采购伊朗鸦片的问题。

（A）伊朗鸦片采购情况。

下述内容有关1939年购买伊朗鸦片的情况。（每箱72公斤，官方固定价格为125英镑。）

由三菱商事经营。

关东租界地进口200箱。

"满洲国"进口2 800～3 000箱。

由三井物产经营。

中国的"复辟政府"进口1 150箱。[1]

总数量4 150箱。（少850箱）[2]

（B）三菱商事与三井物产间关于采购伊朗鸦片的协议。

关于进口地点和各自的业务份额，在外务省的协调下，两家公司的代表于1938年3月14日就日本、"满洲国"和中国三个国家采购伊朗鸦片的事宜签署协议如下：

---

[1] 2 000箱中短缺850箱。
[2] 除上述外，台湾专卖局通过岩井公司从汉堡进口了35箱伊朗鸦片。

(a) 两家公司应作为一个整体共同商议为日本、"满洲国"和中国采购伊朗鸦片的事宜。

　　(b) 对日本和"满洲国"的销售由三菱经营，对华中和华南的销售由三井经营。华北地区由两家公司平分。

　　(c) 日本、"满洲国"和"中国"[1]的有关政府机构在今年9月确定了朝鲜和"满洲国"的实际鸦片收成后，应决定1940年的购买数量并通知两家公司。

　　(d) 本协议应适用于1940和1941两年的交易情况。1942年以后将根据前两年的实际效果签署新的协议。

　　后来，在兴亚院的要求下，为了进一步促进协议的顺利执行，外务省敦促根据下列内容签署了一份仲裁协议，其结果是两家公司于同年的10月30日签署了一份建立伊朗鸦片采购协会的协议：

　　(1) 关于日本、"满洲国"和"中国"采购伊朗鸦片，三国有关政府机构应作相应安排，允许由三菱商事和三井物产成立的协会进行垄断采购。

　　(2) 上述协会经营的鸦片业务应在两家公司间平分。

　　(3) 上述协会的组织、采购、运输、交付以及利益计算方法应由两家公司达成一致。

　　(4) 日本、"满洲"和"中国"相关政府官员在确定的朝鲜和"满洲国"的鸦片实际收成以及"中国"的供应与需求后，应每年决定各自的采购数量并通知该协会。

　　如果法庭允许，我想要指出文件中提到的"兴亚院"在日语中是Ko-A-In(兴亚院)。

　　韦伯庭长：你会日语吗？

---

[1] 注：此处"中国"指汪精卫政府。

汉默尔检察官：不会，阁下。

韦伯庭长：我想你是在提供证据，但并没有反对意见。不管怎样，我认为这无关紧要。

汉默尔检察官：我们现在想引用一下证据文件381，摘录自外务省条约局的1938年商业报告。

韦伯庭长：我认为有这个可能。兴亚院经历了三个阶段：(1) 中国事务委员会；(2) 兴亚院；(3) 大东亚部。你可以有自己的选择。我认为这一点在证据中已很清晰。

汉默尔检察官：如果法庭允许，这不是一个翻译的问题吗？

韦伯庭长：它实际上是一个事实问题，我们将采纳你们同意的任何含义，你们和辩方。这里毕竟不是一个日本法庭；同时，如果你们想证明日文单词的含义，就不要作出任何假定。

汉默尔检察官：我们将以后再说这件事，阁下。

关于证据文件381的第Ⅵ节，如果法庭允许，我们将不读其中的任何内容，但希望提请本法庭注意，正是它其中的细节导致了我们刚才宣读的那份文件。

我们现在再引用一下证据文件372号，即国联顾问委员会关于鸦片和其他危险麻醉品的第25届大会的会议纪要。引用英文版本的第2页和第3页，日文版本第1页：

> 对远东局势的检查。何杰才博士（中国）做出以下声明。

下接第3页：

> 我们成功地得到了一份占领区日军鼓动人们种植鸦片的公告。随后我会将这份公告交给秘书处，它是来自河南省的水冶地区。翻译如下：

"现在是秋季,正是鸦片罂粟的播种季节,特此通知农户应在最好时节播种。当罂粟收获时,在依法纳税后,农户可按现行价格无限制地将剩余罂粟出售。因此,要立即播种,勿错过季节。

日军驻水冶治安小分队。"

检方下面要提出文件9540号作为证据,这是由美国驻上海财务公使于1939年4月1日起草的一份报告。

韦伯庭长: 按惯例采纳。

法庭书记官: 检方文件9540将作为证据被采纳,证据号417。

(然后,上述文件被标以检方证据第417号,并被采纳。)

汉默尔检察官:(宣读)

已向当地鸦片商核实,装运波斯鸦片的日本"神裕丸"第3号货轮从大连开往上海,已于2月26日到达市中心附近的虹江码头。船上有800箱鸦片,这是之前报告的3 700箱中的一部分。另有一艘"唐山丸"号货轮于2月28日到达。

检方下面要提出文件9542号作为证据,这是由美国驻上海财务公使于1938年12月10日起草的一份报告。

韦伯庭长: 按惯例采纳。

法庭书记官: 检方文件9542将作为证据被采纳,证据号418。

(然后,上述文件被标以检方证据第418号,并被采纳。)

汉默尔检察官:(宣读)

在过去的几个月中,上海的日本特务机关一直在从虹口向公共租界和法租界输送波斯鸦片,由14家获得日方批准成为其鸦片代理的秘密鸦片商行进行出售。最近,除了在外国租界的这14家秘密烟馆,在沿越界路的西区〔1〕又新开设了22家商行,主要在以下地区:仁和里……等等。在这22家中,12家由"上海市政府"管辖,另外10家由南京的"维新政府"管辖。这两个傀儡政权以这种方式进行收入分成。根据这些商行的生意规模,每天的保护费从50元到100元不等。除了保护费,每出售1两鸦片还要再缴纳1元的收入。

波斯鸦片由三井物产在日军授意下,从波斯进口运至上海。每箱波斯鸦片是160磅或1 920盎司。三井物产以每盎司5元的价格卖给日军特务机关,后者以7元左右的价格卖给鸦片商行。鸦片商行的零售价格大约为9元。以这种方式,日军特务机关每箱可赚3 000到4 000元。

检方下面要提出文件9543号作为证据,这是由美国驻上海财务公使于1938年12月27日起草的一份报告。

韦伯庭长:按惯例采纳。

法庭书记官:检方文件9543将作为证据被采纳,证据号419。

(随后,上述文件被标以检方证据第419号,并被采纳。)

汉默尔检察官:(宣读)

从与傀儡政权关系密切的人士口中获知,为提高收入,满足紧急的军费开支,日方最近与南京的傀儡政权商议,将实施鸦片统一专卖制度。所有现行的鸦片垄断规定将立即废止,同时,在江苏、浙江和安徽建立一个名为禁烟总局的中央垄断机构,在中国这片区域的整个日占区内全面负责鸦片专营,包括鸦片的进口、运输和分销,发放许可,指定销售代理和征收鸦片收入等。

---

〔1〕 指公共租界越界筑路。

检方下面要提出文件9544号作为证据,这是由美国驻上海财务公使于1939年1月12日起草的一份报告。

韦伯庭长： 按惯例采纳。

法庭书记官： 检方文件9544将作为证据被采纳,证据号420。

(然后,上述文件被标以检方证据第420号,并被采纳。)

汉默尔检察官： (宣读)

从一位因私人生意来沪的傀儡政府内政部重要官员口中获知,日方已决定把对鸦片生意的行政管辖转交给"维新政府",以此来逃避国际社会对其在中国实行毒化政策的指责,这与近期一份备忘录中的报告一致。在江苏、浙江和安徽三省已设立了一个禁烟总局,局长姓袁,但实际上是受内政部的监管。

在确定合适的专员后,就将在南京设立江苏、浙江和安徽三省的禁烟总局。幕后的傀儡政府和鸦片商最初提名的人选是中日经济局局长陈绍妨先生,又名陈裔生,但是由于他本人很有钱,害怕不能为日军筹集到所需资金而自己承担责任,所以拒绝了这个提名。

下接第3页：

日本人还准备采取另一个措施来粉饰局势,他们命令傀儡政府的内政部和外交部每月都要各自拨出2 000元用于禁烟宣传,以掩饰他们的毒化罪行。

检方下面要提出文件9546号作为证据,这是由美国驻上海财务公使于1939年2月21日起草的一份报告。

韦伯庭长： 按惯例采纳。

法庭书记官：检方文件9546将作为证据被采纳，证据号421。
（然后，上述文件被标以检方证据第421号，并被采纳。）
汉默尔检察官：（宣读）

根据与日军特务机关往来密切的人士透露，日军在中国实行毒化政策，希望在全面实施后每年能筹集30 000万元的收入。日本人相信，他们通过上海港能控制整个东南地区的鸦片供应，包括江苏、浙江、安徽和部分江西与湖北。他们计算，在这个地区每天可以很容易地销售10万两鸦片，这意味着每月有300万两或每年3 600万两出售。除此之外，他们每天还能销售出5 000盎司的吗啡、可卡因、海洛因和其他麻醉毒品，每年的总量大约是180万盎司。

由于来自四川、云南、贵州、甘肃和陕西的中国鸦片供应已中断，日方允许供应的只有热河鸦片、波斯鸦片、绥远鸦片和满洲鸦片。热河、绥远和满洲的鸦片通过一个专门的收购机构大满公司代表日方向农户低价收购。包括运输在内的成本约每两1元，而波斯鸦片由日本人在澳门以大约8角钱（港币）的价格采购，加上运往上海和其他费用，总成本不超过2元当地货币。至于吗啡和海洛因，日本、台湾、大连和天津的价格约为每磅400元，在上海的售价则超过1 500元。日本人在上海设立了几家制造厂，可以在当地制造和提炼这些毒品。日方销售热河、绥远和满洲鸦片时给鸦片商的最低批发价是每两6元至7元，波斯鸦片每两7元至8元。这个价格还要再加上税金和附加费、许可费、行贿费用、护送费用等。因此，可以保守地估计，日本人在上海及周边地区每销售1两鸦片可赚取5元净利润。如果以每天10万两计算，日本人每天可筹集50万元，每月1 500万元，每年18 000万元。再加上麻醉毒品的收入和税费，日本人毒化政策中的获利约为每年

30 000万元。

日本人仍远远落后于他们的野心计划,因为他们还未能完全控制贩毒这个利润丰厚的整个过程。而且,他们也还没有获得可以控制鸦片市场的那些鸦片商和黑帮的合作,如战争前杜月笙先生那样。在目前的形势下,他们以一种无组织的方式销售鸦片。陆军、海军、日本宪兵、特务机关、浪人和傀儡政府都参与了非法交易,但实际上日本政府从整个链条中只得到了很少量的收入,因为每个参与者都要分得一杯羹。

检方下面要提出文件9545号作为证据,这是由美国驻上海财务公使于1939年1月14日起草的一份报告。

韦伯庭长:按惯例采纳。

法庭副书记官:检方文件9545将作为证据被采纳,证据号422。

(然后,上述文件被标以检方证据第422号,并被采纳。)

汉默尔检察官:(宣读)

根据与当地鸦片商往来密切的人士透露消息,日本政府正在考虑另一种方式来应对国际社会对其在中国实施毒化政策的指责。一家名为宏济善堂的"慈善组织"网络将对中国这个区域日本占领区内进行的鸦片生意进行掩饰。

会长将由一名中国人担任,副会长从日本人中选出。协会及其分支机构的人员都将由日本政府选定。当地一位知名的鸦片商人汪少丞先生,已被特别提及可能出任上海分会的会长。当这个协会成立后,它将与江苏、浙江和安徽的禁毒总局一同在该地区有效地执行鸦片垄断计划。

检方下面要提出文件9565号和9554号,并请求法庭允许将这两份文件编为同一证据号。

韦伯庭长：按惯例采纳这两份文件并编入同一证据。

法庭副书记官：检方文件 9554 号和 9565 号将合并为一份证据被采纳，证据号 423。

（然后，上述文件被标以检方证据第 423 号，并被采纳。）

汉默尔检察官：检方文件 9565 号是美国陆军中尉麦克尤恩的宣誓证词，他已返回了美国。

检方文件 9554 号是原田熊吉的宣誓证词，他于 1946 年 6 月转移至新加坡。

如果本法庭允许，我将不宣读检方文件 9565 号，而仅宣读检方文件 9554 号。

韦伯庭长：可以。

汉默尔检察官：（宣读）

1946 年 5 月 21 日，日本东京。

原田熊吉正式宣誓并作证如下：1937 年我在上海任日军武官。同年 11 月左右，我担任了特务部长，直到 1939 年 3 月上海成立兴亚院办事处前，我一直在这个职位。然后我开始担任上海兴亚院与中国派遣军总部之间的联络官。

在我任特务部长时，我接到了命令，要求成立一个禁烟委员会，通过军队渠道向中国人提供鸦片。我和当地中国政府讨论了此事，然后成立了禁烟局。特务部或兴亚院都没有命令过中国政府要做什么。我们只是向中国政府提供咨询。如果他们不同意特务部或后来的兴亚院提出的建议，我们就会与中国人进行讨论，通常的结果是中国人最终会同意我们的建议。

1933 年、1934 年和 1935 年，当我在满洲担任关东军总部和"满洲国"政府的联络官时，鸦片组织运行良好、效率也很高。关东军的特派参谋为"满洲国"政府提出建议,不是直接地,而是通过在"满洲国"政府的日本顾问。"满洲国"政府研究他们对鸦片的需求,接受日本人的建议,然后建立了鸦片专卖局。在满洲的早期发展中,如果没有日本人的支持,他们是不可能取得这些成果的。

我,原田熊吉,已经过正式宣誓并声明,我已阅读和理解了上述对我审讯的有关记录,所有内容包含在一页纸中,据本人所知及所信,内容准确无误。

检方下面要提出文件9547号作为证据,这是由美国驻上海财务公使于1939年4月5日起草的一份报告。
韦伯庭长:按惯例采纳。
法庭副书记官:检方文件9547将作为证据被采纳,证据号424。
(然后,上述文件被标以检方证据第424号,并被采纳。)
汉默尔检察官:(宣读)

中国傀儡"维新政府"的内政部在1939年实施的最重要政策之一就是在禁烟工作的掩饰下实行鸦片专卖。为将这一政策付诸实践,决定成立一个禁烟总局,任命朱曜先生为局长。接到任命后,朱先生就来到上海进行筹建,办公地点位于百老汇大楼,并着手在江苏、浙江和安徽设立禁烟分局。然而,禁烟局的真正实权由担任联合会长的日本人滨田先生掌握。禁烟总局及其分支机构的组织章程于同一年的3月20日颁布,内容如下:

禁烟总局应设立以下科室。

(a)总务科。

(b)收入征收科。

(c)缉私科。

戒烟分局组织章程。

每个分局下应设立以下科室。

（a）总务科。

（b）收入征收科。

（c）缉私科。

汉默尔检察官：检方现在传唤证人里见甫。

（里见甫作为检方证人出庭，首先宣誓，然后通过日语译员作证如下。）

直接询问（由汉默尔检察官询问里见甫证人）

问：你的全名是什么？

答：里见甫。

问：你的国籍是什么？

答：日本。

问：你在哪里住？

答：现在在巢鸭监狱。

问：你能听懂中文吗？

答：我能知道大概意思，尽管不能说完全理解。

问：除了里见甫之外，你还使用过其他名字吗？

答：我在中国居住了很长时间，有时会使用中文名字。

问：你使用的是什么中文名字？

答：我用过两个名字：一个是李鸣，还有一个是李始吾。

问：你去过上海吗？如果是，什么时间？

答：我在那里断断续续地住过相当长的时间。最后一次去那里是1937年。

问：你何时离开上海？

答：去年。

问：从1937年到1945年，你在上海从事什么生意？

答：1937年对应的昭和年历是哪一年？

问：昭和12年。

答：从1937年起，我在上海从事与鸦片相关的工作。我更正一下：1938年——从1938年起。

问：谁将你介绍到这个生意中的？

答：当时，我是由中国远征军在上海的特务部介绍的。我被告知，由于鸦片——装运鸦片的一艘货轮很快就到了，我被委托去处理它们的销售。

问：你为特务组织销售鸦片有多长时间？

答：如果我的记忆是正确的，上海的特务组织没有从事太长时间鸦片生意。我想大概是6～8个月。在那之后，创建了中国事务委员会，也就是兴亚院来进行鸦片的销售。

问：你为中国事务委员会经营过鸦片吗？

答：如果允许我为你提供一个粗略阐述，我要说，首先由上海的特务部经营鸦片，当时他们请我来负责鸦片销售。我不认为特务部经营鸦片超过6～8个月。然后，兴亚院或者中国事务委员会成立，与鸦片有关的工作转交给这个新的委员会负责。当时南京的维新政府也成立了，我开始负责宏济善堂。

问：你在宏济善堂担任什么职务？

答：我想刚才叙述过程有一点错误。我应该说宏济善堂是由戒烟所设立的，我当时是宏济善堂的副会长。

问：谁是宏济善堂的会长？

答：一开始没有正式的会长。我作为副会长处理管理事务。

问：你销售哪种鸦片？

答：开始是从波斯进口的波斯鸦片。后来，从蒙疆进的蒙古鸦片。

问：你销售了多少波斯鸦片？

答：我记得，第一批货有2 000箱，第二批有2 000箱。

问：这两批货之间隔了多长时间？

答：如果我的记忆是准确的，第一批货是在1938年。第二批的时间我不太确定，但我想大概是在1940年。

问：你销售了多少蒙古鸦片？

答：尽管是很粗略的数字，但我负责的6年销售总数量大约为1 000万两。

韦伯庭长：我们暂时休庭15分钟。

（14∶45休庭，到15∶00重新开庭。）

法庭执行官：远东国际军事法庭现在继续开庭。

韦伯庭长：汉默尔少校。

直接询问（继续，由汉默尔检察官询问里见甫证人）

问：和两对应的英制单位是什么？

答：它是重量单位。差不多是1盎司。

问：从销售鸦片中是否有利润？如果是，有多少？

答：关于估计利润的方法，我必须说由于——我必须说，因为上海的通货膨胀情况，价格很高，我无法给你一个很准确的数字。但是，我应该说在开始时期，或者说一开始时，1 000箱有——差不多是2 000万元。

问：你怎么处理这2 000万元？

答：我刚才提到的1 000箱直接由特务部和兴亚院处理，因此利润也就归这两个机构。

问：在上海是否对使用鸦片有任何真正的稽查？

答：你说的"稽查"是禁止的意思吗？

问：禁止它的使用。

答：关于那一点，我不记得有任何类似于"特别稽查"之类的声明。

问：我向你出示检方文件9552号的中文附件。那上面是你的签名吗？

答：是的，这里有印鉴，"李鸣"是我自己的印鉴。

汉默尔检察官：检方要提出文件9552号作为证据，这是由美国驻上海财务公使于1941年1月21日起草的一份报告，有中文附件。

韦伯庭长：按惯例采纳。

法庭书记官：检方文件9552将作为证据被采纳，证据号425。

（随后，检方证据第425号被采纳为证据。）

韦伯庭长：我们没有中文的翻译件副本。

汉默尔检察官：如果法庭同意——

韦伯庭长：至少我没有。文件中包含翻译吗？

汉默尔检察官：翻译包含在文件中，阁下。

问：证人先生，这份文件中提到的采取波斯鸦片时，使用了哪一种外国货币？

答：我记得开始，在最开始使用的是英镑；然后，使用了美元。

汉默尔检察官：辩方可以进行交叉询问了。

韦伯庭长：是的。

神崎辩护律师：我是神崎律师。

交叉询问（由神崎辩护律师询问里见甫证人）

问：证人先生，你刚才说当"维新政府"成立时，特务机关被解散了。这没有错误，是吗？

答：根据我的记忆，当"维新政府"成立时，特务机关被解散，建立了兴亚院，或中国事务委员会。

问：你是否记得"维新政府"成立的日期是1938年3月28日吗？

答：关于哪一年哪一月我记不清楚了。

问：那是昭和13年。你能够重新想一下吗，证人先生——昭和13

年的3月13日？

答：你的意思是说"维新政府"于1938年，昭和13年成立？关于任何确切日期，我恐怕，我非常抱歉我记不得了。

问：你是否记得那是——它发生在1938年的春天？

答：你是说当"维新政府"成立时？

问：是的，正如你所言。

答：是的，我的确记得大约是在昭和13年或1938年，但我不记得确切的月份。

问：它在记录中，是发生在1938年3月28日，这一点确切无疑。自从1938年3月28日成立了"维新政府"后，特务机关就不再经营鸦片了，是吗？

答：是的，在"维新政府"成立后，特务机关不再经营鸦片。

问：证人先生，你刚才作证说第一批的2 000箱鸦片从波斯抵达。那是在1938年春天吗？

答：事实上，关于昭和13年或1938年，由于我不记得确切的日期，我甚至在巢鸭不得不拒绝回答询问者的问题，但我想那是在1938年的春天左右。

问：证人先生，开始时你说特务机关的一位楠本命令你去做，然而，当第一批从波斯来的鸦片抵达时，"维新政府"已经成立了，因此，那就不应该是特务机关，是吗？特务机关不可能再去插手那件事。那么，证人先生，我是否可以理解为，你处理这个交易是在——是根据"维新政府"的命令而不是特务机关的命令，我可以将你的话这样理解吗？

答：在这一点上，你可能会对我的不准确记忆不满意，但是我还是要说，当陆军中校楠本要求我销售鸦片时，我照办了，而且我记得我是将所得收入交给了特务机关。

问：我问你的是，"维新政府"是否是在第一批鸦片到达前成立。所以，我的问题是，即使有特务机关的某人插手了那个生意，那也不是特务机关的生意，而是"维新政府"的生意，是吗？

答：我想整个混乱状态都是由于我的记忆不精确，但我必须说，是特务机关命令我去处理这件事，而且我遵照执行了。看起来在"维新政府"成立日期和特务机关解散日期之间有一些重合。整个生意是由它牵头的，产生的收入也交回给特务机关，工作——那项工作后来移交给了中国事务委员会，也就是兴亚院。

问：既然你看起来是在担心你将所得收入交给了什么地方或来源，我想关于这一点进行提问。你说你把收入交给了特务机关或"维新政府"。我试图在问，你是否将收入交给特务机关，由他们再转给"维新政府"？

答：关于鸦片的销售收入，我的回答是这些收入交给了特务机关，后来是交给中国事务委员会，兴亚院。由于这些日期在我的记忆中很混乱，所以我无法确切地说是什么时间。

问：事实上，这些收入通过兴亚院的联络部交给了"维新政府"。证人应当知道这一点。

答：那是和税收有关的收入，是吗？

汉默尔检察官：如果法庭允许，我建议辩方律师向证人提问，而不是向他陈述事实。

韦伯庭长：是的。现在的情况是律师陈述事实，而证人提问问题。我再重复一遍，因为我不知道说过多少次了，律师不能陈述事实，他们必须提问问题。

弗内斯辩护律师。

交叉询问（继续，由弗内斯辩护律师询问里见甫证人）

问：里见甫先生，当你离开上海时，你是否直接去了东京？

答：是的，在访问了福冈后。

问：你来是自愿的还是在拘押中？

答：当我从上海经福冈去东京时，并没有受到拘押。

问：你是何时被拘押的？

答：我是在3月1日被拘押，然后被带到巢鸭监狱。

问：你知道为什么会拘押你吗？

答：我记得当我被拘禁时，我听说是由于我与鸦片生意的关系而被逮捕，我是作为证人被拘禁的。

问：你还没有受到指控，但你预计可能会被指控，是吗？

汉默尔检察官：反对，庭长阁下，这不相关。

韦伯庭长：反对有效。

弗内斯辩护律师：（继续）

问：你在中国期间，你作证说你用过两个化名。你能告诉我们原因吗？

答：没有特别原因。我在中国住了很久，有时会用这些名字，而且我在做生意时也开始使用这些名字。

问：当进行这些生意时，销售鸦片，你使用化名做生意，是吗？

答：是的。

问：销售鸦片是在当地中国政府的监管下，是吗？

答：我对数字的记忆不精确，但我要说，在第一年，我做这些生意时完全是自己负责。在"维新政府"成立之后，在戒烟所下建立了宏济善堂。

问：宏济善堂是一个商业公司，其股东都是一些大的鸦片商行，是吗？

答：宏济善堂是由鸦片批发商组织的。

问：他们是否有鸦片的销售渠道？

答：宏济善堂负责鸦片的销售。

问：你是那家商业公司的副总裁吗？

答：是的。

问：你由它支付薪水吗？

答：是的。

弗内斯辩护律师：问完了。

韦伯庭长：还有其他交叉询问吗？

洛根辩护律师：没有其他交叉询问了。

汉默尔检察官：没有再次本方询问。证人可以离开了吗？

韦伯庭长：他可以按惯例离开了。

（随后，证人退席。）

十二、日本在中国毒品贸易相关证据再次提出

汉默尔检察官： 检方要提出文件 9548 号作为证据，这是由美国驻上海财务公使于 1939 年 7 月 21 日起草的一份报告。

韦伯庭长： 按惯例采纳。

法庭书记官： 检方文件 9548 将作为证据被采纳，证据号 426。

（然后，检方证据第 426 号被采纳。）

汉默尔检察官：（宣读）

　　从傀儡政府方面获知，日本政府已决定向一家主要的日本制药厂授予垄断经营权，在这个区域的中国占领区为"医疗和科学目的"制造和销售麻醉品。原料来源将主要为专卖的鸦片，在销售前先从中提炼 3% 的吗啡。这种日本的鸦片专营制度在台湾也实施过。在提炼出 3% 的吗啡后，剩余原料将与其他成分混合，从而使政府专卖的鸦片具有与私人鸦片完全不同的新配方，方便进行官方控制。

汉默尔检察官：（继续）

检方下面要提出文件 9550 号作为证据，这是由美国驻上海财务公使于 1939 年 12 月 15 日起草的一份报告。

韦伯庭长： 按惯例采纳。

法庭书记官： 检方文件 9550 将作为证据被采纳，证据号 427。

（然后，检方证据第 427 号被采纳。）

汉默尔检察官：（宣读）

由于欧洲战争，外国货轮到达上海的不确定性导致了波斯鸦片抵达时间的不规律，使得这一等级的鸦片价格飞涨。平时的价格大约在每箱 2 万元左右，现在已涨到每箱 3 万元，在最近缺货时甚至出现过每箱 4 万元的报价。

傀儡政府的一批 1 000 箱鸦片于 11 月 16 日到达，还有一批 1 000 箱的货应该在 11 月 27 或 28 日到，这样 1939 年的订单就完成了。但第二批遇到了延误，原因是一艘外国的不定期货船（可能是英国的）不愿意从科伦坡再向远处开。在上海的日方已收到了他们的代理发来的电报，说外国不定期货轮现在位于科伦坡附近，由于担心周边地区的德军潜艇而不愿再向远处开。日本政府已派出两艘驱逐舰，将这批贵重的货物运回上海，预计将在 12 月 20 日左右抵达。

接下一页。

几天前汪精卫的追随者突然停止了对计划成立的新"中央政府"的筹建工作，原因是日本人和汪之间有一些意见分歧。分歧之一是关于日本人将赌场和鸦片生意的全部控制权移交给汪精卫政府，由于从这些来源能得到重要的收入，每月总额高达 500 万元，其中最大的一块来自鸦片收入。但最终，日方同意放弃对这两块生意的控制。为了使获得的收入仍可维持对日军伤员的护理和特务机关所需费用，日方在放弃鸦片销售的同时，仍然保留了对鸦片供应的控制。为加强这一控制，日本政府已命令三井物产与一家中国商行（已由日本军方指定，作为"标牌"）达成协议。中国商行将作为三井物产的代理，向中国政府的专卖局出售所有的波斯鸦片，每箱的利润有 5 000 至 6 000 元，中国商行成为日本政府的屏障，凭借此项服务可收取利润中的 25%，对中国政府的专卖局销售每 1 000 箱鸦片的总服务费最高上限为 100 万元。

汉默尔检察官：（继续）检方下面要提出文件 9541 号作为证据，这是由美国驻上海公使于 1939 年 8 月 8 日起草的一份报告。

韦伯庭长：按惯例采纳。

法庭书记官：检方文件 9541 将作为证据被采纳，证据号 428。

（然后，检方证据第 428 号被采纳。）

汉默尔检察官：（宣读）

对台湾可卡因制造厂的调查显示，可卡因制造厂是由盐水港制糖会社（或盐水港制糖厂）开办的，它与西内（音）可卡因工厂是一回事。这也是在台湾唯一的一家可卡因工厂。盐水港制糖厂拥有在嘉义地区种植甘蔗和制糖的垄断经营权，包括可卡因工厂所在的西内（音）村。

1936 年被刺杀的日本前大藏大臣高桥先生是这家制糖厂和可卡因工厂的主要幕后支持者，在他被杀的 5 年前，可卡因工厂每月生产 200 到 300 斤可卡因，主要销往南海诸岛屿。但在高桥先生死后，由于政治原因，工厂在继续经营中遇到很多困难。中日战争爆发后，台湾政府对工厂颁布了特别许可，允许将生产线出售，目的是为战争筹集资金。台湾政府甚至接手了部分控制权，并为可卡因包装提供了特殊标签。但在这期间，工厂丢掉了在南海岛屿的市场，于是，该公司现在将产品市场转向了上海。

汉默尔检察官：（继续）现在我们将引用证据文件 381。如果法庭允许，我只宣读英文版本第 8 页上的第 7 节，日文版本的第 10 页。

（宣读）

  关于对台湾药业公司可卡因库存的处置

  台湾药业公司自从昭和七年（1932）起生产的可卡因已远远超过实际消费量。近来，由于不能按预期销售，盐酸可卡因和未加工可卡因的总库存已超过了2 500公斤。鉴于这个环境，昭和13年（1938），鸦片委员会理事会认为不应再继续这种情况，因此决定制定一个计划，在今后三年内将库存消耗完，采取的方式包括：在台湾本地消耗，运往日本本土和其他国家，以及供应给"满洲国"和中国。同时，还决定根据上述计划的执行程度，对台湾药业公司的生产量进行限制。该计划于今年12月12日提交给鸦片委员会进行审议，并得到了它的批准。

汉默尔检察官：（继续）我们还想请本法庭注意哈罗德·基尔之前在本法庭上提供的证词，从庭审记录的第4407页开始。

  现在我们要引用证据文件383，即国联顾问委员会关于鸦片和其他危险麻醉品的第22届大会的会议纪要。引用英文影印版的第8页，日文版本第17页：

（宣读）

  M.横山（日本）说他将对事实进行一个迅速概括，但不深入细节。首先，根据文件O.C.1569(1)，关于对《海牙公约》第四章的应用，日本已通过颁布三个新条例加强了打击非法贩毒的立法。前两个条例适用于中国，提供了对鸦片和麻醉品贩卖进行控制的法规；第三个是针对在"满洲国"的日本人从事麻醉品贩卖行为进行控制的法规。在前一年，"满洲国"与日本之间签署了一个条约，规定了日本人在"满洲国"适用当地现行的法律法规。这些法规中的最重刑罚是处以5年监禁和5 000日元罚金。因此不需要有更多的条例。这些惩罚不是很严厉,但委员会已经非常了解其中的原因。他所提到的所有条例都遵从了1931年的公约。此外,日本政府还要求驻华领事馆尽可能地适用最严厉的处罚。

至于华南地区,他已经阐述了中国与日本政府在福建的合作,这在特别委员会关于对《海牙公约》第四章应用的报告中已涉及。由于中国的面积广博以及政局混乱,在中国进行合作并不是容易的事。

关于华北地区,日本政府打算尽快批准1936年的公约。期间需要一些耐心,但M.横山向委员会保证,毋需置疑日本的诚信。

他还提到了天津的地位。每个人都希望尽快改善那里存在的令人遗憾的局势。但为了做到这一点,必须去纠正其原因而非结果。产生这种局势的原因主要是政治的和地理的原因。天津位于具有截然不同立法制度的中国两个地区之间。华南地区完全禁止麻醉毒品,但"满洲国"就没有这种立法。天津是整个有机体上最薄弱的一点,所以,也最容易受到毒瘾的侵害。日本和其他任何地方一样都有自己的弊端,当日本的局势变得困难时,人们自然会离开,到别的地方去。日本政府正在尽最大努力,但耐心是必不可少的。

有人指控说中国非法贩毒的增加正好同日本在中国的推进一致。这个说法如果不是完全错误的,至少也是夸大其词。如果它是正确的,那么应该说除了日本的影响,还存在有其他的影响因素。在一些情况下,这可能纯属巧合。日军只会行进到具有军事防御必要性的地方,国家防御的重要性自然会超越其他一切问题。毒品是一个巨大的威胁,但炸弹和机枪的威胁还是要更为严重。军队也已尽可能地致力于禁止非法贩毒行为。

因此,M.横山要求对那些草率的指控应有所收敛。

只有通过加强组织管理,恢复和平与安定,才可能解决毒品问题。虽然现在的局势令人遗憾,但这不是在一夜之间就可以纠正过来的。

关于"满洲国",M.横山不支持现有的制度。对于富勒先生有关"满洲国"鸦片垄断制度缺陷的民意反应的评论,他表示赞同。即使在日本,对目前的垄断制度也有很激烈的批评,如宫岛教授,他在对"满洲国"进行了一次私人旅行后得出结论,认为如果不进行激进改革,就不可能改善社会状况。但困难是法律没有得到很好的执行,而邪恶已长期根深蒂固。

至于朝鲜,有关罂粟种植和鸦片销售的法规,M.横山无法向富勒先生提供更多确切的信息,但他将进行相应调查,如果发现有任何情况有悖于顾问委员会制定的原则,他将通知日本政府。

他认识到,所有这些情况并不令人满意,但日本在这个困难局势下正在尽自己的最大努力。

M.横山刚收到一封来自东京的电报,说与1937年3月西雅图可卡因案件相关的黑帮首领已于3月28日在大连落网,日本政府希望从他身上获得一些有用信息。

M.横山对于这些事的感觉是矛盾的。他具有双重性格:作为一名理想主义者,他希望立即采取行动,即使这将意味着向他的政府发去一大堆电报,但作为一个现实的人,他意识到这些困难非常严峻,而这些国家又相隔遥远,无法做出正式的承诺。日本过于珍惜自己的国家荣誉,因此不愿意做出可能无法实现的承诺。

韦伯庭长:你现在满足了辩方的愿望,将横山的演讲也纳入了检方的证据。

汉默尔检察官:如果法庭允许,我们现在还要引用一下证据文件388,这是国联顾问委员会关于鸦片和其他危险麻醉品的第24届大会的会议纪要。现在的相关内容是第 38 页最后一段。对不起,阁下,这是我们纳入证据的文件部分的最后一段。

(宣读)

在这些陈述中,我建议日本代表转告日本政府,根据 1931 年《限制制造及调节分配麻醉品公约》第 23 条规定,对这些被揭露出来的事实进行调查和报告。但我不得不遗憾地说,日本政府还没有提交这个报告。

检方下面要提出文件 9560 号作为证据。

韦伯庭长: 这是关于禁烟工作的文件。

汉默尔检察官: 对不起,请再说一遍,阁下。

韦伯庭长: 按惯例采纳。

法庭书记官: 检方文件 9560 号将作为证据被采纳,证据号 429。

(然后,检方证据第 429 号被采纳。)

韦伯庭长: 你打算读很长的内容吗,汉默尔少校?

汉默尔检察官: 我打算从第 4 页、第 5 页、第 6 页和第 7 页上摘录一些内容。

韦伯庭长: 那么,正好停顿一下。我们将休庭,直到明天 9:30。

(16:00 进行休庭,至 1946 年 9 月 5 日星期四 9:30。)

1946 年 9 月 5 日,星期四
日本东京都旧陆军省大楼内远东国际军事法庭

(根据休庭规则,本法庭于 9:30 开庭。)

出席:

出席法官,一切照旧。

检方，一切照旧。

辩方，一切照旧。

（远东国际军事法庭语言部准备好了英日互译。）

法庭执行官：远东国际军事法庭现在开庭。

韦伯庭长：除了大川周明和松井石根由其辩护律师代理外，其他所有被告都到场了。有没有律师希望提出任何问题？

清濑博士。

清濑辩护律师：我反对将证据文件429采纳为证据。该文件是由南京最高法院院长赵琛发给国际检察局的一封信，它有以下几点问题：附录中文件据称是梅思平写的，但我们在这份文件中找不到任何签名。我对文件原件也进行了调查，但在信件原件中也没有看到签名。此外，这份文件起草的日期也缺失。

梅思平是前南京政权的内政部长，但由于这个政权已被推翻，我们无法确定当他写这封信时是作为内政部长身份，还是出于个人行为。因此，我认为这份文件不应该被采纳为证据。

韦伯庭长：附件的真实性看来是得到了一位中国政府高官的担保，因为他签署了封面的信件。清濑博士提到的问题当然是希望对文件的证据价值产生影响，但尽管如此，它可能还是具有证据价值的，我们必须根据它所具有的证据价值来决定是否采纳。汉默尔少校，你应尽量来回复清濑博士所提出的这些反对意见。

汉默尔检察官：如果法庭允许，我们这里所拿到的文件原件是从南京最高法院有关梅思平言论的整理记录中摘录出来的。原件在南京作为法庭记录资料进行保存。

韦伯庭长：你不能对此有所改善吗？

法庭还是会根据它所具有的证据价值决定采纳为证据。

清濑辩护律师：检察官的意思是否是，这份文件是从南京最高法院有关梅思平的某个案件摘录的？

汉默尔检察官：这份文件是国民军事委员会调查和统计局关于梅思平的调查结果之一。调查结果纳入了南京最高法院档案程序中，这个文件是与梅思平有关的内容。

韦伯庭长：现在宣读你选摘的文件内容吧。

汉默尔检察官：请翻到英文版第 4 页，日文版第 5 页。引用如下：（宣读）

在中国的鸦片生意是日本政府中高级官员采取的系统化政策，有两个原因。第一，"蒙疆自治政府"是由日本人在占领内蒙古后建立的傀儡政权。他们希望通过在曾种植鸦片的内蒙古购买鸦片并从销售中盈利，以此来解决财务赤字问题。第二，日本除了在中国搜刮每一分可能的利益，同时还将鸦片视为使它走出战争带来的财务困难的一种可能出路。蒙古傀儡政府用于采购鸦片的专款必须首先汇入东京的财务省，并由后者扣留部分金额。尽管由于这些扣款数字属于严格机密，我们无法对金额进行估计，但这是一个不可否认的事实。另一方面，在上海和其他中国城市出售的鸦片收入中的绝大部分都会流入东京，分配给东条英机内阁作为秘密资金以及对议员的补贴。尽管这也属于严格机密，但它已成为一个公开的秘密。据说日本国内一些人也反对东条英机内阁这种臭名昭著的政策。然而，关于这些不可否认事实的证据却很难收集到。

（如果可以获得宏济善堂的账簿，也许能找到一些证据。）

翻到英文版第 5 页，日文版每 7 页。我继续宣读：

1943 年 12 月，学生在南京、上海、杭州和其他城市举行了反对鸦片的示威游行，砸毁了一些宏济善堂开设的鸦片商行和烟馆。公众情绪高涨，但日军却不敢进行干涉。后来，日本政府派了一名经济顾问去南京政府，表示如果中国希望恢复战前的禁烟措施，他们愿意帮助中国，条件是南京政府应考虑"鸦片利润是'蒙疆自治政府'主要收入来源"这一事实。日本政府突然改变其关于在华鸦片生意的态度可能有三个原因。其一，东条英机内阁为了政治和其他不可告人的目的而利用鸦片盈利的行为已受到了来自国内和国外人民的抨击。其二，日本政府希望缓和中国人民的仇恨。第三个也是最重要的因素是，当时日本通过控制中国日占区内商品所获得的利润是进行鸦片交易的很多倍，所以不用担心缺少政治与军事费用的资金。因此，对于日本人的要求，南京政府不得不认真考虑以下几点：

（1）既然鸦片是"蒙古政府"的主要收入来源，如果"蒙疆政府"在日本人的压力下向南京倾销鸦片，那么"南京政府"就将成为蒙古鸦片的销售代理人。

（2）当时"南京政府"的收入足以支付所有费用，因此并没有将鸦片收入视为很重要。但如果日本人凭借增加的鸦片税收，降低在华日本商人应缴纳的其他税费，结果会更糟。

（3）多年经验表明，和日本人进行谈判是件痛苦的事。每次他们一开始都会说不插手。但是后来他们总是会在每件事上都设置障碍，使得"中国政府"根本不可能执行自己的职责。我担心在禁烟问题上也不例外。

所以，"南京政府"在与日本人就鸦片问题进行谈判时，采取了以下立场：

（1）前军事委员会的禁烟政策必须保留，5年禁烟计划也必须继续执行。由于战争，该计划在运行了两年之后就暂停了。从1944年4月开始算起，必须在3年内根除鸦片罪恶。

（2）根据战争前的法规，内蒙古种植的罂粟应当在一个确定的时期内禁止。当然，可以暂时继续适用战前的这些措施。但产量必须大幅减少。宏济善堂每年从蒙古进口的 300 万盎司鸦片必须至少减一半。

（3）前军事委员会在战前执行的对鸦片生产商、交易商和吸毒者的管理条例应同样遵守，日方应在这些方面提供帮助，不再保护日本罪犯或是中国罪犯。

（4）日本应帮助中国打击鸦片走私，否则，禁烟将是不可能的事。

通过谈判，日方完全接受了这些条件。但军事委员会主席汪精卫当时刚好在日本接受治疗，因此军事委员会无法如通常一样执行禁烟政策。而代理的军事委员会主席陈公博同时兼任上海市长，事务繁忙，无暇顾及禁烟任务。因此，这项任务就交给了内政部。尽管如此，仍然执行军事委员会颁布的法规。之前的鸦片管理机构是在政府监督下由获得特殊许可的商人运行。这个机构被中央禁烟局代替，原因是担心继续执行以前的计划将导致机构被里见及其手下操控。禁烟局的其他职能与之前的禁烟总监察员一样。从 1944 年 4 月 1 日至年底的禁烟工作陈述如下：

（1）自从 1944 年 3 月颁布《禁烟条例》以来，在查处了一批海洛因制造商后，所有在上海的麻醉品生产商逐渐自行消失。南京的情况也差不多，在处决了臭名昭著的毒犯和日本宪兵队密探曹玉成之后，南京—上海地区的鸦片和毒品贩子逐渐消失了，同时，日本人也不再公开向鸦片贩子提供支持。

（2）从 1944 年 4 月至年底，每月从内蒙古买入的鸦片不足 100 000 盎司——不及宏济善堂时期每月买入数量的 40%。

（3）鸦片走私仍然没有控制。但它并不比以前猖獗——这也显示了吸毒人数没有增加这一事实（因为政府控制的鸦片已减少了 50% 以上）。

（4）开设了两家戒毒医院：南京和上海各有一家。同时还要求很多城市和地区的公立及私人医院提供戒毒服务。

(5) 鸦片吸食者的登记制度已经完善。

(6) 下令关闭所有城镇的鸦片商行与烟馆。

"南京政府"对鸦片征税的目的并不是为了增加收入。尽管如此,1944年4月至年底征收的鸦片税总额还是达到了4 000万至5 000万元,这些税款都上缴给了财政部,可以从档案和账簿中查到记录。

检方下面要提出文件9555号和9555B号作为证据,并请求本法庭允许将这两份文件编为同一证据号。

韦伯庭长:按惯例采纳。

法庭副书记官:检方文件9555和9555B将合并为一份证据被采纳,证据号430。

(然后,上述文件被标以检方证据第430号,并被采纳。)

汉默尔检察官:检方文件9555B是发自驻朝鲜美国陆军司令部军政厅的一封信;主题:1930年至1945年朝鲜麻醉品的生产、制造和进出口,包含了附件声明A、B和C,也就是检方文件9555。

如果本法庭允许,我将不宣读9555B的内容,但请本法庭特别注意文件9555中的第4、第5和第6页,也就是日文版的第6、第7和第8页。

下面内容摘录自第4页最下端第(2)段:

1935年至1945年(包括起止两年)专卖局医疗药物厂制造的麻醉毒品(重量单位为公斤)。

下接第5页:

1938年和1939年生产的海洛因数量分别为1 244和1 327.1公斤。

接着是第(3)段：

朝鲜专卖局出口的生鸦片和麻醉毒品。

翻到第6页：

b. 盐酸吗啡和海洛因（盐酸海洛因）（重量单位公斤）。1938年和1939年出口给"满洲国"专卖局的海洛因数量分别为1 200,000和1 200,000公斤。

检方下面要提出文件9553号作为证据，这是日内瓦的常设中央鸦片委员会的一份报告，日期为1939年9月20日。

韦伯庭长： 按惯例采纳。

法庭书记官： 检方文件9553将作为证据被采纳，证据号431。

（然后，上述文件被标以检方证据第431号，并被采纳。）

汉默尔检察官：（宣读）

尊敬的监督官：

下面是日本政府声明的在朝鲜制造的海洛因数量，并由委员会记录在提交给国联的报告中：

　　1935～1939年　　　　无

　　　　　　　谨上，（签名），常设中央鸦片委员会秘书。

检方下面要提出文件1154号作为证据。

韦伯庭长： 是什么文件？

汉默尔检察官： 一封从美国发给驻瑞士日内瓦领事的信函，日期为1946年2月12日，其中还包含了一封由国联秘书处毒品控制服务负责人发给美国驻日内瓦领事的信函。

韦伯庭长：按惯例采纳。

汉默尔检察官：（宣读）

尊敬的阁下
国务卿，
华盛顿。

  关于国务院于1945年11月27日下午6时发来的电报，作为答复，我很荣幸地请您参考1月18日的领事馆发出的秘密照会106号，内容是询问如果国联有关部门同意，能否提供一份关于日本政府在1939年之后至今没有根据《国际禁毒公约》要求提供官方估计与统计数字报告的官方声明。

  在国联代理秘书长的批准下，国联秘书处毒品控制服务负责人已回复了领事馆的询问。为了向战争犯罪办公室提供最有用的文件，特附上毒品控制服务负责人的答复函全文。这个复函的内容不言自明，再加上之前由常设中央鸦片委员会提供的材料，应该可以构成对国务院上述电报的一个完整答复。

谨上，

（签名）小霍华德·埃尔廷

美国领事

下接第2页：

国 际 联 盟

尊敬的埃尔廷先生，

  我将在此答复您于1945年12月12日（参考号811.4）的来信，询问日本政府是否从1939年至今根据《国际禁毒公约》提交了有关非法贩毒、年度报告、估计和统计数字等报告。

由于统计数字属于常设中央鸦片委员会的职责范围，我的答复将仅限于年度报告以及关于非法贩毒和估计的报告。

在提交了1938年的报告后，日本未根据1931年7月13日颁布的公约第21条规定提交之后任何年度有关日本和/或其领地的报告。

在1939年之后，也从未收到过日本政府根据上述公约第23条规定提交的有关非法贩毒案件的报告。

关于《1931年限制公约》第2条规定的对毒品需求的年度估计，从日本政府收到的关于日本本土的最后一次估计是对1940年的估计，关于日本领地（朝鲜、台湾、关东租借地和日本占领下的太平洋岛屿）的最后一次估计是1941年。

特此告知。

谨上，
（签名）伯蒂尔·A.伦堡
国联秘书处毒品控制服务负责人
监察机关秘书

韦伯庭长：曼茨先生，你喊出证据号了吗？

法庭书记官：没有，阁下。

韦伯庭长：我已经采纳了。显然你没有听到。

法庭书记官：刚才宣读的检方文件1154将作为证据被采纳，证据号432。

（随后，检方证据第432号被采纳。）

汉默尔检察官：检方下面要提出文件9536号作为证据，这是由美国大使于1939年4月14日发给日本的信函、附件和备忘录，标题"中国占领区的麻醉毒品贩卖"。

韦伯庭长：按惯例采纳。

法庭书记员：检方文件 9536 将作为证据被采纳，证据号 433。

（然后，检方证据第 433 号被采纳。）

汉默尔检察官：（宣读）

尊敬的阁下

国务卿，

华盛顿，

阁下：

  我荣幸地确认已收到国务院于 1939 年 2 月 16 日发出的第 1661 号指令及附件，内容关于中国的麻醉毒品贩卖情况，并指示大使馆在与英国大使馆进行协商后，向日本外交办公室递交一份备忘录，其内容基本按照上述国务院指令中所附的草拟文本。

  我们已向英国使馆就是否收到了英国外交办公室关于这件事的指令发出询函。国务院的指令于 3 月 11 日收悉，英国使馆 4 月 10 日通知我们，他们也收到了英国外交办公室的指令，英国政府仍在继续对此事的调查。于是我们决定立即实施国务院的指令。随后，在 1939 年 4 月 13 日，我们将备忘录未作修改连同附件一同递交给了日本的外交办公室。

  外交办公室中接收备忘录及其附件的官员未作任何评论，只是表示将研究其中内容并适时给予答复。

  备忘录及其附件的副本随函附上。同时也向英国使馆提供了副本及附件。

谨上，
（签名）约瑟夫·C.格鲁

附件 1：1939 年 4 月 14 日驻东京使馆发出照会第 3830 号。

美国使馆发给外交部。

美 国 大 使 馆

绝密文件

备 忘 录

美国政府感谢日本当局及日本公司经营货船关于禁止在日美之间非法贩卖麻醉毒品所做出的努力。

然而,根据美国官员提交的报告,目前在日军统治下的中国地区,日方却没有采取有效的合作措施禁止吸食毒品和非法贩毒。

关于上述美国官员报告中提及的目前中国日占区情况,附录在本备忘录之后,标题为"中国日占区的麻醉品形势"。

如果法庭允许,我将不宣读下面的一段。它之前已被宣读过了。现在翻到第 4 页的第一段:

为敦促日本政府认识到采取措施对中国日占区内的日本人以及当地政权施加压力以限制毒品影响的重要性,美国政府希望指出,它深为关切日占区的当前局势,因为:

(1)根据美国政府掌握的证据,1935 年之后在美国非法贩毒案中发现的海洛因大多数都来自天津的日本租界地。

(2)实际上,在美国非法贩毒案中发现的吸食鸦片全部来自中国,由中国鸦片和伊朗鸦片混合而成。其中部分是在上海或周边地区制造,部分在华南,还有少量是在华北。这种类型的吸食鸦片在中国是没有市场的,完全是为了在美国非法贩卖才生产的。近期在美国大陆、檀香山和马尼拉缴获的大量毒品显示,从远东运往美国装载有吸食鸦片的非法货轮有显著增加。1938 年下半年中的查获数量约占据全年缴获总量的六分之五。

请翻到第 7 页。如果法庭允许,我将不宣读第 6 页和第 7 页直到第

(5)段结束。那些已经被宣读过了。

自从去年6月起,美国政府持续从官方渠道收到一些关于在中国日占区麻醉毒品贩卖的报警信息,详情如下:

满洲和热河:

1938年5月4日,哈尔滨市政府鸦片科主任通报媒体,哈尔滨市估计有1000家左右未经许可的鸦片烟馆,76家获得许可的烟馆。

平江省政府(哈尔滨所属省份)估计,1938年6月时,该省大约有2000名日本人和朝鲜人吸食鸦片、吗啡或海洛因。

1938年8月23日,"满洲国"内政部的鸦片管理科宣布,根据各省、市的报告,在10年的禁烟活动中显示,满洲和热河的登记吸毒者人数为585 267人。

天津:

根据美国驻天津总领事1938年11月3日的报告,尽管当地媒体宣布说天津日本租界地内的所有鸦片烟馆于10月1日起都被关闭,但该租界内很多小店仍在继续出售鸦片,而大一些的烟馆都被关闭了……

韦伯庭长:我们跟不上你了。

汉默尔检察官:这是在第3页的最上端,阁下。

韦伯庭长:这里没有第"3"页。它被删去了。它在错误的地方。现在是在第2页上了。

汉默尔检察官:我非常抱歉,阁下。如果庭长阁下允许,在我翻页时,我会给出影印页的页码,而不是文件本身的页码数。

语言监督官:汉默尔少校,您能给我们一点时间来赶上您的进度吗?当您选择某一段落时,请给我们一点时间去找到那一段,因为上面没有标记；一点时间就可以，差不多 1 分钟左右，然后我们会给您信号。

汉默尔检察官：好的。

（继续宣读）

……但是那些原先在日本租界地内经营的烟馆现在都搬到了日本租界外名义上由中国人控制的地区，在这些地方经营的烟馆数量保守估计有 500 家。根据在天津的可靠消息来源，日本生意人所熟知的各种成瘾性药物在日本租界仍能够很方便地买到。

日本政府控制下的在天津发行的中文日报《庸报》（Yungpao），在 1938 年 11 月 12 日的一期中发表了一段声明，说天津税务征收分局已接到北平总部的指令，允许新增 23 家鸦片烟馆营业，这样，在天津名义上的中国控制区共有 189 家获许可的鸦片烟馆。

北平：

据可靠报告，北平对开设商行销售和吸食鸦片进行的唯一限制就是通过税收。造成的结果是，1938 年 10 月时北平估计有 300 家左右这样的商行。城中的很多地方还销售海洛因，没有证据表明采取了任何措施来打击这种活动。

济南：

在济南，自从日本占领后，只要缴纳了一定的税金，济南税务征收分局就允许公开出售鸦片。至 1938 年 9 月，有 4 家商行获准销售生鸦片，40 家商行获准销售鸦片烟膏。到了 1938 年 11 月，销售鸦片烟膏的商行数量已从 40 家增至 136 家。据报，1938 年 11 月期间，总量为 10 万两的生鸦片经津浦铁路从北方运至济南，其中有 1 万两再由济南转运至内陆其他大城镇。

南京：

美国驻南京大使馆转来一封日期为 1938 年 11 月 22 日由

M. S. 贝茨教授发来的关于南京麻醉品形势的信函副本。根据大使馆的观点,贝茨博士是一位有经验的调查者,而且其正直毋庸置疑。博士表示,在1938年前,尤其是五年前,南京的这一代人还不知道大量供应和消费鸦片,也不会公开地诱惑穷人和无知者购买鸦片。他的调查揭露,在1938年发生变化之后,南京每月合法的鸦片销售达到200万元,以南京作为中心海洛因销售量达300万元(中国货币)。他在报告中说,根据他个人的估计,在南京40万人口中至少有5万人吸食海洛因。他还说,很多青年男女都吸毒;而南京的鸦片专卖制度由南京市政府财政办公室下设的"禁烟局"控制,主要货源从大连经上海运到南京;禁烟局的法规和条例主要关注的是将所有私人的毒品生意和消费都转化为净收入。博士还说:

"根据普遍的报道,日军特务部与这种半组织性质的海洛因生意有密切关系,并对它采取保护措施。"

他还进一步地指出:

"很多证据显示,大量的批发生意是在日本商社里进行的,他们对外公开的业务是罐头食品或药品,但在后面的房间却进行着海洛因交易。"

上海:

驻上海的美国总领事转来一系列由C. D. 奥尔科特于1938年12月4日、5日、6日和7日发表在《大陆报》上的文章副本,这些文章被认为是对上海当前的麻醉品形势进行了非常准确的描述,其中还包含了应该是从上海市警察局麻醉品科和特区法庭记录得到的一些事实数据。

继续第11页。

韦伯庭长: 那是在第10页。

汉默尔检察官：（宣读）

　　总领事补充说，贩毒活动在日本控制区最为活跃；日本人或新建政权没有采取明显措施来打击贩毒；而且上海周边日占区的贩毒活动很可能也有所增加。

　　奥尔科特先生指出，一方面，国民政府在1938年下半年颁布的大规模禁毒法律法规的适用和执行明显减少了海洛因和吗啡的贩卖，鸦片交易也有所下降，但另一方面，自从上海地区处于日本控制下后，海洛因、吗啡和类似衍生品又重新进入该地区；这些毒品的进口和销量稳步增加；紧挨着公共租界和法租界附近的地区现在有60到70家商行销售这些毒品；麻醉品吸食者每月的总花费达150万元（中国货币），其中有25万元用于海洛因；使用海洛因及衍生品的苦力和穷苦劳工的人数不断上升；热河鸦片目前是上海地区廉价毒品的主要来源，而海洛因多数来自大连和山海关；日本政府或中国当局都没有采取明显的措施对该地区的麻醉品进行遏制；事实上，大量证据显示，很多日本人都涉入了鸦片、海洛因和其他衍生品的进口和销售，根据相关机构的情报，其中还包括日本特务机关中的某些人。

　　奥尔科特先生对上海情况令人震惊的描述中很多内容都得到了来自其他可靠消息的证实。

　　检方下面要提出文件9556号作为证据，这是由国务院于1945年12月26日发给陆军中校霍纳迪的一封信。

韦伯庭长： 按惯例采纳。

法庭书记官： 检方文件9556将作为证据被采纳，证据号434。

（随后，检方证据第434号被采纳。）

汉默尔检察官：（宣读）

尊敬的霍纳迪中校：

  关于美国大使馆递交东京日期为 1939 年 4 月 14 日的外交照会第 3830 号，内容有关中国日占区麻醉毒品贩卖事宜。

  以下信息供您参考和使用：本部门记录显示，日本政府没有对上述照会附件 1 中的备忘录进行收函确认或回复。

谨上，

奥蒂斯·E.马利肯

国际劳动社会和健康事务处处长

这就结束了本案鸦片和麻醉品阶段的陈述。

韦伯庭长：有关传唤提供宣誓证书的证人这件事怎么样了？

汉默尔检察官：如果庭长阁下允许，检方昨天已向宣誓证森冈发出了传票，我们不知道他现在何处。我们已联系了日本联络办公室——

季南检察官：庭长先生。

韦伯庭长：首席检察官先生。

季南检察官：我收到消息，我们打算传唤出庭的宣誓证人森冈已经被辩方律师进行质问，我正在查找他目前在谁的拘押之中。我们得知，他已经在这所大楼中，我们希望很快就能传唤他。

  庭长先生，我们希望很明确地说明，在我们赴中国进行特别调查时听说他在北平，因此我们于 1946 年 3 月 24 日对他进行了询问。我们根据《远东国际军事法庭宪章》中的相关规定采集了他的宣誓证词；在那个日期之后我们就没有与他进行过任何类型、性质的接触。当时他在北平居住，我们不知道他是否有留在中国的意图或是被遣返回日本。国际检察局根本不知道他和其他几千名日本人被遣返回国。

  我们不知道辩方是如何得知了他的去向，是否通过了中央联络办公室或其代表，但我们直到辩方律师在本法庭上提及才知道他目前在日本。出于显然的原因，当我们正在有序地按照本法庭程序申请对他发出传票时,我们却发现他已经在辩方律师的手中,我相信他在昨晚就和他们在一起很长时间了。我们没有见到他,但是当我们试图寻找他时,却发现他已经在这里了。关于这个证人的这件事本身也许并不重要,不值得浪费什么时间,但这对于检方的态度不至于被误解却非常重要,我们的态度就是:我们不会藏匿任何证据或任何证人,而且据我们所知,也从来没有在本法庭试图以一种不是为了案件公平审判的方式来陈述任何事情。

总之,自从1946年3月24日或差不多这个日期之后,我们从没有见到这名证人和直接或间接地与他联系。我们得知,他已经在辩方的手上,我们非常愿意在任何时间传他出庭,并要求最了解他目前所在地点的人将他带过来。

韦伯庭长:清濑博士。

清濑辩护律师:既然看来关于宣誓证人森冈存在一些误会,希望能允许我来说几句话。昨天在本法庭,我把宣誓证人森冈的地址交给了检察官萨顿,但由于我应该对地址是否正确负责,我就派了一名信使到该地址。

语言监督官:为了确定他是否真的在那里居住。

清濑辩护律师:(继续)由于昨晚确认了森冈的确是在那个地址,我感觉放心了。今天早上,因为我家正好位于从森冈家到本法庭的途中,森冈在他来法庭的路上先去了我家。他的传票上要求他出庭——他应该在今天上午11点前到达这座大楼的38号房间。但是我必须在9点前就到这座大楼,虽然这个时间比他应该出现的时间早很多,但由于他希望了解一下这座大楼——因为他不认识来这里的路,我就建议他和我一起来。我相信,在11点前,他正坐在一位辩护律师的房间中或其他地方等候,11点时他将出现在38号房间。

季南检察官:庭长先生,我深怀敬意地建议,请告知包括日本律师在内的辩方律师,当本法庭指令检方传唤某位证人时,我们会这样做的，不需要来自辩护律师的任何协助。我们将遵照本法庭的要求来履行自己的职责。

韦伯庭长：弗内斯少校。

弗内斯辩护律师：森冈先生根本没有受到拘押。他一直在我的房间；我在和他谈话。绝对没有藏匿他或是阻止他出庭。我刚才不在这里，所以不知道之前的讨论，但我要明确地进行声明。他完全可以任何时间出庭。

季南检察官：庭长先生，我希望请求本法庭下达指令，不管这涉及谁或是证人在谁的办公室，要求他将证人带入本法庭，在我们的见证下坐入证人席并进行交叉询问。

韦伯庭长：好吧，鉴于你的表态，我们将下达这样的指令，首席检察官先生；但由于证人没有过来找你们，他也没有被辩方带来交给你们，而是仍在与辩方有联系，你们并没有义务现在传唤他出庭。但是，既然你已决定这样做，法庭同意。

首席检察官先生，你说已发出了一份传票？

弗内斯辩护律师：证人的传票，上面写着11点。因此我认为没有人存在怠慢或过失。

季南检察官：庭长先生，本法庭已下达一项命令或者说指令，我们试图来遵照执行。关于证人所属方——既然我们采集并提供了宣誓证词，既然证人是根据本法庭的一般通则来到这里，我们相信应当传唤他出庭。此外，只要他仍是检方的证人，无论他提供什么证词，我认为都当局限于对他的本方询问或相关事宜范围内。根据常识，如果辩方因为其他目的需要他，他应该按照辩方要求时作为他们的证人。现在我们可以要求带他上来吗？

弗内斯辩护律师：他将自己进来。我不喜欢"带他进来"这个用词。他不需要被带进来，而是会自己进来。

韦伯庭长：交叉询问必须限于在本方询问中出现过的问题，我们将适用这一原则，首席检察官先生。现在证人可以进入证人席了。

我们将暂时休庭 15 分钟。

（10:43 休庭，直到 11:00 重新开庭。）

法庭执行官：远东国际军事法庭现在继续开庭。

（森冈皋作为检方证人出庭，首先宣誓，然后通过日语译员作证如下。）

韦伯庭长：弗内斯辩护律师。

弗内斯辩护律师：如果法庭允许，我们不确定检方是否想先为证人的证词进行资格验证。昨天只是读了一下宣誓证词；因此我们不知道是否可以开始交叉询问。

韦伯庭长：传他出庭就是为了进行交叉询问。

清濑博士。

清濑辩护律师：可以将证据文件 401 号，也就是该证人的宣誓证词，向证人出示吗？请将日文翻译也一同向他出示。

（随后，这两份文件递给了证人。）

韦伯庭长：现在他看来已认真阅读了两种语言的宣誓证词。

交叉询问（由清濑辩护律师询问森冈皋证人）

问：你刚才读的这份宣誓证词是你签名的那份吗？

答：我非常确定中文的那份是我签名的；但那份日文版的，我在这里是第一次见到。就我所看到的而言，中文版和日文版非常不同。

问：那么，中文版原件是否真实地代表了你所说的话？

答：请再说一遍。

问：我说的是关于中文版原件。它是否真实地代表了你所说的话？

答：整体来说，是的，但当时的问题和回答都比这份宣誓证词上的要长很多；这份宣誓证词只是那些问答中的一部分。

问：我希望就检察官萨顿和裘询问过你的问题向你提问，但我应当将问题局限于这些出现在宣誓证词上的内容。

在这份宣誓证词的倒数第二段,你提到了寺内将军、杉山将军、多田将军和冈村将军关于中国事变的政策。我可以认为宣誓证词关于你说的话是正确的吗?

答:我说过的话与中文版上写的一样。

问:在中文版——中文版是否说了所有这些将军都强烈要求发动中国事变?

答:在中文版中有一个词——词组"在战场上"。我用这个词的意思是所有在战场上的指挥官都支持战争。在中文版中有一个词组"在战场上",我的意思是——

语言监督官: 在中文版中有一个词,直译过来是"在地面上。"我把它翻译为"在战场上"或是"在现场",就在战场的前线指挥官而言,我认为他们支持发动这场战争——战斗。

问:那么我是否可以理解为,你的意思并不是说这些将军在战争实际开始前就支持对华战争?

答:正如你所言。

问:在同一章,你提供了有关东条英机将军和对美、英战争的证词。你的话是什么意思? 如果你记得当时的问题和回答,请向我讲述一下。

答:当时,检方问我:"谁对中国事变负责?"我回答,"近卫"。然后他们又问,"谁对太平洋战争负责?"我回答说,"东条英机。"

问:那么你是否认为,中文版对你所叙述的问答进行了简要概述?

答:你说到的只是问题和回答的一部分——当时提出的问题和给予回答的一部分。你刚才所说的关于杉山等人,然后又提到——在你提到关于杉山等人的问题后,和下一个问题之间,有很大一部分被省略了;我相信,在这中间还问到了其他的一些问题。

语言监督官: 略作更正:尽管关于杉山等人和东条英机的问题不在同一段,但在这两个问题之间还有几个其他的问题和回答。但这似乎都被省略了。

问：有关东条英机的陈述，我是否可理解为——我收回重问。

你的意思是否是，东条英机竭力要求发动战争，在战争爆发前竭力要求对美、英发动战争，或者你的意思就是寺内将军、杉山将军等人来说，他赞同在战争已经开始之后继续推进战争？

答：在这里我的意思是——我的意思是作这个决定是在太平洋战争爆发后。由于我那时候不在日本，我对大本营的政策并不熟悉。

语言监督官：轻微改动："在这里我的意思是在太平洋战争爆发以后。至于说东条在战前的政策，由于我当时远离日本，所以我不可能知道它们的内容。"

问：太平洋战争开始之前以及战争过程中你是否有数次机会见到东条？

答：我见到东条的机会并不多。我想在太平洋战争爆发前的 5 月份，我在一次师团首长会议上见到了他。

问：你是否有机会聆听东条关于国际形势的想法？

答：没有。

问：接下来，在你宣誓口供书的最后一段，你对鸦片问题进行了作证，我会简单地问几个相关问题。

这一段中你提到了"傀儡政府"，用了"傀儡政府"这个词。我想你用这个词是指华北政务委员会。该委员会关于鸦片的政策与之前那些政府不同吗？

答：1938 年在华北成立了临时政府，政府对前中国中央政府在法律法规中的禁烟政策全面实施。1940 年，我不记得具体日期了，当临时政府重新被命名为华北政务委员会时，他们对以前执行的政策再次实施，并颁布了一些有关的新法律。

语言监督官：颁布的新法与老法律是一样的，只是重新颁布为新法律。

问：我从检方收到 IPS 文件号 1680。你刚才说的是不是华北中国政务委员会的禁烟法？

（随后，将一份文件递给证人。）

汉默尔检察官：如果庭长阁下允许，要求向证人出示文件原件。

（随后，另一份文件被递给证人。）

问：这份是原件。我相信如果你查看原件会更公平。

答：虽然我没有细读内容，但我相信这就是那项条例。

问：你的宣誓证词中提到了禁烟委员会。它的规模有多大？有多少职员？

答：禁烟委员会有一个总部，并在各区设有分支机构。我不太记不清总部有多少职员了，但包括负责人在内，我想有 50 或 60 人。

语言监督官：包括委员会负责人。

问：你在宣誓证词中说，日本的特派委员参加了这个禁烟委员会。你说的特派委员是不是日语中的专员？

清濑辩护律师：不是日语，是中文。

语言监督官：是中文中的。请原谅。

答：我想"日本特派委员"是一个翻译错误。在询问时，我告诉了译员及中国检察官，它的意思是专员，我甚至还写出了文字。

语言监督官：我甚至写出了文字并加以解释。

问：那里有多少日本委员？

答：根据我的记忆，只有一位专员。他的名字叫井上。

问：除了专员，在禁烟委员会中是否还有其他日本官员？

语言监督官：在总部。

答：就专员而言，只有一位，就是我刚才提到的井上。但是，还有其他一些较低级别的官员——较低级别日本职员在井上的手下工作。

问：如果有的话，是有很多还是只有几个？

答：即使有其他日本职员，我想也不多于 1 或 2 人。

问：华北政务委员会成立前后，当你在华北时，对比华北政务委员会成立前后，你认为每年吸食鸦片的量是增多还是减少了？

季南检察官：我要反对这个问题，因为根据宣誓证词中的问题，这是一个不适当的交叉询问问题。在宣誓证词中并没有问到该证人相关的问题。

韦伯庭长：在宣誓证词中没有提及数量问题。我认为不应当允许这个问题；反对有效。

问：我刚才出示给你看的条例，在 IPS1680 里面提到的条例，禁烟委员会是否完全执行了这个条例？

答：我很遗憾地说，由于情况使然，不可能完全实施这些条例。因为在华北的日占区没有一个稳定的政府来实施这些条例。

语言监督官：大多数民众并没有感觉到政府的政治实力。

答：（继续）由于在日占区的中国共产党和其他抗日活动，不可能执行当地的行政管理和政治管理，所以，从一开始到最后都不可能在这些区域实施这些禁烟条例——不能完全地在这些区域实施。

问：那是唯一的原因吗？

答：我相信还有其他一些原因。例如据我所知，在华北有很多秘密的鸦片组织和走私组织，他们的势力非常强大，活动都是秘密进行，很难捣毁这些组织或逮捕他们，逮捕走私者。

问：有没有其他原因，如华北的日本当局和当地省政府鼓励鸦片消费？

答：华北各省政府的政策和前蒋介石政府一样禁止使用鸦片，因为不这样就不能——如果不这样做的话，它就不可能赢得民心，为了禁止鸦片，军队、警察以及军警都要在中国尽全力来禁止鸦片，并颁布了相关条例，规定吸食鸦片的中国人不能担任官职，如果发现有官员吸食鸦片，就会被马上革职。因此，我想这些是主要的原因。

此外，我相信新民会——

季南检察官：等一下。

韦伯庭长：我们应当听一下翻译；我们应当听一下翻译，首席检察官先生。

答：（继续）我相信新民会也组织了反对吸食鸦片的运动。

季南检察官：我打算建议，如果证人在回答问题时已给出了所有的原因，那就应该结束回答，而不是自行猜测更多的内容。

问：我的交叉询问差不多快结束了。你说宣誓证词的中文版本和日文版本非常不同。如果不提较小的问题，这些不同之处中有没有重大问题？

答：有两处主要的不同。第一，关于鸦片，宣誓证词给人的印象是禁烟委员会中有很多日本人委员，但事实并不是这样的，如我刚才所述。

第二点不同之处是关于战争责任。关于那个问题，我当时回答东条英机负责，但——在宣誓证词上的叙述看起来似乎我在战争爆发前就已经知道了这一点，但事实并非如此，我所在的职位无法获得这些信息。

译员：通过阅读宣誓证词，人们会得到一种印象，就是我在战争爆发前就知道东条英机支持战争，但事实并非如此。我并不处于这样的位置。

问：你从昨晚到今天早上在哪里？

答：我在家，在自己家里。

问：你是否受什么人监视或在什么人的控制下？

答：我不知道你的意思是什么，但昨晚我和往常一样在家中，并且和往常一样睡得很安宁。

清濑辩护律师：这是所有的问题。我的交叉询问结束了。

交叉询问（继续，由弗内斯辩护律师询问森冈皋证人）

问：森冈将军，你今天上午从 9:30 分到大约 10:30 分在我的办公室,是吗?

答:是的。

问:你是否可以随时离开并且没有受到拘押,是吗?

答:是的。

问:你于1946年3月24日提供的宣誓证词是在北平采集的,是吗?

答:是的,我在北平提供的。

问:向你提问时是用英语,是吗?

答:是用英文问,用英文问我问题。

问:然后由一名译员翻译为日语?

答:正是。

问:提交给你签字的宣誓证词是中文的,是吗?

答:是的。

问:你不读或是说英语,是吗?

答:我能说一点儿英语,但不足以在官方场合需要负责任的情况下讲英文。

问:因此,如果你在宣誓证词的英文版上签字,那就意味着你在一份自己根本不知道内容的文件上签字?

季南检察官:检方反对这个问题。我的理解是他没有在任何英文翻译件上签字。

韦伯庭长:得出的结论就是,他根本不知道英文版或中文版文件的内容是什么。对他而言肯定只是一种道听途说而已。

季南检察官:怀着深深敬意,检方希望请本法庭注意——之前一直没有机会来提到这一点——该证人可以熟练地运用中文。中文版本中包含了一份声明,是经他签字的,并被采纳为本案证据。这当然不是道听途说。

韦伯庭长:如果他懂中文,如果他能读中文,那就是不道听途说。

他在证人席时似乎就在读。

弗内斯辩护律师：阁下，我并没有想说他不能讲中文。

韦伯庭长：很好。

问：你是否的确签了两份文件，一份是中文的，另一份是英文的？

答：根据我的记忆，我肯定是签了中文版本，但我想我并没有签英文版本。

季南检察官：庭长先生，检方深怀敬意地指出我们是在浪费时间，因为采纳的证据文件是中文版本的，至于它的翻译和正确性，可以请适当的专家或本法庭协助进行研究，但是这些问题却在这里提出，时间被浪费在该证人从来没有签过的文件上。他承认了签过中文版文件。我们相信，他毫无疑问可以使用中文来熟练地对话。

韦伯庭长：由于对被告东条英机的指控性质以及交叉询问到现在产生的效果，我想我们可以稍微宽容一些。也许后面的交叉询问没有什么用，但我认为我们不应该完全否定。

我们将暂时休庭到13:30。

（12:00休庭。）

（根据休庭规则，本法庭于13:30开庭。）

法庭执行官：远东国际军事法庭现在继续开庭。

韦伯庭长：弗内斯少校。

（森冈皋作为检方证人出庭，重新坐进证人席后作证如下。）

交叉询问（继续，由弗内斯辩护律师询问森冈皋证人）

问：森冈将军，你能用中文读或写吗？

答：我可以相当自如地阅读中文；但是否能用很好的中文表达自己，我不是很确定。

问：那么，你并没有自己写这份被纳入证据文件的宣誓证词，而只是在这份准备好让你签的文件上签了名；是吗？

答：这份宣誓文件的准备过程是这样的：萨顿检察官用英文向我提问，我用日语回答。中国检察官裴将这些回答记录下来，按照我的回答写下来，然后当着我面起草了中文的宣誓证词并交给我阅读。萨顿检察官问我是否可以在中文版的宣誓证词上签字，我给予了肯定的回答，然后我就签署了这份宣誓证词。

韦伯庭长：这足够了，毫无疑问。

问：你什么时间离开北平来到东京的？

答：5月25日，我离开北平。6月10日，到达日本，6月12日来到东京。

问：然后你就一直在东京，是吗？

答：基本上一直在东京。但有时我会出门旅行两、三天，但我基本上是在东京居住。

问：那么，当检方询问你时，有没有问过你日军或兴亚院或华北当地政府是否采取了任何禁烟措施？

韦伯庭长：这不是一个公平的问题。你可以自己问他是否采取了任何这样的措施，如果你认为他知道的话。

弗内斯辩护律师：我想如果检方问过他那个问题并且他也回答了——这没有包含在宣誓证词中——这也许是相关的。但是，我将直接问他这个问题。

问：你作证说，你曾经在特务委员会工作和担任兴亚院当地办事处的联络官；因此，我想你应该熟悉关于鸦片交易采取了哪些措施。所以我要问你，关于禁止鸦片交易采取了什么措施？

答：关于日占区的禁烟，当华北省政府成立时，它继续实施蒋介石政府颁布的与禁烟有关的法律。后来，汪精卫政府在南京建立，华北省政府也演变为华北政务委员会。那时，如我刚才所述，也就是1940年8月，华北政务委员会颁布了一项新的禁烟条例。

问：那项在华北实施的省禁烟条例是否包含在检方文件1680号

内,也就是今天上午向你出示的文件中?

季南检察官: 我反对这个问题,因为它是重复的。据我的理解,这个问题以前问过并且也回答过。

弗内斯辩护律师: 我只是想确定一下他现在提到的和今天上午作证的是同一文件。

韦伯庭长: 好吧,让他回答。也许有一些疑问。我不认为有。

答: 你刚才提到的条例就是采取的禁烟措施之一。此外,还使用了日本军队、中国警察、日本宪兵队和日本领事警察去查获鸦片走私犯。同时,新民会也就鸦片的危险性进行宣传。

弗内斯辩护律师: 我现在请求将检方文件1680号标记为验证证据。

韦伯庭长: 我不明白为什么你不直接提出它作为证据。

弗内斯辩护律师: 我提出它作为证据。

韦伯庭长: 采纳。

法庭书记官: 辩方提出的检方文件1680将作为证据被采纳,证据号435。

(随后,上述文件被标以辩方证据第435号,并被采纳。)

问: 当地中国政府和日本当局是否也组织了一个禁烟委员会?

答: 作为全面执行禁烟的措施之一,成立一个禁烟委员会。同时,为了实施这些目标,颁布了上述条例。

问: 华北政务委员会、特务部和兴亚院的政策是否是控制和禁止鸦片的生产与销售?

答: 是的。

问: 在执行这项政策时,他们是否对鸦片的销售和使用发放许可证,目的是进行控制和禁止?

答: 鸦片吸食者要进行登记,向他们发放许可,只有那些有许可的人才可以购买和吸食鸦片。有一个特别委员会对他们的资格进行调查,那些没有许可证的人不能够购买或吸食鸦片。如果他们违反了这些规定,就会被逮捕。

问:当发放许可证时,政策是否是只发给那些无法被治愈的嗜毒者?

答:在我上面提到的条例的第3条和第4条中,规定这些许可证只能发给超过50岁的人或者是那些如果突然停止吸鸦片健康就会有损的年轻瘾君子。

问:那是否就是你在宣誓证词中所提到的"在傀儡政府统治下,鸦片在所谓的'禁烟委员会'控制下可以公开买卖"的意思?

季南检察官:如果法庭允许,我要反对这个问题。我们认为,证人语言是什么含义应由本法庭决定,而不是在该证人现在出庭这种特殊环境下进行诠释。

韦伯庭长:这个问题如果按下面的形式提问就不会遭到反对了:鸦片是否只公开出售给确定的吸毒者?

弗内斯辩护律师:我是否能对法庭的问题上再补充一下:……获得了购买许可的人可以从获准销售的卖方购买?

韦伯庭长:好吧,根据这些内容提问吧。

问:根据这些条例下的政策,是否只允许有许可证的吸毒者从获准销售的卖方处购买?

季南检察官:我们反对这个问题。

答:正如你所说的那样。

季南检察官:这个指示灯是正常的吗?

韦伯庭长:是的。继续。

季南检察官:检方反对这个问题,因为法律或条例是不言而喻的。根据证据文件435号,我认为,它是在税款征收的财务条款下。除此之外,法律规定下的政策是不言而喻的,不需要该证人或其他证人的诠释。

韦伯庭长： 中国的法律规定对本法庭而言是一个有关事实的问题。但你们起草的宣誓证词中说鸦片是公开销售的。那是一个模棱两可的表述，应该加以澄清。它的意思可以理解为向每个人公开销售，也可以理解为只向某些人公开出售。弗内斯少校有权对这一点进行澄清。

季南检察官： 庭长先生，如果北边的灯已经结束了，我希望继续发表我的观点。我不知道系统是否关闭了。您能听到我吗？

韦伯庭长： 我几乎听不到你，季南先生。我想你最好等到来电后再说。

季南检察官： 我想现在是有电的。

我们希望明确一下检方的立场，庭长先生，我们同意法庭所说的如何进行销售的问题是相关的，或者说有关宣誓证词中销售方式模糊说法的问题是相关的。但是，这个问题设计得很狡猾：它向该证人就这个法律下的政策进行提问。但法律本身是不言而喻的。

所以，我们反对以这种形式进行提问，并建议也许合适的提问方式是问证人他所知道的销售方式是什么。如果该证人希望说"公开地"意味着"向那些持有许可证并遵守法律的人销售"，我们将就回答的可信度提出质疑。

弗内斯辩护律师： 如果说我是狡猾的，庭长阁下，那也是由于疏忽而不是故意设计。我希望能扩大一下问题。我可以宣读文件吗？

韦伯庭长： 不要对法律进行任何引用。直接问他事实是什么。这是我告诉过你的，弗内斯先生，那样问就不会有反对了。

弗内斯辩护律师：（继续）

问：在你的宣誓证词中说"在傀儡政府统治下，鸦片在所谓的禁烟委员会控制下可以公开买卖"，你的意思是否是可以由获准销售的人公开出售给有销售许可——有购买许可的人？

答：正是。

问：兴亚院和其他与这件事有关的人是否相信，相对于地下的秘密销售而言，通过允许这种许可证管理的销售能够遏制鸦片使用？

季南检察官：反对这个问题。

韦伯庭长：你能再读一遍问题吗？

（随后，上一个问题由法庭书记员重新宣读了一遍。）

韦伯庭长：你提出反对的理由是什么，季南先生？

季南检察官：反对理由是让该证人对一个组织的信条进行诠释。我认为，也许可以允许他讲述他本人关于那个问题的观点，但我认为他没有权利对其他人的观点进行解释。

弗内斯辩护律师：我认为这个问题可以接受。但我并不认为这值得夸耀。

韦伯庭长：我认为反对应该有效；但是，正如首席检察官先生建议的，你可以询问证人他自己的观点。

问：你本人是否相信，相对于地下的秘密销售而言，通过允许这种许可证管理的销售能够遏制鸦片使用？

韦伯庭长：你说的许可证制度是什么意思？

弗内斯辩护律师：进行控制。

韦伯庭长：（继续）进行禁止非法销售的控制？

弗内斯辩护律师：是的。

韦伯庭长：好吧。是这样吗，证人？

证人：我相信这个制度在实施整体的禁烟政策上是一个有效措施。也就是说，通过只向有许可的人公开出售鸦片，可以实施整体上的鸦片控制和遏制。

问：是否有可能完全禁止？

你上午作证时说，有一些鸦片通过走私进入日占区。你能否告诉我们这些走私者是日本籍和还是中国籍？

答：据我所知，鸦片走私生意很早在中国就有了，鸦片组织都有一个秘密并且复杂的组织。大多数走私者都是中国人，一小部分是日本人或属于日本公民的朝鲜人。还有一些其他国家的公民。

问：在蒋介石政府当政时，同样的走私——也存在鸦片销售，地下进行的鸦片销售，是吗？

季南检察官：反对这个问题，因为这显然不在宣誓证词和证据的范围内。

韦伯庭长：当然，那样的事差不多已是尽人皆知。反对有效。

问：今天上午，在回答清濑博士的问题时，你说有关参与禁烟委员会的日本特派委员的英文翻译不正确，并用了一个中文或是日语名词代替。你能告诉我们那个词是什么吗？

韦伯庭长：你是要他在重复回答一遍或是重复部分回答吗？

弗内斯辩护律师：不是，阁下。我只是想查出那个词的英文意思。

韦伯庭长：他对英文不熟练。

季南检察官：庭长先生，我之前的理解一直是该证人不讲英文，但辩护律师对该证人似乎比我们要了解更多；如果他们告诉我们说他们知道证人的确可以讲英文，我也不会太惊异，因为显然并不合适由他来告诉我们英文意思是什么，除非他懂这个语言。

弗内斯辩护律师：我知道他不讲英文；但我想当他说出日语名词时，翻译也许能把它译为英文。

韦伯庭长：少校，我不认为你在这一阶段很认真地对待自己的交叉询问。但是请为我们考虑一下；我们没有这些时间用来浪费。

到目前为止，你已经让证人对他宣誓证词的几乎所有内容，如果不是全部内容的话，都解释了一遍，除此之外，他好像没有太大作用。

弗内斯辩护律师：（继续）

问：日本政府是否采取任何措施去治愈鸦片吸食者的毒瘾？如果有的话，是什么？

韦伯庭长：鉴于该证人在证人席上的表现，可能不值得对他交叉询问这些事情。

弗内斯辩护律师：只剩下一个问题了。

问：是在兴亚院建立了一般性政策后，关于鸦片的管理工作是否属于该地区军队指挥官的管辖范围内？

答：有关鸦片的一般管理工作由该地区的中国政府负责。关于鸦片的政策由兴亚院与现场的日军总部协商后决定；然后，在双方达成协议后，将把政策转交给当地中国政府执行。

问：你的出庭传票是否要求你今天上午 11 点时出庭？

答：我原先是打算 11 点钟来，但我不知道是要我直接到法庭上，还是仅仅是传我过来进行一些预先的询问。

问：但是传票说的是 11 点出庭，是吗？

答：它只说了 11 点钟到 38 号房间。

韦伯庭长：还有其他的交叉询问问题吗？

首席检察官先生。

再次直接询问（由季南检察官询问森冈皋证人）

问：你已经阅读了证据文件 401 号？

答：我刚才浏览了一遍。

问：上面是否有你的英文签名吗？

答：是的。

问：你是自己签的名，还是别人替你签的？

答：我自己签的。

问：文件 401 号——证据文件 401 号——上是否有你的中文签名？

答：是的。

问：也有日文的吗？

答：这是我第一次见到日文版本。在今天之前我并不知道有日文版本。

问：我没有问你日语翻译的问题，因为日语或英语的翻译是属于法庭更正工作的事情。我问的是如果你在401号文件上签了名,这份文件本身是中文的——你的签名用中文还是用日文?

答:我用日语签的名。但日语文字与汉字的写法是一样的。

问:现在摆在你面前的证据文件401号共有多少页纸?

答:三页。

问:你在那份文件是用英语和日语或中文共签名多少次?

答:我在每一页上都签了一次。

问:请注意文件最后一段,我引用如下:"我自愿作出上述声明。"在你所说的三次签名前你读了这句声明吗?

答:是的,我读了。

问:你是否理解它的意思?

答:是的,我理解。

问:它是否是真实的?

洛根辩护律师:如果法庭允许,除非检方问这些问题的目的是为了指责他们的本方证人,否则我们反对这些问题。

季南检察官:庭长先生,如果在交叉询问过程中提出的很多问题的目的——如果有任何目的的话——是为了显示出该证人对自己所过说的话存有困惑,我们希望能表明他是自愿作出这些陈述的。而且那只是一个问题;还有一、两个问题是为了说明签名是自愿的,经过了认真阅读,而且对事实进行了正确无误的记录。我相信,这一点已由辩方提出了质疑,至少被暗示过。如果他们同意不再关于这一点进行争辩,我们当然也愿意不再就此提问更多问题,以缩短审判过程。

韦伯庭长:首席检察官先生,据我看困难在这里。如果他对那个问题的回答是"不",根据中国的法律,他将自证有罪,因为他在那里作了伪证。

季南检察官:尊敬的庭长先生,这不是提出反对的理由,而且我建议,为了遵守法庭规定,我们也许——证人将被告知,他不必回答任何可能会证明自己有罪的问题，但除此之外，我们希望能听到对有关问题的回答。

韦伯庭长：那么还有另外一个反对理由。你事实上是将他看作是敌意证人，但他还没有被宣布为此。

季南检察官：尊敬的庭长先生，那并不是我们询问的目的。我的理解是，也许并不正确，就是辩方代表着该证人的观点对宣誓证词提出了质疑，因此我满怀敬意地建议，围绕着他出现在本法庭这一很不寻常的情况，也许，检方也可以有一些自由度来——

韦伯庭长：那么，严格来说，这是一个新问题。它不是在交叉询问过程中出现或由于交叉询问而要求回答的问题，而这样的问题只有在本法庭的允许下才可以进行提问。毕竟，针对那个问题的肯定回答会给交叉询问带来什么实际价值吗？本法庭不是根据他对一个比较正式的问题进行简单的"是"或"否"回答，而是要根据交叉询问的本质和效果来做出决定。但是，我只代表我的个人意见，法庭的多数意见也许会允许你提问这一问题。

季南检察官：庭长先生，我认为那个问题的重要性不值得花费这么多时间，所以我撤销问题。

季南检察官：（继续）

问：森冈皋先生，你最后签名的文件和签名之前的版本相比有什么变动吗？

答：有一两处更正。还有几个地方的中文和日文意思不一样，我认为总体而言宣誓证词是正确的，所以就没有进行更多修改。

问：这些更正是在你签名前根据你的建议进行的吗？

答：我——这些更正——有一些更正——我用自己的笔作了一些更正。还有几个地方的中文意思和日文意思不同，但我当时没有进行任何改动。

例如，我已提到的宣誓证词的第 4 段，自从 1937 年中日开战后，日军统帅,也就是,寺内将军、杉山将军、多田将军和冈村将军,全都强烈要求在中国进行这场战争。但是对美国和英国的战争是由东条英机提出的。这些文字,正如我所指出,萨顿先生自己也知道——当时询问我的问题和回答并不是这样的。当时的问题是,"谁对太平洋战争负责?"我简单回答说,"东条英机。"又问到关于中国事变的问题,当时的问题是,"谁对中国事变负责?"我回答,"近卫"。

我发现——后来我看到了中文文本——使用了如下词语,"要求"和"提出",但现在回过头再想,我发现如果使用这些词语,就会有一个关于他们是什么时间要求这些事情的问题。

季南检察官: 有没有什么办法能切断这个长篇大论?

韦伯庭长: 我们将暂时休庭15分钟。

(14:45休庭,直到15:00重新开庭。)

法庭执行官: 远东国际军事法庭现在继续开庭。

季南检察官:(继续)

问:你面前摆着的证据文件401号只有中文版本,是吗?

答:是的。

问:关于日语和英语翻译文件,你在今天出庭前是否见到过它们?

洛根辩护律师: 如果法庭允许,这个问题已问过该证人,而且他也回答了。

季南检察官: 我不记得曾经问过,庭长阁下,我只知道事实情况是当采集他的证词时,只给了他中文版,但即使这个问题可能会有重复——我希望它没有——证人可以回答一下这个问题进行澄清吗?

韦伯庭长: 是的,因为我自己也不记得是否提问过。

季南检察官: 我可以重复一下问题以免让证人感到困惑吗?

韦伯庭长: 可以。

季南检察官:

问:你在今天出庭前是否见到过证据文件第401号的日语和英语

翻译件？

答：宣誓证词的日语文本，当清濑博士交给我时我看到了——今天上午我在证人席时交给我。至于英语文本，我还没有完整地见到过。就在我进入这个审判庭前，我注意到在美籍辩护律师桌子上有宣誓证词的英文版本，但我没有读。

问：因此你所进行的更正仅仅是对证据文件 401 号的中文版本，是吗？

答：仅对中文版本。我是在北平进行更正的。

问：最后一句声明如下："本声明由裘劭恒先生记录，我已阅读了记录并自行确认其内容真实无误。"在你签署证据文件 401 号前，文件中是否包含这句声明？

答：是的。

问：那句声明是真实的吗？

韦伯庭长：你之前已撤销了一个类似的问题，首席检察官先生。它真的不值得花费时间。

季南检察官：庭长先生，我们已经被问过——已声明该证人还未被宣布为敌意证人。检方也不会随意宣布证人为敌意证人，除非我们相信在某种情况下证人已提供假证或是藐视法庭。然后，只有在然后，我们才会宣布证人为敌意；再之后我们会要求暂时停用证人，直到进行了充分调查，以公平公正和本法庭尊严为原则，确定是否环境不允许采取适当法律程序。这也正是我们打算在本法庭要做的事情。

韦伯庭长：这将由法庭来宣布。在澳大利亚，我想，所有的英国司法管辖地区，都是由法庭来宣布敌意证人的。

季南检察官：在我们的司法管辖权下，这通常由提供证人的一方提出质疑并进行宣布。我不认为这有很大的区别。

韦伯庭长：我要说的是，首席检察官先生，你不仅仅让该证人对交叉询问中回答进行了解释，还直接对这些回答提出质疑。事实上，你是在说,"你是在说谎吗,既然你在宣誓证词中不是已声明了你的证词是真实的吗?"我们必须看到事情的本质,而那毫无疑问是你的态度。当然,在再次本方询问时宣布证人为敌意并没有很多必要,因为你可以主导这个过程中;但当你问一个证人他在宣誓证词中的叙述是否真实时,你事实上是在质疑他的诚实。换言之,你是在驳斥他的可信度。

季南检察官:庭长先生,我想,如果仔细读一下我已提问题的法庭记录就可以得出结论,我正在努力从这个证人的表现来判断他是否有过错。我知道这个询问的目的是什么。我可能表达得不明确。我无法反对法庭按照自己认为适合的方式来理解我的话,但是我要对法庭所说的我的目的提出反对。我现在没有打算驳斥该证人的可信度。我正在试图确定他是否应该被驳斥。我希望知道他对自己所签的文件是否理解。

韦伯庭长:我只是简单听一下你要说什么,然后交给我的同事们来表态。如何裁决对我而言并不重要。我只能根据自己的理解陈述一下法律和通常做法,我不想在本法庭上引起任何过激的讨论。

季南检察官:庭长先生,检方从未说过该证人说谎,或是对任何证人使用过侮辱性的语言,无论是该证人还是其他证人。我正试图查明该证人是否理解他所签字的文件,因为辩方已直接地,至少是间接地,指控说证人对所签署的文件或其含义存在一些疑问。

韦伯庭长:关于"……是真实的吗"问题,本法庭多数意见认为反对有效。但你可以问,"你对要求你签名的文件是否理解?"

季南检察官:庭长先生,我是否正确理解了法庭裁决,是反对有效还是反对无效?

韦伯庭长:针对你问证人"他做的什么事是真实的吗?"这类问题,反对有效。

季南检察官:当然,我应当执行法庭的裁决,但我满怀敬意地请求允许我提醒法庭,在以往的每一次,当一位证人提供了宣誓证词,在本案中还被采纳为证据文件,而且之后证人出庭作证,通常都会允许并且也是惯例向证人询问他是否签署了该宣誓证词且证词是否真实。我们之前没有机会来做这件事。我们现在已经背离了常规的法庭程序,但是我还是会遵照法庭的裁决。

韦伯庭长: 现在的情况完全不同于你所提到的以往情况。以前没有提出来问题。没有提出反对。而且,以前对证人的诚实也没有疑问,没有争论。但现在这个问题被尖锐地提出来,我们就必须做出裁决。

季南检察官: 换言之——

韦伯庭长: 但我们同意你可以问证人,他是否理解要求他签字的文件?

季南检察官:

问:关于证据文件第 401 号,当你在北平签署之前你是否认真阅读并理解它?

答:当时已经超过了凌晨 1 点。我读了中文版本,见它整体符合我所说过的话,于是我就签了。

问:我是否可以理解为——更正一下——法庭是否可以理解为,森冈先生,根据你的回答,你的确理解了文件内容,或是你不理解它?

答:请理解为我的确是理解它的内容——文件文本的内容。

问:你与萨顿先生三月份在北平进行了会谈,在这次会谈之前你是否关于此事会见过其他人?

答:没有。

问:那次会谈是在同一天或同一晚进行的吗?

答:检方在晚上 10 点来到我家,我记得询问是在第二天凌晨大约 1:30 结束。

问:从那天起至今天出庭,你是否见过检方的任何人?

答:没有。

问:从那天起至今天出庭,你是否与检方的任何人有过书信往来?

答：没有。

问：当你回到日本后，什么时间又首次听到有关这件事？

答：今天早上在进这间审判室前，我先去了一个美籍辩护律师的办公室，才首次又听到这件事。

问：哪个辩护律师？

答：在你左边的那位。

问：在我左边有好几位。是弗内斯少校吗？

答：是的。

问：你是如何正好去到他的办公室的？

答：昨天，我从当地警察局接到一个通知，要求我今天上午来前军部大楼的38号房间。不久后，清濑博士派来了一个信使，说他把我的地址提供给了别人，所以想要确定一下这是否真的是我的地址。我告诉他，这个地址和他给出的是同一地址，并且我已收到警察局的通知。

语言监督官：然后信使就回家了——回去了。

答：（继续）大约上午8点我离开——我想是在今天上午大约8点，由于我不知道被传唤的原因，而且既然清濑博士派信使来确认我的地址，我就在来军部大楼的路上顺便去拜访了清濑博士。当时他正准备动身来军部大楼，所以我就和他一起来了。

问：你从清濑博士的信使那里听到了什么，是在早晨的什么时间？

答：我去清濑博士家——我在今天早上8点左右拜访了清濑博士的住所，但我不记得信使是什么时间来的——信使来的确切时间。

洛根辩护律师：如果法庭允许，我们反对首席检察官在此继续就这个方面提更多问题，理由是它不是——他现在询问的问题不在交叉质询的范围内，而且我们认为这些问题在试图攻击该证人的可信度。

季南检察官：庭长先生，辩方最初提出了仅仅提供宣誓证词但不传唤该证人出庭是否恰当的问题，至少是进行了强烈暗示。我们正在试图查明，当该证人接到传票出庭时他却出现在辩方律师办公室这一情况的来龙去脉。我们已经听到了清濑博士的解释,但现在检方对这种解释是否准确并不十分满意。而且,庭长先生,我们现在已经开始严重怀疑,该证人在从提供宣誓证词到出现在本法庭之间的这段时间已改变了他的观点,我们希望在法庭伦理允许的前提下,对引起他的观点和立场转变的原因进行尽可能全面的询问。

韦伯庭长:现在,立场已经非常明显。检方在质疑本方证人的诚实或可信度。现在唯一留下的问题是弗内斯少校是否应受到处罚。我们必须听一下他本人的观点。我们不希望有任何这些节外生枝的问题。我们原本已经有太多的问题需要决定,但如果有必要,我们将对他进行处罚。

季南检察官:庭长先生,根据《远东国际军事法庭宪章》赋予检方以及我本人作为首席检察官的神圣职责,在我看来该证人非常明显地发生了立场改变,我认为对这件事进行调查是我的职责所在。

韦伯庭长:我们关注的第一件事是证人的可信度,关于这一点你几乎已经完全摧毁掉了。我们关注的第二件事弗内斯少校的行为。如果你们希望对此进行调查,我们就将开展调查。

季南检察官:庭长先生,怀着对法庭的深深敬意,如果法庭可以容许我说这些话,以前我作检察官时,我的习惯和经验是对这样的事情提出指控并进行调查。现在我没有提出指控,但是在我看来他明显是转变了立场,我正在询问该证人有关这件事。我相信,法庭并不希望催促检方进行指控,但我也非常确信法庭同样迫切希望知道关于立场转变的所有细节。我是以客观的角度来问这些问题。我从来没有提到过弗内斯少校的名字。我并不为这些事实负责,但我应试图——

韦伯庭长:你没有提到弗内斯少校的名字,但证人在回答你提问时说了出来,首席检察官先生。我认为,如果我可以提出一个建议的话——我希望能得到同事们的支持——证人现在离开证人席,我们也不再提关于弗内斯少校的事了。

季南检察官：如果我们这样做，庭长先生，法庭记录会显示，他的名字是由证人提出来的，然后庭长进行了评论，这都不是我做的。

韦伯庭长：由于检方对待证人的态度，不可能根据这名证人未经证实的证词对弗内斯少校进行指责。

弗内斯辩护律师：你没有必要对任何事进行解释。

弗内斯辩护律师：如果庭长阁下允许，我不喜欢受到任何暗示，指控我试图去改变该证人的立场、影响他的证词或是提出任何在我看来不是完全真相并能接受考验的事实。我做出以上声明，目的是使这个声明记录在法庭实录中。

季南检察官：我希望法庭实录显示，有关任何美籍律师在本案中的不当行为，检方没有提出指控。

韦伯庭长：证人可以按惯例离开了。

（随后，证人退席。）

索　引

A

阿丰（Hai Feng）公司　320
阿拉善　19
埃尔廷　370
埃及　268,269,271
爱新觉罗氏　141
爱知银行　250
安东县（安东）　51,153,246－248,254,255
安徽省（安徽）　203,343－346,348
安藤市三郎（音）　227,228,274,310,333,359
安田信托公司　250
安田银行　250
奥蒂斯·E.马利肯　378
奥尔科特　376,377
澳大利亚　399
澳门　327,329,330,345

B

巴加区（译音）　45,47
白粉　270,316,317
白井　226
百老汇大楼　348

坂田修一　58
坂田组　297,298
板垣征四郎（板垣）　58,152,154－157,159,160
板垣组　299
浜口　179,183,184,189
保加利亚　140
保罗·W.迈耶　306
保罗·雅普　319,320,322－324
鲍曼　18
北城门外　233
北戴河　232
北伐军队　162
北冈　203
北海道　59
北京大学　228
《北京条约》　94
北满　85,170
北满铁路　170,171
北平（北京）　4,7,8,10,11,17,20,21,26,28,86,89,91,152,162,167,224－226,228,230－232,258,268,285,287,295,302,303,307－311,313－315,334,375,378,387,389,399,401

北平东站　232

北平禁烟分局　316

北平使馆区　7,9

北平信义栈　312

贝茨（M. S. 贝茨）　12,61,62,240,244,376

贝满中学　231

本田祯助　308

本庄繁（本庄）　54,134,135,186

币原　166,168

滨口内阁　178

滨田　348

波斯红鸦片　320

波斯鸦片　319,320,323,337,338,342,343,345,350,352,358

伯蒂尔·A. 伦堡　371

泊镇　302

博士庄村　226

布雷克尼　191,192

布鲁克斯　3,29,30,33,34,37,71,108,110,113,118,173-175,192-195,219-221,311,312

C

财政整理委员会　43

参谋本部第二部　105,110

仓富　133,141

曹家渡　203

曹玉成　367

察北六县区　300

察哈尔盟　19

察哈尔省（察哈尔）　17,18,23,25,275,276,297-299,301-303,337

察右四旗　19

昌图县　252

长春　43,48-50,58,59,75,253,254,264

长崎　335

"长崎丸"号轮船　335

长沙市　214

长绳　234

长尾　56

常滨乡　308

常设中央鸦片委员会　369-371

巢鸭监狱　237,299,349,355

朝西庵　233

朝鲜　4-6,8-10,50,63,73,74,160,171,190,195,206,222,224,225,230,240,247,253-255,259-263,271,275,276,303,305,307-309,316,333,340,362,368,369,371,374,394

朝鲜军　155,171

朝鲜军队　75

朝鲜鸦片　246,262

朝鲜银行　250

朝鲜总督府　75,261

朝阳川　73

潮州　321

陈长福　319,320

陈公博　367

陈绍妫　344

陈思齐　328

陈亚清　210-212

陈裔生　344

承德　58,273,276

程蓝珊　323

《惩戒麻醉毒品犯罪者暂行条例》
　333

出渊　138

川崎第一百银行　250

从化　330

村冈　151

D

达西　68,71－74,76,77,79,147－
　150,156,158,160,161,165,166,
　170,172,173,175－183,185,187－
　198

大川周明（大川）　56,59,64,67,193,
　237,299,364

大道口　246

大道市政府　336

大东沟　246

大东亚部　341

大连　56,57,59,66,67,69,75,77,
　78,269,271,275,276,298,303,342,
　345,362,376,377

大连海关　68,70,77－79

《大陆报》　376

大陆政策　28

大满公司　297,345

《大青岛报》　306

大日本帝国　114,124－126

大日本帝国政府　122

大同　48,80,138

大同报　131

大卫·尼尔森·萨顿　200

大西　226

大西关　253

大新京日报　131

《大亚细亚》杂志　59

大原信一　59

大正街　253

德王　19

德国　30,145

德国法庭　42

德化　19

德军潜艇　358

德鲁姆赖特　332

地安门　231

地方自治行政机关　46

地方自治执行委员会　46

帝国大学　42,56

帝国航空政策　75

帝国政府　74,75,101,116,120,133

第二次长沙战役　214

第三次华北处理纲要　37,38

滇缅公路　2

调查团报告书　84－86,89,90,94

丁超　45,47

东北　43,46,47,51,58,70,133,297,
　305

东北文化月刊　48

东北行政院　47,50

东北政府　44

东城　10

东城前门　228

东丰县　252

东丰县警察局　252

东宫　156

东京（东京都）　1,9,12,19,20,42,
　54,56,59,61,83,111,123,153,156,
　164,175,185,190,200,236,250,
　260,261,283,287,288,290,295,
　298,310,311,334,335,338,347,
　354,355,362,363,365,372,378,389

东京参谋本部　155

东京政府　83

东鹿　303

东三省（东北三省）　51,85,86,151,
　161,181,182,196,264

东条英机　310,311,334,382,383,
　386,388,398

东条英机内阁　365,366

东莞　328

东乡茂德　172

东亚　28,56,60,101,116,133,134,
　136,143

东亚同乐分社　308

东亚同乐社　308

东亚新秩序　326

东洋开发公司　2

董子连　335

栋居　260

毒品　6,7,10,201,202,205 - 208,
　225,245,247 - 249,264 - 266,269,
　271,280,284,296,299,300,302,
　303,305 - 309,316 - 319,321,322,
　324,328 - 330,332,333,335,345,
　361,362,367,369 - 371,373,376,
　377

毒品贩卖　200,201,283,285,372,
　374,378

毒品工厂　6,8,276

毒品交易　5 - 7,10,201,206,325,
　333

毒品贸易　210,240,295,318,332,
　357

独立派运动　43

独立运动　45,46,49,52,57,58,64,
　65,96,140

杜起云　319,337

对德通商协定　145

对华战争　382

对满金融审议员会员会　116

敦化　73

多门中将　44

多田　310,382,398

E

俄国　22,94,170,172,269,271

俄语哈市时报　131

F

法租界　286,342,377

番禺　328,330

凡勒拉　89,90

反吉林军　45

芳泽　162

防共协定　143,144

凤北路　234

凤城 246-248,254

"凤山丸"号 319

奉天 42,44-46,48,50,57,58,67,75,82,150-158,163-165,167,170,172,178,180,184,185,188,193-196,253,257,258,264,266-269,273-276,279

奉天步兵兵营 154

奉天领事馆（奉天总领事馆） 150,156,195,196,282

奉天陆军特务机关总部 151

奉天日日报 131

奉天省 44,46,50,57

奉天事件 158,169,183,191,192

奉天特务机关 67,151,153,159,176

奉天自治政府指导局 57

佛山 328

弗吉尼亚律师协会 200

弗内斯 13,14,16,22,23,36,37,62,102,110,111,119,161,164-172,176,314,338,354-356,380,381,386,388-395,402-404

福本 77

福冈县（福冈） 234,354,355

福建叛乱 337

福建省 319

福建省鸦片专卖局 318

福建自治委员会 321

福民堂 328,329

福州 320-322

府城 233

富家店颇朵而 269

富家店市 269

富勒 263,266,268,270,285,335,362

G

甘肃 21,297,298,301,345

冈村 310,382,398

冈田启介（冈田） 136-138,141,142

高见胜 227

高柳贤三 290

高桥 214,359

高桥荣吉 214

高桥是清 55

高阳县 226

高阳县王家坨村 226

戈尔曼 243

各国领事调查团 84

公府师 253

公共租界 203,204,206,207,283,286,333,342,377

公民权利保证法 80

公爷处 253

宫岛 362

宫崎 19

共产党 222

共产党军队 309

共产党员 227

共产主义 143,210

共和政体 49

古庄干郎（古庄） 130

固安 302

关东军 46,54,58,59,75-77,79,

91,105,106,110,111,115,132,135,
142,145,147,148,152－159,165,
171,182,185,190,195－197,249,
274,331,347

关东军参谋长　105,130,142,144－
147,249

关东军司令部　83,103,151,155,165

关东军司令官　54,76,79,106,114,
134－136,143

关东军政治部　57

关东军总司令部第四部　46

关东州　79,111,151

关东州问题　80

关东州租借地　69

关东专卖局　261

关东租界地　261－263,274,275,339

关玉衡　159

官海亭　311

广东省（广东）　137,232,233,325

广田弘毅（广田）　21,24,29

广西省　233,235

广州市（广州）　287,327－331

贵州　263,337,345

桂北路南段　234

桂东路　234

桂林市（桂林）　233,234

郭余三　311,312,314

国策基准　25,28

国际检察局　14,15,18,24－26,28,
29,34,37,39,55,68,72－74,76,
77,79,100,102,105,110,113,123,
127,130,132,142,144,146,148,

211,213,215,240,250,338,364,378

国际检察局档案部　15

国际检察局驻日盟军最高司令部　14

《国际禁毒公约》　370

国际联盟（国联）　22,78,84,85,87,
89,90,94－98,100,101,133,140,
192,207,208,241,263,274,332,
335,337,369－371

国际联盟理事会　140,196

国家创建委员会　49

《国家建设债券规定》　250

国家主义　56,58

国联大会　84,87,94－96,101

国联调查团　95,140

国联顾问委员会　341,360,362

国联关于鸦片与其他危险药品走私顾
　　问委员会　241,282

国联会员国　92,97,98,100

国联决议　87

《国联盟约》　87,96,98

国联特别委员会　89

国联行政院　97

国联鸦片委员会　208

《国联章程》　101

国民党　47,58,154,161,184

国民党军队　228

国民政府　17,18,95,167,261,295,
315,377

国权恢复政策　172,184

国土合作防御　107

H

哈尔滨公署　45

哈尔滨日日报　131
哈尔滨市　269,374
哈尔滨市政府　374
哈尔滨特区紧急委员会　45
哈尔滨之暴变　47
哈罗德·弗兰克·基尔(哈罗德·基尔)　202,207,360
海城　154
海德尔　12-16,18,19,24-26,29,34,37-39
海老　226
海洛因　6,7,200,206-208,225,245,248,256,265,268-272,275,276,283,285,297-299,303,305,306,308,309,314,316,317,321,323,330,335,336,345,367-369,373-377
海洛因烟馆　208,269,270,283,308
海洛因药丸(海洛因丸)　325,329
海牙公约　360,361
韩复榘　18
汉堡　339
汉城　259
汉口　296,303,310,323
汉默　201,317,318,322-327,330,332,334-339,341-349,351,352,354-360,362-365,368-372,374,375,377,378,384
豪克斯赫斯特　199
何杰才　341
何应钦　17,18
河北省当局　17

河北省(河北)　17,18,25,91,215,216,218,220,221,223,225,226,228,230-232,302,308
河北省政府　226
河本大作　152
河边　2,3,233
河南省　341
贺幼吾　336
黑龙江省(黑龙江)　44,45,47,49,50,58,82,251,253,254
黑田　139
黑田重德　238
亨利·溥仪(溥仪)　50
横滨正金银行　250
横尾　226
弘报委员会　130,132
弘报协会　131
红丸　206,283,322,325
宏济善堂　204,346,350,355,365,367
鸿池银行　250
后藤　141,142
后藤文夫　141
呼伦贝尔　45,47,48,81
胡世泽(胡博士)　283,284
湖北　213,221,345
湖南省　214
花谷　152-155,157
华北处理纲要　26,29
华北当局　17
华北独立　39
华北分治　35

华北(华北地区) 17,18,20,21,25－29,35,36,38－40,95,145,152,190,201,206,224,227,228,231,240,275－277,282,285,286,288,289,295,296,299－303,307,310,318,317,326,340,361,373,383,385,389

《华北日报》 20

华北特别警察队 226

华北政权 35,38,39

华北政务委员会 225,383,385,389,390

华北指导方案 39

华北中国政务委员会 384

华南(华南地区) 201,286,288,289,296,318－320,332,340,361,373

华盛顿 98,245,256,260,272,279,303,305,306,326,327,370,372

华盛顿会议 94,173

华中(华中地区) 201,206,287－289,296,332,340

荒木贞夫(荒木) 52－54,79,102,133,138,139,287

皇城(靖江王府) 235

黄郛 17

黄翔琪 321

惠安 321

惠阳 233

霍华德·埃尔廷 370

霍纳迪 272,377,378

J

及川源七 286－288,290,292

吉本斯 243

吉敦延长铁路线建设 73

吉林城 49

吉林省(吉林) 44,45,47,49,50,58,82,156,251,252,254,273

季南 378－380,385－388,390－404

济南 21,151,161,162,225,296,303,305,375

济南事件 162,180

济宁 304

冀 17,26

冀察 27,35

冀察绥靖公署 224

冀察政权 36

冀察政务委员会 18,26－28

冀东 27

冀东防共自治委员会 17,18

冀东防共自治政府 18

冀东自治政府 27,36

加藤 227

嘉义地区 359

贾仁 238

间岛 75,76

建川美次(建川) 153－155,184,185

"建国"会议 19,20

"建国"宣言 133,160

江苏省(江苏) 21,203,211－213,343－346,348

江西 345

姜震瀛 223,224

蒋介石 151,152,162,180,202,337

蒋介石政府 181,385,389,394

交河县 226
交河县政府 226
结城丰太郎 251
戒能 175,176,290,292
戒烟局 347
今井 185
金泽市 150
紧急委员会 42,45
锦州 42,43,52
近卫 82,382,398
《禁毒条例》 283
《禁毒治罪暂行条例》 202,332
《禁烟法》 202
禁烟局 203,306,311,313,347,348,367,376
《禁烟条例》 367
禁烟委员会 225,347,384-386,390-392,394
《禁烟治罪暂行条例》 202,332,333
禁烟总局 343,344,348
《禁止鸦片和其他药品最终协议》 240
《京城日报》 260
井上 384
《九国公约》 94,98,100,137
九一八事件（9月18日事变） 52,95,101
酒井由夫 290
局子街 73
菊地 264,266,267
聚宝街 246
军事委员会北平分会 17

君主制国体 19
君子互助协议 23

K

开罗 271
《凯洛格-白里安非战公约》（《非战公约、巴黎公约》） 86-88,98,100,189
抗日爱国者敢死队 228
科尔 89,113
科伦坡 358
可卡因 241,276,345,359,360
克莱曼 141,142,186-190
孔符石（音译）土堆 267
宽城西土地村 236
傀儡政权 17,155,197,202,300,301,319,327,343,365
昆明 2

L

兰登 259,260
老挝 283
乐群路西段 234
漓江 235
李顿 90,140,141,192
《李顿调查团报告书》（李顿报告书、国联调查团报告书） 41,42,53,80,87-89,98-100
李锦明 213
李鸣 349,352
李绍庚 146
李始吾 349

李守信　19,299

李子园　234,235

里奥·坎德尔　314

里见甫（里见）　291,349,351,352,354,367

卢埃林　20,22,23,62,108,110,111,113,114,117-119,121,123

丽泽门　234

枥木县足尾町　56

笠木良明（笠木）　55,56,59,62,64,67

联合国战争犯罪委员会　210,211,213

联合国战罪委员会远东及太平洋分会　238

联合会盟约　86

联盟理事会　69

梁菁　231

梁璐　231

两洞村　232

两方悬案　95

辽宁省地方政府　44

辽宁省（辽宁）　42,44,57,91,246,245

辽宁省自治公署　43,44

辽宁自治公署　44

列文　61,68,72,76,110,149,150,205,208,209,277,278,292,293

林久治郎（林）　59,141,150,155,159,160,227

林鲜　47

临时辽宁省政府　44

临时政府　285,295,310,383

灵川　234

铃木美通（铃木）　151,176,234

铃木贞一　175,176,290

菱刈　118

领事法庭　4,205,335

领事警察机关　8

刘得山　210-212

刘钧儒　236

刘省三　308

刘耀华　215,216

刘子健　14,15

刘自然　233

柳川平助　105,108,290

柳川铁藏　335

柳条沟事件　159

龙井村　73

龙珠路北段　234

娄沙（音）区　333

卢沟桥　224

卢沟桥战争　225

陆军大臣　25,76,79,108,133,179,185

陆军方面对华北问题的处理纲要　24

鹿子木员信　56

鹭通公司　318,320

旅顺　50,151,155,165

伦敦　202,211,212

罗素·帕沙　268,270,271

洛根　31-33,53,102,127,128,198,213,238,311,316,356,396,398,402

M

麻醉毒品　4,5,199,200,224,225,243,246,247,249,255,274,276,296,299,311,320,332－334,337,345,361,368,369,373

麻醉品　200,201,224,240,242－245,247,253,255,256,258－261,264,265,269,271,273－276,279－283,285,288,295,332,335,341,357,360,362,363,367,368,373,376－378

麻醉药品　242,246

马家胡同　308

马将军　47,48

马可波罗桥事变（卢沟桥事变）　310,313

马连洞　246

马尼拉　373

马占山　45,47

吗啡　6,7,9,10,200,206,241,242,245,247,248,255,256,265,267,268,272,276,299,314,316,321,323,330,345,357,369,374,377

迈尔斯・M.S.　331

麦克科马克　142,176－180,182－185

麦克马纳斯　6,53,79,102,200

麦克尤恩　347

麦肯锡　40－42,49,53－55,64,66,68,80,89,100

满　2,8,17,26,28,29,35,38,39,49,52,54,68,70,75,76,78,80,83,86,96,100,104－107,111－123,126,128－130,132－141,143－147,151,152,154,158,172,174,178,181,182,187,191,196,204,229,247,257,260,263,266,268,283,284,304－306,343,353,362,397,400,403

满德友好条约　144

满蒙航空权　74,75

满蒙青年同盟会　50

满蒙日报　131

满蒙实行案审议委员会　126

满蒙新"国家"　70

满铁抚顺煤矿　129

满铁附属地　63,80,111

满洲　12,22,23,42,43,46,48,51,52,54,55,57,58,63－67,69,75,77－86,91,93－96,99,100,102－106,109－111,113－117,119－121,123,126,128,129,131,132,136,137,139－141,144,150－155,157,159－161,166,168,169,171－173,176,178,179,181,182,185－187,189－191,193,195,196,240,245－247,250－257,260,261,264,265,267－269,271,273,277,279,282,285,297,337,340,345,347,348,374

"满洲帝国"　63,122,124－126,191

"满洲帝国"政府　122

满洲电信电话事业的阁议决定　111

满洲改革后的禁烟禁毒政策　279
"满洲国"　18,19,27,28,35,39,41,
　　46,50－52,55,56,58,66,67,69,
　　72－83,86,88,89,91,93,95－98,
　　100,101,103,105－108,111－120,
　　122,124－141,143－147,160,161,
　　181,182,184,186,187,196,201,
　　245,248,249,251,253,255,258,
　　262－264,266,272－277,279,282,
　　337,339,340,360－362,369,374
"满洲国"裁判管辖权　124
《"满洲国"事务委员会条例》　251
"满洲国"交通部　51
"满洲国"通讯社　131
"满洲国"统治者　54
"满洲国"鸦片专卖公署　272－276
《"满洲国"鸦片专卖公署的组织、活动和
　　1937年"满洲国"的鸦片情况》　272
"满洲国"鸦片专卖局　254
"满洲国"元首　54
"满洲国"政府　51,52,75,80,86,89,
　　96,103,111,123－126,129,130,
　　134,135,250,251,254,261,273,
　　274,347,348
"满洲国"执政　50,134,135
"满洲国"指导纲要　105,108
满洲海关　69,77
满洲青年联盟　58,64
满洲日日报　131
满洲事变　54,57,60,63,75,133,
　　135,161,173,177,185,190－192,
　　246－248,297,310,319

满洲事件　41,170,189
满洲鸦片　282,345
满洲政策　157
满洲之政变　45
满洲制铁所　56
满洲"中央政府"　264
满洲重工业确立纲要　127,128
曼茨　371
梅思平　364,365
梅兹　78
煤渣胡同　228
美国法庭　32
美国国务卿　325,327
美国（美）　8,9,13,28,61,89,92,
　　106,137,138,140,149,162,164,
　　193,201,240,243,244,251,257－
　　260,263,269,270－273,276,279－
　　282,285,298,303－306,310,320,
　　322－325,328,331,332,335,336,
　　342－344,346－348,352,357,359,
　　369－371,373,376,378,382,383,
　　398,399,402,404
美国使馆　10,372
美国远东传教机构　231
美国政府　138,241－243,373,374
美国驻奉天的总领事馆　282
美国驻广州总领事　327
美国驻南京大使馆　375
美国驻日内瓦领事　370
美国驻上海总领事　323,332
美国驻天津总领事　374
美国驻厦门领事　325

美利坚合众国　287

门户开放机会均等原则　178

盟军最高司令官　13,15

蒙古　19,20,22,24,27,45-47,50,
　　58,81,139,288,293,296,301,302,
　　316,365,367

蒙古国　19,126

蒙古国会　19

蒙古人民共和国　22-24

蒙古特别自治区域　50

蒙古行政公署　48

蒙古鸦片　350,351,366

蒙古政府　288,366

蒙疆公司　313

蒙疆协会　316

蒙疆鸦片公司　313

蒙疆银行　301

蒙疆政府　289,366

蒙疆自治政府　365,366

蒙政会　19

缅甸　2

民国政府　44

民政党　176,179

摩尔　87,109,110

莫洛　200

木户　127,128

木户幸一　127

木下政市　231

N

纳尔逊·特拉斯勒·约翰逊　258

南北两市场　253

南次郎　142,176,179,185

南海　328,359

南弘　142

南京　12,28,69,70,78,162,167,
　　200,210,290,319,343,344,350,
　　364-367,375,376,389

南京安全区　12

南京国民政府　39,290

南京沦陷　199

南京市政府　376

南京事件　162

南京屠杀　200

南京政府　28,35,38,47,58,70,77,
　　143,288,290,366,368

南京政权　28,35,364

南京中央政府　44

南满　75,83,85,94,98,127,253,264

南满洲铁道　122,125,151

南满洲铁道附属地行政权　122

南满洲铁道株式会社（满铁）　56,57,
　　60,64,69,73,74,83,125,129-
　　132,159,161,163

南台　322

南翔　213

南阳　73

楠本　203,353

内蒙古（内蒙）　27,19,45,94,148,
　　153,155,196,275,365-367

内田　137

内田伯　163

尼克尔森　243,244,256,257,272,
　　297,320

鲇川义介　130
宁晋县　215
宁夏　21
纽伦堡法庭（纽伦堡）　32,33
纽伦堡审判　32
纽约律师协会　317
纽约市　149
农本主义　107
怒江　2

O

欧亚联络航线　75
欧洲　138,140,268,269,271,276,358

P

帕金森　200
排沙　233
旁遮普省　283
佩特罗·洛佩兹　199
皮特·J.劳莱斯　1,3,9,11,240
平江省政府　374
平泉县　236
平壤　75
平沼（平沼骐一郎）　133,142,237,299
莆田　321
《朴茨茅斯条约》　94
浦东　336
溥仪　50,54,58,64,65,155

Q

七道沟　246,247
齐河县　224
齐齐哈尔　45,49,51,273
桥本　185
桥立街　270
秦真次　151
青岛市（青岛）　10,21,225,287,296,306
青岛特别市禁烟调查委员会　296
青海　19
清濑一郎（清濑）　11,33,41,42,53,109,211,212,216,217,219,223,232,237,334,364,379,381,384,386,394,399,402,403
清远　302
秋田　221
裘劭恒（裘）　200,381,389,399
全黑龙江会议　49
全满洲会议　50
泉州　321
犬养　189
犬养内阁　178

R

饶阳地区　218
热河省（热河）　23,45-48,57,91,155,156,195-197,236,237,240,253,256,257,269,271,285,297,298,337,345,374
热河事变　197
热河鸦片　246,345,377
人民政治代表制　82
仁和里　343

任丘县　226

日本　1－5,7－10,12,13,17－22,24,27,34,36,42－46,49,51,52,55－58,60,61,63－66,69－72,75,78,79,81－86,88,91－97,99－101,103－106,111－114,116,117,119－127,129－135,137－141,144,145,149－163,169－172,175,177－180,182－184,186－189,191－196,199－206,208－210,215－228,230－237,240,241,244,247,250,253,254,256,257,261－264,269－276,278,285,286,292,295,297－311,313－316,318－327,331,333－337,339－342,344－349,357－363,365－367,371－379,383,384,386,389,390,393,394,402

日本参谋本部　52

日本大使馆　20,21

日本代表团　85,91－94

日本当局　6－8,43,51,83,91,137,201,205,207,208,300,301,306,373,385,390

日本"二·二六"政变　321

日本国政府　111,122,125

日本海军　170,325,326

日本航空运输有限公司　75

日本军警部队　235

日本军事当局　43,51

日本领事馆　201,204,298,321,324

日本领事警察　205,333,390

日本陆军　171,326

日本、"满洲国"及德国通商条约　145

日本满洲条约　121

《日本年鉴》　13,14,18

日本派遣军司令部北平特务机关　310

日本侵华战争　199

日本使馆　8,10,225

日本提案　92,93

日本外交办公室　372

日本外务省　21,71,118,150,164,261

日本外务省条约局第三课　262

日本宪兵队　43,226－228,231,313,367,390

日本新政治运动　52

日本兴业银行（日本兴业银行有限公司）　250,251

日本政府　21,22,25,56,71,78,83,86,89,92－94,101,105,119,129,130,150,151,154,157,162,165,171,173,186,187,189,194,200,208,224,242,249,274,276,286,289,296,310,314,319,330,346,357－359,361－363,365,366,369－371,373,375,377,378,394

日本政府财政部　250

日本中央政府　158

日本租界　4,5,7,200,246,247,253,255,269,373,375

日德意防共协定　144

《日方在华战争犯罪事实概要》　14

日军特务部　376

日"满"产业统管委员会　116

日"满"合办通信企业的设立协定　113

日"满"合资航空公司　75

日、"满"、"华"的合作互助政策　38,39

日"满"经济体　72

日"满"同盟　139-141

日"满"议定书　114,132,133,139,141

日内瓦　86,87,263,369

日内瓦的常设中央鸦片委员会　369

日铁　130

容共政策　143

阮振铎　146

若槻　184,189

若槻内阁　178,179,184

S

萨顿　1-3,11,12,61,201,202,204,206,208-218,223,224,228,230-240,299,309-312,314,334,335,379,381,389,398,401

萨盖特　101,102,105,108,109,127,128,130,132,141-143,145,146

三谷部队　226

三井商社　329

三井物产　338-340,343,358

三井信托公司　250

三菱商事　339,340

三菱信托公司　250

三民主义思想　184

三十四银行　250

三水　328

三文字　195-198

三义　253

桑德斯基　240-245,248-252,255-257,259-263,266,267,272,275,277-279,281-283,286,287,291-297,299-303,305-309,314-317

森岛守人（森岛）　77,148,150,156,158,161,165,169,170,172,174-178,180,183,184,186-191,193,195-197

森冈皋（森冈）　151,310,314,334,378-380,386,388,395,397,401

森户隆三　214

沙王　19

沙下　233

晒布场　233

山本万吉　231

山成乔六　251

山东省（山东）　10,18,21,25,180,224,268,304,305

山海关　91,377

山海关事件　91

山口银行　250

山崎　226

山田半藏　156

山西省（山西）　18,20,25,27

杉山　310,382,383,398

陕西　20,297,298,345

汕头　321

上川山　325

上海　2,20,86,87,162,165,166,

202—209,243,244,251,256,271—273,282,286—288,291,292,296—302,307,308,314,318,320,322,324,325,329,332—337,342—352,354,355,357—359,365,367,373,376,377

上海公共租界 202,203,283

上海警察局总部的毒品处 207

《上海时事》 20

上海市江西中路473号 1

上海市政府 343

上海市政委员会 204,332,333

上海战事 84

上三峰 73

摄政王 58

神崎正义 221

神武会 64

"神裕丸"第3号货轮 342

沈阳 42,46—51,85,96

沈阳会议 49

沈志强 212

生鸦片 242,261—263,276,277,280,300,328,329,369,375

生鸦片行会 316

盛京时报 131

《盛京时报》 131

施钱一 252

十九国特别委员会 90

十九国委员会 91,92

辻山精米所 247

石黑 138,139

石家庄 302,303

石井 139

石门 225

石原莞尔（石原） 58,152,154,157

史密斯 244,278,280,281

市政局 65

枢密院 72,132,133,142,187,274

枢密院会议笔记 132

水田 105

水野 226

顺德 328

斯蒂芬·B. 吉本斯 243

斯民 131

四川 263,264,337,345

四惠路 234

寺内 310,382,383,398

松花江 254

松井石根（松井） 199,237,299,364

宋哲元 18,27,224

宋子文 163,166,168

颂茂 253

苏联 23,28,35,36,38,62,322

苏联红军 23,39

苏维埃社会主义共和国联盟 23,24

苏维埃社会主义共和国联盟和蒙古人民共和国缔结的互助议定书 22

苏维埃社会主义共和国联盟与蒙古人民共和国的相互援助议定书 23

苏维埃政府 23

苏州市 212

绥芬河 254

绥远 18,20,23,25,27,237,297,298,301—303,345

绥远鸦片　345

穗积　172-174

孙岚　231

索王　19

T

台北　319

台南　161

台山　232,325

台湾　206,230,262,318-322,324,326,328,337,339,345,357,359,360,371

台湾军　28,319

台湾可卡因制造厂　359

台湾药业公司　360

台湾政府　318,359

台湾政府鸦片专卖局　319

台湾总督府　261

台湾总督府鸦片专卖局　261

太平洋战争　382,383,398

太田金次郎　67,190,191

檀香山　373

汤岗子　50

汤玉麟　46,197,257,297

唐山　225,227,302,342

"唐山丸"号货轮　342

《塘沽停战协定》　20,21

特殊货物协会（也就是鸦片商会）　336

鹈泽总明　290

天皇　56,132,133

天津（津）　4-7,20,21,26,50,74,152,206,225,226,228,268,270,271,276,285,296,298,303,333,337,345,361,373-375

天津日本租界　374

天图铁路　73

田村信忠　213

田中　19,151,152,162,176,177,181-183,187

田中隆吉　19

田中内阁　152,157,176-179,181-183,187

田中奏折　188

通商条约　171

通县　307,308

土肥原贤二（土肥原）　42,58,67,68,151,153,190

土默特旗　19

托马斯·J.戈尔曼　244

妥协政策　17

W

瓦房店　78

外交委员会　4,8,9

外蒙　19

汪精卫　202,358,367

汪精卫政府　340,358,389

汪少丞　346

王兰芳　252

王瑞华　45

王宪章　252

王仲夫　230,231

威廉·R.兰登　259,260

韦伯 1,2,6,9-16,18,20,22-26,29-34,36-39,41,42,53-55,59-62,64,66-68,71-74,76,77,79,88,89,101,102,105,108-111,113,114,116,118,119,121,123,127,128,130,132,141-143,145,146,148-150,157,158,160,161,164-200,205,206,208-214,216-220,223,224,228,230-240,242-245,249,251,252,255-257,259-263,266,267,272,275,277-282,286,287,289-303,305-312,314,315,317,318,320,322-327,330,332,334-344,346-348,351,352,354-357,359,362-365,368-372,374,376-381,385-401,403,404

维持治安委员会 43,44

维新政府 343,344,348,350,352-355

潍县 10

乌兰巴托市 24

乌兰察布盟 19

吴鹤龄 19

五人调查团 85

五省联合会 78

五眼桥 233

五族和谐 66

武某 17

武藤 83,89,111,113,136,195,197

武藤信义 89,113

武藤章 89,113

X

西城 10

西城门 233,267

西椿 336

西湖 233

西内(音)村 359

西内(音)可卡因工厂 359

西尾寿造 130

西乌珠穆沁 19

西乡沱市 215

西雅图可卡因案件 362

锡林 48,81

锡林郭勒盟 19

锡林盟 45,47

熙洽 44,45,49

熙省长 48

喜多 310

下川山 325

厦门 287,318-322,324,326,327

厦门联络处 326

厦门市政府 326

咸镜北道 261

咸镜南道 261

县城 48,233,306

《限制制造及调节分配麻醉药品公约》 286

香川 226

香河县 17

向检察官 199,200,242

小矶国昭(小矶) 105,108,195

小西关 253

协和会　58

谢介石　113,160

谢金华　214

谢履西　197

忻康里　203

新东北交通委员会　44

新国成立促进会　48

新国政策　50

新会　328

新吉林省政府　45

新加坡　347

新京　75,113,126,127,264,273,275,277

新民会　304,310,385,386,390

新义州　246,247

新域　303

新苑　302

信义栈鸦片烟馆　314

兴安　253

兴国庄（音）　227,228,274,310,333,359

兴亚院　145,287,288,290-293,310,327,340,341,347,350-352,354,389,390,392,395

星野直树　251

邢台地区　231

行地社　56,59,60,64,67

行政委员会　54

行政院　17,50,84-86,88-90,93,94,96-98,163,284

行政院会员国　85

行政院驻北平政务整理委员会　17

雄峰会　57,58,60

岫岩　246-248

徐节俊　1-3,238

许张堡村　220

宣统　48,50,65

学宫　233

Y

鸦片　4-7,10,17,77,199-207,224-226,240-249,252-258,260-266,268-270,272-277,279-286,288-293,295-302,304-308,311,313-338,340-348,350,351,353-355,357-360,362,365-368,373-378,383,385,386,390-395

鸦片丑闻大案　337

鸦片管理局　203

鸦片红丸烟　206

鸦片交易　10,203,204,318,320,326,366,377,389

鸦片戒毒所　265

鸦片联合企业　318

鸦片贸易　201,336

鸦片配给协力协　300

鸦片商行　203,204,252,253,334,337,342,343,355,365,368

鸦片委员会　261,360

鸦片烟馆　4,201,246,248,253-255,265,311,313,315,316,326,329,330,374,375

鸦片烟馆行会　316

鸦片与麻醉品国际禁烟公约　240

鸦片制成品公司　316

鸦片专卖机构　201

鸦片专卖局　251，254，255，258，270，348

鸦片专卖制度　249，376

鸭绿江　155，171

鸭绿江东岸　247

亚瑟·A. 桑德斯基（亚瑟·桑德斯基）　201，240

亚洲　22，56，268，283，322

亚洲发展委员会　295

烟馆　4，6，225，241，246，253－255，265，269，271，299－302，307，309，313，322，323，326，328－331，333，342，365，368，374，375

岩井公司　339

岩崎　319

盐水港制糖厂　359

盐酸可卡因　360

盐原　288，289

阎锡山　18

叶清和　324

叶山　151

叶振声　324

一四二〇A部队　226，227

伊朗鸦片　286，339，340，373

伊藤　235

伊藤谦二　250

以福（音译）　47，267，269

义和团议定书　193

义宁　234

殷汝耕　17，18

印度　56，283

英国　4，5，8－10，28，162，164，202，310，335，358，372，398

英国大使馆　372

英国司法管辖地区　399

英国外交办公室　372

英国政府　372

英国总领事馆　209

英文满报　131

英租界　4－7

罂粟　201，225，254，257，258，264，277，284，285，300－302，304，305，342，362，366

营口　254

《庸报》(Yungpao)　375

永昌　253

永成鸦片商行　323

永清　302

永盛　253

永岁烟馆　313

永野修身　29

永义　253

有吉　24

有田　18

于冲汉　44，47，57，62

榆城　91

裕闽鸦片公司　323

袁　43，344

袁金铠　43，44

远东　78，85，100，115，241，243，244，274，283，341，373

远东国际军事法庭　1,9,10,12,24,
　　31,61,74,89,100,109,123,158,
　　167,175,186,194,206,211,220,
　　236,237,252,267,286,295,298,
　　299,317,334,351,363,364,381,
　　388,398
《远东国际军事法庭宪章》　15,32,
　　338,378,403
远东和平　23,93,99,100
远东鸦片委员会　337
远东之事变　84
远藤　185
(小)约翰·戴维斯　280
约翰·F.汉默尔(约翰·汉默尔)
　　200,317
约瑟夫·C.格鲁　372
岳营阁　252
越界路　342
云南(云南省)　2,238,263,283,284,
　　337,345
云王　19

Z

臧式毅　42-44,47,48
早川五郎　308
责任内阁制　49
增城　328
炸死张作霖事件　156,183
斋藤　186,189
斋藤内阁　178
翟树堂　217,219,221
战区自治促进会　17

张海鹏　45
张家口　225,287,298,299,301,302
张景惠　45,47,48,50,273,275
张学良　47,58,91,95,139,153,155,
　　156,158,159,161,163,172,184,
　　196,198
张学良政权　75,141,158,161
张燕卿　126,127
张元荣　299
张作霖　152,156,181,182,184
张作相　44,45
漳州　321
昭乌达　48,81
昭乌达盟　46
诏安　321
赵琛发　364
赵欣伯　42,47,48,51,159
浙江省(浙江)　203,343-346,348
镇东市　214
郑惠锡　228
郑通万(音)　227,228,274,310,333,
　　359
郑孝胥　135,136
政务委员会　27,43,389
政友会　176
支旺(音译)　47,267,269
植田谦吉　18,126,127
指导部　49,57,63,65,66
治外法权　116,122,193,201
中村事件　153,159
中村震太郎(中村)　148,153,159,
　　190,226

中东铁路　172

中富街　246

中国　1－6,9,10,12－16,20－22, 28,35,38,39,42－46,51,52,57, 58,61,65,69,70,75,78,79,82,83, 86,91,93－101,105,106,110,116, 137,140,141,143,150－153,156－ 159,161,162,168,170－173,178－ 182,187－191,193－195,199－ 207,210,211,214－220,222－227, 230－235,237,240－247,253,256, 258,263,268－271,283－285, 287－290,295－297,299,301－ 314,316,317,319,322,324－327, 331,333,335,337,339－341,343－ 350,355,357－361,365－367,372, 373,375－378,384,385,389,390, 392,393,396,398

中国城区　246,255

中国代表团　92,221

中国法庭　4,211,283,335

中国共产党　385

中国国民政府　17

中国海关总部　70

中国皇室政府　94

中国日占区　366,373,374,378

中国日占区　366,373,374,378

中国日战区　242

中国事变　382,398

中国事务委员会　326,327,341,350, 352,354

中国外交部　15,62,110

中国鸦片　243,336,345,373

中国义勇军　255

中国派遣军总部　347

中国占领区的麻醉毒品贩卖　371

中国政府　12,13,16,17,22,51,57, 82,85,91,94,99,110,225,241,247, 255,263,283－285,288,302,325, 326,333,334,347,355,358,359, 364,366,390,395

中国中央政府　43,99,285,383

中国驻屯军司令官　26－28

中华民国　2,21,133,134,137,139, 202,210,215,217,218,238,239

中华民国法庭　211

中华民国外交部　15,20,21

中华民国政府　13,21,94,202

中日航空联络问题　21

中日战争　202,205,248,359

中日争议　84,85,93,94,98,163

中央储备银行　301

中央联络办公室　378

中央银行　72,82,251

中央政府　17,50,81,82,264,266, 284,358

中野琥逸　57

重光　102,162－166,168－170

重庆中华民国政府　15

朱曜　348

珠市口　228

竹下　203

住友信托公司　250

住友银行　250

驻朝鲜美国陆军司令部军政厅　368
庄河　246-248
卓索图　48,81
卓索图盟　46
卓特巴扎布　19
涿县　303
资本主义　106
资政局　58
自治权限　28
自治运动　27,52,321
自治政府　25,28
自治执行委员会　48
自治指导部　45-50,57,58,60,62-66,155
自治指挥部　48
总督府专卖局　260
佐佐木一　214

《1913年公约》　240
1931年9月至1937年8月日方在华战争犯罪事实概要　62
《1931年限制公约》　371
A. S. 蔡司　259
B. M. 汤普森　258
C. D. 奥尔科特　376
E. E. 丹利　13
E. 帕普　332
Kitasky街　253
M. R. 尼克尔森　256,257,297,320
M. S. 贝茨　240,244
M. T. 菊地　264
M. 横山　361
O. 盖洛德·马什　260
O. 马克斯·加德纳　273
T. 下田　114

其　他

1901年条约　91